慈禧传

胡泽 编著

河北出版传媒集团
花山文艺出版社

图书在版编目（CIP）数据

慈禧传/胡泽编著. —石家庄：花山文艺出版社，2015.10（2021.1重印）
ISBN 978-7-5511-2494-2

Ⅰ. ①慈… Ⅱ. ①胡… Ⅲ. ①西太后（1835～1908）—传记 Ⅳ. ①K827=52

中国版本图书馆CIP数据核字（2015）第210516号

书　　名：慈禧传
编　　著：胡　泽

责任编辑：李　爽
责任校对：李　伟
美术编辑：胡彤亮
出版发行：花山文艺出版社（邮政编码：050061）
　　　　　（河北省石家庄市友谊北大街330号）
销售热线：0311-88643221/29/31/32/26
传　　真：0311-88643225
印　　刷：三河市华东印刷有限公司
经　　销：新华书店
开　　本：710×1000　1/16
印　　张：17
字　　数：250千字
版　　次：2016年1月第1版
　　　　　2021年1月第2次印刷
书　　号：ISBN 978-7-5511-2494-2
定　　价：32.00元

（版权所有　翻印必究·印装有误　负责调换）

序

不管后人对她进行怎样地赞美、褒扬抑或是诋毁、谩骂，她都是一个传奇式的人物，一个性格复杂多样的人物，一个在中国近代史上留下浓墨重彩的人物。晚清近五十年的历史都绕不开她，中国近代所经历的重大事件如太平天国运动、洋务运动、中法战争、甲午中日战争、戊戌变法、清末新政都与她有关，她似乎天生就注定要改写历史：她就是慈禧，一个16岁就能深得君王宠爱的后宫佼佼者，一个26岁时就能登上大清帝国政权之巅的女强人，一个以自己独特手腕执掌大清最高政权长达47年并能稳如泰山的西太后。

慈禧似乎从小就长着一副贵人之相，除了一脸花容月貌和一身诗书气息之外，她还有着一双摄人心魄的眼睛。风流多情的咸丰帝唯独对她专宠的时间最长，文武双全又炙手可热的恭亲王也心甘情愿地对她俯首称臣，初恋情人荣禄也能鞍前马后、赴汤蹈火地为她效劳大半生，手握重兵又德高望重的曾国藩之辈都不敢贸然称帝而与她分庭抗礼……无数风云人物都拜倒在她的石榴裙下，无数宫闱秘事都被传到寻常百姓家，更是有无数后人对此感兴趣并潜心探析慈禧的驾驭之术。

慈禧一生之中共经历过三次垂帘听政，第一次是与清心寡欲的慈安太后合作，朝中的事基本上都是慈禧说了算；第二次是她的儿子同治帝载淳表面上"亲政"近两年后去世，她拥立侄子载湉称帝后，又宣布听政；第三次是光绪帝进行维新变法失败，在戊戌政变中胜出的慈禧囚禁光绪后，第三次垂帘听政。在这三次垂帘听政的过程中，几乎每一次都有波谲云诡、风险重重的危机，但在慈禧的精心策划之下，却又每一次都能够化险为夷而牢牢地把

持住最高政权，这不得不让人叹服慈禧深谋远虑的政治手腕的确不一般。

她是一个非常复杂的综合体：有人说她顽固保守，经常将祖制抬出来压制别人，但她却能违背祖制，力排众议地重用汉族大臣并为他们裂土封侯；有人说她盲目排外，与所有洋人宣战，但她却能力挺恭亲王奕䜣等人来大兴洋务之风；有人说她刻薄严肃，一个威严的眼神就能让人不自主地后退三步，但她又经常因为听到趣事而哈哈大笑，高兴起来还对身边的人大加封赏；有人说她心狠手辣、杀人如麻，稍有不顺心就将身边的侍女、太监给杀害，但她对安德海、李莲英却疼爱有加，对同治帝、光绪帝的病情都非常关怀；有人说她强硬霸道，即使在桀骜不驯的高官大吏面前她都能控制住场面，但她在自己所爱人的面前却柔情万种甚至还有些娇羞。

慈禧与生俱来就有着极其强烈的权力欲望：为了紧紧握住大清最高权柄，她不惜与一度亲密合作而又有着扯不清关系的恭亲王翻脸；为了自己能够亲自裁决大清的一切军国政务，对其亲生儿子同治不止一次地采取高压政策，一直将同治逼到寻花问柳而染病不治身亡；由于担心自己偷情的事被慈安拿出来逼宫，她竟然毫不手软地将她心中的好姐姐给害死；为了再次借机打压德高望重的恭亲王，她却肯牺牲与法国作战得胜的机会，而将"战败"的罪责嫁祸于恭亲王和他领衔的军机处，并将他们全部换成自己的心腹大臣。在戊戌政变之后，慈禧不顾国内舆论和西方列强的压力，硬是将不太听话的光绪囚禁于瀛台，一关就是整整十年。

猛虎出山，百兽震惶。慈禧在政坛上刚一露面就崭露头角，在"辛酉政变"中，她气定神闲地与慈安太后以及恭亲王合作，游刃有余地将一手遮天的八大辅臣统统拿下。但就在慈禧刚刚登上中国历史政治舞台时，她面对的却是一个风雨飘摇的大清朝：国内的太平天国运动已经以狂风扫落叶般的态势横扫南部中国大半，而国都北京城被英法联军肆虐蹂躏的残垣断壁仍然映入眼帘，就在此内忧外患非常严重之际，年轻的慈禧就以其刚柔并济的手段驾驭群臣，一方面让重臣恭亲王奕䜣开办洋务运动以"自强"、"求富"，一方面又大力提拔汉人重臣如曾国藩、左宗棠、李鸿章之辈来督办地方团练以剿

序

灭太平军、捻军，而且这一切都还做得风风火火、有声有色。没过多久，垂垂日暮的晚清好似回光返照一般出现了"同治中兴"的局面。

在牢牢把持最高政权以及国内局势稍微和缓之后，慈禧仍能大刀阔斧地大有作为一番：她不遗余力地提拔重用自己的亲信大臣，又放手让汉族大臣去接手地方的军政大权；为了巩固自己的权位，她还非常巧妙地借助罢黜炙手可热的恭亲王"议政王"的头衔，以此来抬高和加强自身的威望。在政坛上纵横捭阖的慈禧是天生就有从政的细胞，还是后天学习《资治通鉴》之类的书籍而得来的从政经验呢？

同治亲政后也想要励精图治，他不甘心当傀儡皇帝，面对非常强势的母后，他无力与之作正面的对抗，于是他也采取怀柔的手段，为慈禧重修圆明园，一方面以讨好慈禧，一方面让慈禧在那里被架空。可惜同治的这一切手段在老到的慈禧面前颇显稚嫩，慈禧在权力之巅稳坐钓鱼台，毫不放权，以至于同治索性不理政事，寻花问柳以"赢得青楼薄幸名"，最后终于倒在牡丹花下。

亲儿子同治驾崩，慈禧又别出心裁地拥立4岁的侄子做皇帝，以方便自己再度垂帘听政。光绪从小就体弱多病，而且胆子很小，在慈禧看来，这个老实羸弱的侄子是她把持权柄的最好傀儡，可是光绪长大后并没有完全屈从于慈禧的权威，他还要进行全面的维新变法以防止亡国灭种的危机。慈禧的权威受到帝党的严重冲击，等到帝党维新派扬言要围住颐和园攻击慈禧时，慈禧大发雷霆，在谈笑间，就将维新派的几位主干捉拿并问斩于菜市口。当然，光绪也为这次维新变法付出了惨痛的代价——被囚禁于瀛台整整十年。

义和团运动在华北一带风起云涌，慈禧见拳民们势大而且还极力排外，于是便打起自己的如意算盘，她想借助义和团拳民的力量来攻击西方列强，并向各国宣战，但战争惨败，慈禧西逃。没过几年她便派遣大臣出洋考察，预备立宪以图自强。在慈禧最后几年的岁月里，她也想为大清政权永固和国家强盛而施行新政，但新政的内容几乎和维新派如出一辙，于是就有人分析，慈禧并不是极力排外，也不是顽固拒新，只是一心想要巩固自己的权位而已，

如果当年维新派拥护慈禧来变法，或许历史就会重写。

慈禧在国内政坛上屹立47年而不倒，但在对外国侵略者的战争中却屡屡败北，为什么会这样呢？其实也不难分析，中法战争之中，慈禧根本就没有认真对待，甚至还想趁着战败之机来加罪于恭亲王一伙。在甲午中日战争中，慈禧更关心的是她自己的60岁大寿，把国家的大笔钱都用来修筑颐和园和准备庆寿大典中，而且还让一个一开战就准备求和、还下令"主动出击、虽胜必斩"的李鸿章来主持中方战局。在八国联军侵华之际，是她主动宣战，但真正打起来又战和不定，一有败势就想打退堂鼓，直到西逃时还心有余悸地宣称"量中华之物力，结与国之欢心"，就因为这样的话才被认定是卖国贼，真是一失足成千古恨。

除了政治之外，慈禧还是一个非常爱美、爱享受的精致女人。她的养生美容之道到现在都受人追捧，她在洗澡、睡觉、散步乃至饮食各方面都非常讲究，她居住的宫殿总是大加装饰，她游玩的园林不惜耗费军资来建造。她也喜爱看书、听戏、散步、抽水烟、听人讲各种故事和趣闻；她在书法、绘画方面也有些小成就；她对于新奇的事物也很感兴趣，比如照相、乘坐汽车、火车……她的一生不管是非成败，都没有白过。

围绕着慈禧一人，总是给后人留下许多耐人寻味的谜团：叶赫那拉是不是真的就是爱新觉罗的掘墓者？同治到底是不是慈禧与咸丰所生？同治之死、慈安之死、珍妃之死以及光绪之死是不是都与她脱离不了干系？慈禧是不是真的就宠爱假太监安德海和李莲英并与他们双宿双栖？恭亲王、荣禄、巴克斯以及琴师、戏子和酒店伙计等人是不是跟慈禧有密切的男女关系？就让我们随着此书，来打开种种疑团，来认识一个全面真实的慈禧。

目录

第一章 神奇的叶赫那拉氏

（一）先祖的神秘"毒誓" …………………… 002
（二）叶赫那拉的家世 …………………… 006
（三）慈禧的青葱岁月 …………………… 009
（四）一朝选在君王侧 …………………… 014
（五）兰贵人深得君宠 …………………… 021
（六）北逃热河，包藏祸心 …………………… 029
（七）咸丰皇帝的悲哀 …………………… 041

第二章 登上权力巅峰

（一）少妇的权力欲望 …………………… 050
（二）两宫联手斗辅臣 …………………… 056
（三）叔嫂执导"祺祥政变" …………………… 063
（四）第一次垂帘听政 …………………… 071

第三章　慈禧的大作为

（一）扶植亲信党羽 …………………………… 080
（二）不拘一格用汉人 …………………………… 086
（三）罢黜议政王 …………………………… 092
（四）大兴洋务之风 …………………………… 100
（五）心腹安德海被诛 …………………………… 107

第四章　慈禧如虎　同治如羊

（一）同治皇帝的婚事 …………………………… 120
（二）修建园林与亲政风波 …………………………… 130
（三）少年天子"纵欲"而亡 …………………………… 135
（四）第二次垂帘听政 …………………………… 144

第五章　光绪：慈禧的掌上玩物

（一）玩弄于股掌的儿皇帝 …………………………… 154
（二）慈安神秘死亡 …………………………… 162
（三）荒唐的中法战争 …………………………… 167
（四）光绪亲政 …………………………… 173
（五）甲午中日战争 …………………………… 179
（六）第三次垂帘听政 …………………………… 184
（七）八国联军侵华与慈禧西行 …………………………… 191

第六章　慈禧的最后岁月

（一）慈禧也来变法 …………………………… 204

（二）预备立宪与改革官制 …………………… 212

（三）光绪驾崩与慈禧归天 …………………… 216

（四）无可奈何花落去 ………………………… 222

第七章　慈禧的生活剪影

（一）慈禧的兴趣爱好 ………………………… 228

（二）养生之道与美颜养容 …………………… 235

（三）到底有多少男宠 ………………………… 239

第八章　慈禧身后的是是非非

（一）神秘的慈禧陵墓 ………………………… 248

（二）关于慈禧的评价 ………………………… 252

附录一：中国清代皇帝简表 …………………… 257

附录二：慈禧太后大事记 ……………………… 258

第一章
神奇的叶赫那拉氏

（一）先祖的神秘"毒誓"

众所周知，清朝皇帝为爱新觉罗氏，但慈禧则被认为是叶赫那拉氏来向爱新觉罗氏复仇的，各种野史传闻纷纷持有这种说法，这就更加引起人们对慈禧氏族先祖的好奇。慈禧进宫选秀是不是为了报复爱新觉罗氏？咸丰、同治乃至光绪这三位短命皇帝是不是慈禧克死的？爱新觉罗王朝的覆灭是不是慈禧的所作所为？这样的种种说法只是推测和臆断，具体事件怎样，我们还得根据有关史料一层层抽丝剥茧，先来看看叶赫那拉氏到底和爱新觉罗氏有着怎样的恩恩怨怨。

这个故事还得从明朝末年讲起，在我国东北一带，那时已经形成三个女

慈禧

第一章
神奇的叶赫那拉氏

真族部落：建州女真、海西女真和野人女真。他们世世代代在那里繁衍生息，生活安宁，那里本来就是水草丰美之地，人们多以渔猎为生，渐渐地也学会了一些耕作务农的本领，久而久之，人口繁衍就越来越多，他们不得不为部落、为子孙抢占更多的土地水草资源，那可是他们急切需要的生存空间。

在当时的武力拓展中，最为活跃的还要数努尔哈赤为首脑的建州部和海西女真中的叶赫部，这两部在扩展中，避免不了两军交锋，然而面对西边蒙古的压迫和南边明王朝的制衡，他们两部又不得不联合起来。就在这错综复杂的关系中，两部结下了不少恩恩怨怨。最后，努尔哈赤统一东北女真部落，彻底击溃了叶赫部，叶赫的先祖首领在临终前，就发毒誓："只要我叶赫那拉的后裔中留下一子一女，就一定要找爱新觉罗的子孙复仇。"这也是人们认为慈禧入宫是找爱新觉罗氏复仇的依据。

既然这样的毒誓流传开来，爱新觉罗为什么不先前就做好被复仇的准备呢？据说，努尔哈赤也曾订下"宫闱不选叶赫"的祖制，并且在"七大恨"中，虽然矛头直指明王朝，但也表达出对叶赫的不共戴天之仇：

四有十三日，壬寅，巳时，八固山十万兵征明国，作书告天曰：

吾父、吾祖，于明帝边境，不折其草，不扰其土，而彼无故生衅于边外，杀吾父、祖，此一恨也。虽杀吾父、祖，吾仍欲修好，曾勒誓于碑曰：无论尼堪、女真，若越帝境，见之即杀，若见而不杀，殃及于不杀之人。如此誓言，明国背之，遣兵出边，护卫叶赫，此二恨也。自清河以南，江岸以北，每年明国人出边，入女真之地侵夺，我以誓言杀其出边之人，彼不顾前誓，责我擅杀，拘我往广宁叩谒之使者刚古里、方吉纳，系以铁锁，挟令吾献十人于边上杀之，此三恨也。遣兵出边，为叶赫防御，致使吾已聘之女转嫁蒙古，此四恨也。将吾数代看守帝边居于柴河、齐拉、法纳哈三路之女真所种田谷，不容收获，遣兵逐之，此五恨也。听取边外天谴之叶赫

所言，备书恶言，遣人对吾施以种种侮辱，此六恨也。哈达助叶赫，两次来兵侵吾，吾报之往征，天将哈达赐吾，而天赐之后，明帝又助哈达，挟令吾必送还原处，叶赫将吾所遣所遗之哈达掳掠数次。夫天下各国互相征伐，天谴之人败而亡，天是之人胜而存，岂有使死于锋刃者更生既得之俘获复还之理乎！……先因呼伦部会兵侵吾，吾使兴兵，天谴呼伦佑我。明国助天罪之叶赫，如逆天然，以是为非，以非为是，妄为判断，此七恨也。明国对吾欺凌羞辱甚多，实难忍受，故以此七大恨兴兵。祝毕拜天焚表。①

    以前有人常说努尔哈赤和一些旗王只会看一些《三国演义》之类的书，其实看着七大恨，就知道他们不只是看看《三国演义》这样的白话小说，必定是有一番文化修养。在这"七恨"中，就有"四恨"与叶赫有关，简而言之，就是努尔哈赤怨恨叶赫受明王朝的庇护而合起来欺负凌辱他们建州部落，非兴兵雪恨不可。看到建州部准备兴师动众，有明王朝做靠山的叶赫部决定先发制人，进攻努尔哈赤建立起来的后金王朝，第一次进攻就俘虏407人，斩杀84人。努尔哈赤雷霆大怒，立即兴兵报复，时隔三月，就攻克叶赫大小屯寨20余座。

    天命（努尔哈赤建立满洲国，称后金，年号天命）四年（1619年）二月，明朝派辽东经略杨镐为总指挥，兵分四路，每路10万人，号称47万大军，向怀有不臣之心的后金政权扑杀过去。努尔哈赤可是靠十三副盔甲起兵的女真英雄，见明军来势汹涌，他从容镇静，采取集中优势兵力，各个击破的方针，怀着"任凭你几路来，我只是一路去"的气概，在萨尔浒获得大胜。在这次战役中，叶赫也出兵参战，想在后面捅刀子，捡便宜。不过，等到他们派兵到开原中固城时，明军已经败走，他们也慌忙撤退。

    一直这样下去真不好，努尔哈赤召集八旗诸王和各位贝勒大臣商讨对付叶赫和明朝的策略，叶赫与明朝对后金造成前后夹击之势，明与后金一旦开

---

① 《满文老档·太祖》。

第一章
神奇的叶赫那拉氏

战，努尔哈赤部就容易受到腹背夹击之痛。叶赫这样的心腹之患，常常让努尔哈赤感到如芒在背，非常揪心。最后他们制定的战略部署是向北立刻攻取叶赫，向西安抚蒙古，向南则积聚力量，进兵辽沈，为后金创造出更大的发展空间。

战略部署制定好，努尔哈赤就亲率大军北征叶赫，而且还当下发誓："此次如果不荡平叶赫，我就不回去了。"主帅下定决心，士兵们也不敢怠慢，全都冲锋陷阵，奋勇当先。这次进攻叶赫还真是不负所望，硬是攻城略地，一口气将其全部攻克。努尔哈赤的孝慈皇后正是叶赫部落先前首领杨吉砮的女儿叶赫那拉·孟古（一说孟古哲哲），后来登基的皇太极就是她的亲生儿子。本来是亲家，结果却成了仇家，这主要怪孟古的几个哥哥金台石、布扬古瞧不起努尔哈赤，还时常想要联合明朝打建州部的主意、侵夺他们的土地。现在打了败仗，努尔哈赤将叶赫降民一律迁到建州，后来把他们编入八旗之中。

但根据历史记载，金台石、布扬古这样的叶赫首领根本就没有发毒誓，只是临终前让努尔哈赤保全他们的子民，后来"宫闱不选叶赫氏"的传言也就不攻自破，因为皇太极、顺治、乾隆、道光就有叶赫那拉氏的妃嫔。而且叶赫那拉氏中有很多人都在清廷（后金在皇太极时，改称大清）中得到重用。金台石的儿子德尔格勒授予佐领、三等男爵，康熙重臣、武英殿大学士明珠的儿子大清第一词人——纳兰性德还当过康熙的一等侍卫，穆占任正黄旗满洲副都统，还佩征南将军印，征湖南后被任命为正黄旗蒙古都统、议政大臣，康熙顾命辅助大臣苏克哈萨任镶白旗护军统领加太子太保，名阿图历任都察院理事官、镶蓝旗蒙古副都统等等，他们都是叶赫部的后人，都是从叶赫部投到爱新觉罗氏的麾下，并且建功立业，被授予重要官职。

从以上我们可以看出，叶赫部最后并入建州部，后来的清皇室并没有刻意提防叶赫那拉氏，那些毒誓、祖制的传言也就站不住脚了，慈禧选秀进入清宫，能够得到咸丰皇帝的恩宠也就顺理成章。

（二）叶赫那拉的家世

清道光十五年十月初十（1835年11月29日），慈禧出生在一个满洲官宦之家，她的父亲惠征时任吏部二等笔帖式，相当于吏部的一个文书，她的祖父景瑞任刑部郎中，她的曾祖父吉郎阿同样是一位员外郎的官吏，这样的家庭算得上是一个官宦世家。她的母亲佟佳氏也是大家闺秀，佟佳氏的父亲，也就是慈禧的外祖父惠显是位官居二品的封疆大吏。这样读书做官的身世背景，肯定从小就受到不少熏陶，加上自小父亲就教导她学习诗书，都为慈禧后来进宫选秀能够脱颖而出，创造了非常良好的条件。

慈禧的父亲惠征是镶蓝旗人，当时满洲八旗分为上三旗和下五旗。上三旗是正黄旗、镶黄旗和正白旗，是由皇帝亲领，地位非常崇高，待遇也很好。下五旗是镶白旗、正红旗、镶红旗、正蓝旗、镶蓝旗，但地位、待遇远不如上三旗。清朝有规定，皇太后或皇后的娘家，只有出于皇帝的特旨才能从下五旗上升到上三旗，而且为此还专门有一种说法，叫作抬旗。慈禧当上皇太后之后，她们家族就从镶蓝旗抬升为镶黄旗，地位陡增。

慈禧的父亲有两个兄弟，但他哥哥的姓名不详，

慈禧出生地——辟才胡同

第一章
神奇的叶赫那拉氏

弟弟叫惠春，是个三等侍卫，惠春的女儿也就是慈禧的堂妹也曾入宫参加过选秀。慈禧有亲兄妹四人，两个兄弟即照祥、桂祥；一个妹妹在日后，被咸丰皇帝赐婚嫁给咸丰皇帝的弟弟醇亲王。照祥、桂祥两兄弟默默无名，但由于日后慈禧成了咸丰的宠妃，之后又贵为同治、光绪两朝的皇太后，而且慈禧妹妹成了醇亲王的福晋，他们二人也水涨船高地跟着声名显赫。慈禧两姐妹嫁给了咸丰两兄弟，也就是说咸丰与醇亲王既是兄弟又是连襟，如此密切的关系，怪不得日后慈禧能够与醇亲王紧密合作扳倒政敌。

对于慈禧的出生地，不同的文本具有不同的记载，有说她出生在外公曾到过的呼和浩特，那里至今还有的一条落凤街就是因她而得名；有说她出生在安徽，当时他的父亲惠征就在那里当官；有说她自小在北京长大，在那里还跟荣禄有一段初恋；还有说山西、甘肃、浙江的，这就有点像现在争夺名人故里一样，不管有没有凭据，反正要积极向名人沾边来打响知名度。但是根据宫廷保管下来的档案资料记载，慈禧出生在北京皇城西部的劈柴胡同，后来可能是因为嫌弃"劈柴"二字太土，就改名为"辟才"。

慈禧在这辟才胡同出生的时候，这里有过一段貌似可信的传说。怎么就貌似可信而且还又是传说呢？故事是这样的：跟所有大人物出生一般神奇，据说慈禧出生后，三天三夜不哭一声，家人都以为她是一个哑巴，还认为这孩子多半养不活了。故事到此结束也便没有什么大惊小怪的，但奇怪的是就在这三天三夜里，一大群又一大群的乌鸦，发疯似的在慈禧家的院子里到处飞，遮天蔽日。

更为巧合又奇怪的是，皇城根的门楼、城墙上到处飞的也是乌鸦，过了一会儿它们仿佛有组织有纪律似的，一大群一大群地在北京三海（中海、南海、北海）上空盘旋，最后它们又一同飞向皇宫紫禁城，铺天盖地，非常壮观。

乌鸦，在一般汉人看来，可是一种非常不吉祥的鸟，但是普遍信奉萨满教的清朝皇室却认为这是吉兆，他们还在东北一带时，就有"扬肉洒酒，以祭乌鸦"的传统，把它们当神鸟看待，而且还有乌鸦救祖的传说，清朝顺治帝入关后，还专门在故宫内设置索伦杆（立杆祭天专用的一种杆子）

祭祀乌鸦。

当时还是道光在位,皇室成员认为神鸦群聚,是神仙显灵保佑大清朝,预示着大清王朝的繁荣兴旺,于是干脆就在皇宫大宴三日,以示庆祝。

当时,江湖上的算命先生和神仙术士认为这是圣山香雾,笼罩清室。但北京一带的市井小民听到这样的传闻,认为是大清气数将尽,不久就要倒台了。不管怎样,那时的史官写道:"道光十五年,乙未十月,神鸦群聚,三日不散。"

不管外界闹得怎样沸沸扬扬或是欢天喜地,但惠征老头忧心忡忡,再怎么也是自己老婆心头上的一块肉,不能就这样不管她了吧。

还是去求一签,看看女儿不哭不叫到底是怎么一回事。就在一大早,惠征一出门,却发现自家门前有一个包袱,包袱内放着一棵树苗,树苗下有一张纸,上面只写了五个字:海棠花富贵。

惠征拿着纸条,顿时间有点像丈二的和尚摸不着头脑一般,这都是深秋了,谁还会种树?他看了看树苗,依然是绿意盎然,又看了看纸条,觉得海棠花的确是象征吉祥美满,家族兴旺发达。在院子里背着手走了又走,惠征突然想起他父母的一段对话,那还是他成婚时候的事了。

母亲对父亲说:"你知道吗?女人一生中什么最重要?"

父亲一连给出几个回答:红颜永驻、荣华富贵、儿孙满堂、长命百岁。

母亲全部摇头给否决了,然后慢条斯理地伸出一只手,说:"五棵树。"

父亲很奇怪地问:"五棵树?这个怎么讲?"

母亲说:"出生的时候种一棵树,那是幸运树;结婚的时候种一棵树,那是幸福树;生子的时候种一棵树,那是命运树;晚年的时候种一棵树,那是长生树;入墓的时候种一棵树,那是荫子树。"

想到这段话,惠征豁然开朗,找到答案了。于是,他收起纸条,拿着树苗,毫不犹豫就直接到院子里挖土种树。

还真是神了,就在惠征把树苗栽种好的那一刻起,只听见一直不哭的女儿,突然放声大哭。那声音清脆圆润,说悦耳也一点儿都不为过。虽然现在还有乌鸦在院子里飞翔,不过没有先前那样发疯似的鸣叫,而是随着慈禧的声音,翩翩起舞。惠征又惊又喜,真是上天保佑,他慌忙跑进去看自己的女儿,只见女儿的眼睛特别明亮,闪烁着的一道亮光,让人不能多看几眼,但又是那么秀丽动人,又让人忍不住多看几眼。

一直在官场上小心翼翼拼斗的惠征,三十岁也只是个八品小官,而且还经常苦苦地在文案上埋头工作,现在得到一个这样秀丽的女儿,一股欢欣喜悦之情涌上心头,但他哪里会想到慈禧会成为叱咤风云的皇太后。

(三)慈禧的青葱岁月

慈禧的小名叫什么呢?不同的版本都有不同的说法,但归纳起来无外乎三种称呼:兰儿,慈禧进宫后被咸丰看上并册封为兰贵人,因此人们推测她的小名就叫兰儿;翠儿,慈禧额头上有一小块翠绿色的胎记,显得非常灵光并与众不同,因此人们管她叫翠儿;杏儿,慈禧家族的后人说慈禧出生时,她的祖父家里种了几棵白杏,长得正茂盛,于是给她取了个小名叫杏儿,而她的正名也就叫叶赫那拉杏贞。那我们就根据她家族后人的说法,称小时候的慈禧为杏儿。

在杏儿四岁的时候开始喜欢琴棋诗画,颇会舞文弄墨的父亲惠征竟然给自家闺女先后请了三四个家庭教师。古人常言:女子无才便是德。但惠征老头可不这么想,或许他认为自己家的千金不仅要会点刺绣女工,还要懂点诗书棋画也好修身养性、知书达礼。杏儿自幼就把自己聪慧的资质表现出来了:她不光学满文,也学汉文,不光学文学历史,还学琴棋书画,等到她随父亲在绥远城(今内蒙古呼和浩特市)居住时,还学习了骑马和射箭。而且这小小年纪的杏儿每学一样都学得有模有样,6岁就开始能够背诵《三字经》《百家姓》《千字文》,连不少唐诗宋词都能用汉语和满语背得滚瓜烂熟,《诗

经》和《史记》也能够根据自己的理解讲给人听；除此之外，杏儿在下棋、绘画、弹琴、唱歌、骑马、射箭各方面都表现得很不错，以至于族里人都称赞杏儿是一个非常聪明漂亮又有才的女孩儿。每每得到族人的赞许，惠征和夫人便露出欣慰和骄傲的笑容，他们哪里知道，正是对女儿的一番栽培和教养，才能让她在以后的宫廷选秀中脱颖而出。

杏儿姑娘在这样充满书香的家庭里，一天天充实快乐地成长着，但天有不测风云，在杏儿十一二岁那年，祖父和父亲卷入到户部银库亏空的巨案中，这个原本幸福美满的家庭一下子就险遭灭顶之灾。还是那句话：官场风险大，出仕请慎重。杏儿的祖父不知怎么搞得，居然亏欠银库银子43200两，因忧虑过度，患病去世，便减半为21600两，这笔巨款必须由杏儿的父亲在两年内补齐，否则革职坐牢，弄不好还要牵连家庭：抄家流放。

就是这场大变故，让他们整个家庭陷入崩溃的边缘。家产被全部没收后的杏儿一家一贫如洗，而且她的父亲进了监狱，母亲又病倒在床。可就在这样困难重重的时候，年纪小小的杏儿显得特别有担当，她先是去找亲戚借钱，但人情世故往往是锦上添花的多，雪中送炭的少，不过杏儿还是能够忍受住冷漠和白眼，厚着脸皮为病重的母亲借到钱，还请来了大夫。

大夫把把脉，捋捋胡须，然后开了药方，最后说道："这药方得靠珍珠做药引。"

付过钱之后，杏儿就很有礼貌地问道："大夫，您知道城里哪家药店的药最实惠吗？"

"我看东城胡记药店的药很便宜的，你可以拿着药方去看看。"

送走大夫后，杏儿就对母亲说道："额娘，我这就去抓药，你一定要好好的，不会有事的，大夫说一吃药就好了。"

嘴皮泛白的母亲用微弱的声音说："杏儿，别去花钱了，这钱还可以多过几个月的日子。"

杏儿抚摸着母亲的额头，笑着说道："没事儿，那儿的药实惠，我只要额

第一章
神奇的叶赫那拉氏

娘早点好起来。"

"不，你别去了，东城那边挺乱的，你又这么小，我不放心。"母亲轻轻地仰起头，说得很坚决。

"额娘，没事的，你放心，好好养病就行了。"说罢，就笑着出去了，按照大夫的指点就去东城了。母亲不放心，就让在床头伺候的哥哥照祥随后去看看，免得出事。

这一天，发生了一件让慈禧一生都难以忘怀的事件。刚到药店门口，一副引人注目的对联进入杏儿的视野：

> 名场利场，无非戏场，做得出泼天富贵；
> 冷药热药，总是妙药，医不尽遍地炎凉。

看着这醒目的对联，以杏儿的聪颖和先前的学识，她有些触景伤情，心中一股寒意。不过还好，她还是平静心情，跨进高大的门槛，把药方递给掌柜后，她就用那双让人不能过多直视的眼睛打量着一排排小药柜。

"姑娘，药都给你抓齐了，就差一味合欢，我这儿没有了，你到西城胡记去看看。"掌柜把包好的药给递过去。

"一定要有这一味吗？"杏儿问道。

掌柜耐心解释道："是的，姑娘。合欢可是一味吉祥药啊，虽然只是中品，但具有解郁去忿的功效，这可不是其他药可以取代的。如果缺了它，其他的药就会失去一半功效啊。"

"说得不错啊。"药柜门帘后闪出一个英俊青年，一双眉目含情、流光溢彩的眼睛看着杏儿，说，"小姑娘，合欢的花很美，叶子也很秀丽，尤其是在夏天，绿茵清幽，绒花吐艳，远看像晚霞飘动，随风吹来散发出阵阵清香。"

掌柜立刻笑容可掬地躬身打招呼："二少爷好。"

杏儿被这么英俊又有文雅口才的二少爷给吸引住了，少女的心思初次萌

动,便情不自禁地问道:"敢问公子,你怎么知道得这么多?"

"哈哈,你还不信啊,"那二少爷甩开扇子,潇洒地挥舞着,"这可是有诗为证的,"接着又迈开步子,摆动扇子,来回踱步地吟道,"翠羽红缨醉夕阳,锦衣绯云郁甜香。深情何限黄昏后,一树马缨夜露长。"

"嗯,看来公子知道的还真不少,还请问高姓大名?"

"唉,姓名又何须记住,拿去吧。"说着,他就递给杏儿一包东西,还解释道,"这就是合欢,吃了这味药,保证药到病除,不会复发。"

掌柜也在一旁笑道:"还不感谢菩萨心肠的二少爷。"

二少爷递给杏儿合欢后,笑吟吟地又闪身而过。

那二少爷走过之后,又来了一个大少爷,那掌柜的就是这么称呼的,而且这大少爷看样子也是眉目俊朗,只是他后面跟着一群人,浪荡闲散得一看就是市井混混那种。

"哈哈哈,这北京城也有这仙女似的姑娘,看来少爷我是艳福多多啊!"大少爷一脸坏笑地说道。那几个随从也就跟着附和道:"是啊,这小仙女还真是挺水灵的。"

杏儿脸不红心不跳地直视着这个男人,心想这会儿遇见流氓了,该怎么应付呢,更何况是在人家屋檐下,好汉还不吃眼前亏呢,杏儿礼貌性地应付道:"大少爷,家母病重,急着用药,改天专程来谢过大少爷,今天就先失陪了。"

"呦,小美人嘴还蛮甜的嘛。你不是要合欢吗?知道为什么叫合欢吗?"大少爷边说,边用手顶着杏儿的下巴,打量着。

杏儿用力把他推开,愤愤然地说:"你想干什么,请放尊重一些。"

"哟嘿,本少爷怎么就不尊重了,怎么你还想走?"说着,大少爷把杏儿一把搂在怀里。

杏儿更加气愤,当下就是"啪"的一巴掌打过去。这时,大少爷的随从把杏儿团团围住,只听见杏儿大叫:"你们想干什么,光天化日之下还有没有王法?"

"有个性,我喜欢。年纪不大,倒还蛮有劲道的嘛,给我带回府上去。"

第一章
神奇的叶赫那拉氏

大少爷吩咐道。

"放开我，你们这群流氓，快放开我。"杏儿拼命大喊。

掌柜知道杏儿在劫难逃，只是摇摇头，嘴里默默地念道："作孽啊，作孽啊。"但这时冲出一个人，把那群流氓镇住了。这人就是杏儿的哥哥照祥，他循声冲过来大喊一声："快放开我妹妹。"

这本是气壮山河的一声，但大少爷的随从看见照祥只有一个人，围上去就是一阵殴打，一个蓄着胡子的青年吼道："奶奶的，她打我们少爷了，哪能这么容易就放走。"说着，就让人把照祥扔在药店门外。

"大少爷，今晚这小嫩鸡就归你啦，好好享受去吧。"身边的随从跟大少爷说道。

照祥没有办法，只好跑过来哭着说："大少爷，求求你大发慈悲，放过我妹妹吧。"

"放过你妹妹可以，那先剁下你的一根手指头，这该可以吧。"

照祥一下就跪了下去，吓得裤子都湿了一大片。这一场景，惹得众人发笑，大少爷更是捧腹大笑："妈的，就这一个尿得尿裤子的，还真是个爷们儿啊，这种货色给我扔一边去，真是把我们男人的脸都丢光了。"

照祥还是被丢在一旁，杏儿只是觉得一阵难过与羞辱涌上心头。但就在这个时候，一个英武少年走了过来，大叫："你们把他们兄妹放了，要什么从我这里拿。"

"哟，还真有一个不怕死的。你叫什么名字？"大少爷说道。

"本人荣禄，少说废话，先放了这兄妹吧。"说着，荣禄一个箭步冲上去，推开杏儿，然后拦在众人面前叫道，"你们快走，这边有我。"

杏儿这时心里一阵温暖，只见那少年浓眉大眼，嘴巴下面有颗黑痣，好似在哪里见过，真是缘分啊，但想归想，杏儿还是能够见机行事，拿着药就和哥哥往外走，这一刻她牢牢记住了"荣禄"这个名字，看着哭红脸的哥哥，说道："哥哥，男人可是要担当大事啊！"之后，她又望着天空，冷冷地自言自语，"谁让我一时不痛快，我让他一辈子不痛快。"

俗话说得好，天无绝人之路，否极泰来。杏儿照顾好母亲，娘儿俩又四处托亲戚朋友帮忙，把亏空的银两全部补齐，惠征因此官复原职。幸好母亲也是官宦之家的千金，外公惠显到底也是个二品大员。就在杏儿十四岁那年，叶赫那拉家时来运转，惠征由一个从五品的员外郎被提升为正四品的山西归绥道道台大人，真可谓官运亨通，青云直上。杏儿一家也就跟着到山西归绥去了。时过三年，杏儿也已经成了亭亭玉立的少女，不过这次他们一家又得随父亲迁到安徽去，原来，道光皇帝将惠征调到地位更为重要的安徽担任宁池太广道任道台大人。

来到这江南之地，由于耳濡目染的缘故，杏儿还学会了不少南方小曲。这次重振门楣，杏儿作为长女，没少立功劳，可她现在只希望安安心心地享受她官宦世家的书香生活。

就在杏儿十五岁的时候，朝中发生了一件大事：皇帝驾崩了。新登基的皇帝为咸丰，在改元之后，新皇帝就一如既往地在朝中选秀以充实后宫。这是本朝历代的规定，八旗中的适龄女子，一般是14到16岁，都有进宫入选的机会。而且旗人中的适龄女子得由旗中的族长、左领、参领把参选女子的资料呈报给都统，再由都统汇报到户部备案。换句话说，只要是八旗中的适龄女子都得去入宫进行选秀，这不仅是飞黄腾达的机会，对于旗人女子来说也是一种义务。在这样的大背景下，杏儿应征进宫，从此也便踏上了她日后登上至尊宝座的第一步。

（四）一朝选在君王侧

谨慎踏实的惠征觉得以自家闺女的容貌、聪慧和才华，留在宫中当宫女其实是不成问题的，能不能封个贵人、贵妃什么的就要靠运气了。在杏儿即

第一章
神奇的叶赫那拉氏

将入宫选秀之前,惠征就语重心长地对自家闺女说道:"一入宫门深似海,你要谨言慎行,凡事还得多留心眼儿啊。"

杏儿的母亲在历经病痛和变故之后,也加倍心疼起这个在外人眼里非常能干的女儿,便满含温情与厚爱地叮嘱道:"杏儿啊,皇宫中规矩多,禁忌严,无论有什么委屈,一定要忍啊。"

"我知道了,我都这么大的人了,还望阿玛与额娘少担心,你们自个多保重就行了。"杏儿淡然地说道。

想到先前一家人共患难的日子,佟佳氏突然哭泣不止:"杏儿,你也多保重,宫中人多事杂,凡事千万小心为上。"

"额娘你哭什么啊,说不定我还能坐上皇后宝座呢,到时候就光宗耀祖了,你们也可以享享清福了。"杏儿笑着帮母亲擦着眼泪,自己不以为然地说着。

父母听得目瞪口呆,面面相觑,觉得这丫头还真是人小鬼大,心事居然这么大,不知这究竟是福是祸,只是一而再再而三地嘱咐:到了宫中要

清宫选秀女

多当心。"

母亲在帮杏儿收拾东西的时候,还很郑重地拉着杏儿,将一包东西放在桌子上,然后慢慢打开,交代道:"这是传家之宝,我们再苦再累都没有用。这次你要进宫,可是我们家的大事,这回你能用得着了。"

杏儿打开包袱,只见里面有两样物件:一块很小的金砖,一件翡翠玉观音。

"这完全用不到啊,难不成我还要买什么贵重的物品。"杏儿嘀咕道。

佟佳氏严肃地说道:"一定得拿着,你会用得着的,宫里的主子可能用不到,但那些太监就不同了,他们眼界浅,好财物,有用得着的关键时候,就不能小气了,好打通打通,记住了啊!"

杏儿没有说什么,只好把母亲给的金砖和翡翠玉观音收下,然后径直走到书架前,取下一套汲古阁本的《资治通鉴》就放进包里。

惠征和佟佳氏又被怔住了,特别是惠征,看着女儿拿了他那套心爱的《资治通鉴》时,心里感到很吃惊,一脸茫然和惊讶的神色。

"你们放心吧,有这本书就好了。"杏儿得意地浅笑着。

其实在这之前,杏儿对那个名叫荣禄的翩翩少年念念不忘,一直不想去进宫选秀,但没有办法,父亲惠征说:"你这样是想害死我们一家人吗?"然后母亲既是不舍又是难过地用近乎央求的口吻劝说杏儿,杏儿想到先前全家的大变故,觉得不能再让家人受到伤害了,更何况荣禄现在到底怎样?有没有娶妻?人在哪里?这些都是未知数。茫茫人海,悠悠岁月,杏儿只能感叹情深缘浅,放下心中思念的情人,打起精神去迎接选秀的到来。

来年正月一到,新任皇帝正式改元咸丰,仅有一位皇后的皇帝就下诏选秀正式开始。经过多轮的筛选,所剩的候选人并不多了,杏儿由于聪慧貌美、大度从容,再加上修来的才华,格外让人觉得是蕙质兰心,所以她也徘徊在皇宫门外,等候命运的决定。正在此时,一位公公用尖锐的声音喊道:"皇上有旨,宣惠征之女杏贞觐见。"然后这位名叫韩来玉的内殿太监总管引着杏儿

第一章
神奇的叶赫那拉氏

边走边对她说:"今天是圣上和康慈皇贵太妃主持,进去之后别忘记给他们磕头请安。"

"嗯!"杏儿只是清脆地应道,之后就没有一个字了,跟着韩公公来到皇帝和皇贵太妃面前,她就下跪磕头请安,抬头的时候,杏儿还偷偷望了咸丰皇帝一眼,恰好见他也是面带笑容地看着自己。

"把你的家世说来听听。"康慈皇贵太妃瞅了一眼猴急的咸丰皇帝,便伸出戴着长指甲的手开口说道。

"启禀皇贵太妃娘娘,奴婢叶赫那拉氏,道光十五年十月初十生,镶蓝旗人。曾祖父吉阿郎,曾任刑部员外郎;祖父景瑞曾任刑部山东司员外郎;父亲惠征,现任安徽宁池太广道员。"

"嗯,你先下去吧。"康慈说道。

"是,奴婢告退。"杏儿缓缓走出去。

这时,康慈问咸丰:"皇上,你觉得怎样啊?"

"当然留下了。"咸丰率直地出口说道,但很快又感到有些失态,在皇贵太妃面前也红起脸来。

康慈拿起彩头签,略微犹豫了一下,觉得有些话不得不说:"这姑娘是千里挑一的,留下来自然没得说,可是我要提醒皇上,她可是叶赫那拉氏,皇上可要三思啊。"

咸丰也或多或少知道一些关于祖上的事,不然有什么资格接任祖上打下来的江山,他自己便踌躇了一下,但很快就回应道:"叶赫那拉不是被我爱新觉罗给收并了吗?祖上也有叶赫那拉的妃子皇后,历代也有不少大臣出自他们当中。皇额娘的提醒,孩儿自当留心,但还是将她留下来为好,毕竟佳人难得啊!"

康慈也觉得咸丰说的有道理,就说:"既然是皇上看中的,就留下好了。"说着也便顺水推舟地将彩头签放在杏儿的名字上。

最后一道程序就是到钦安殿内赏赐荷包,收到皇帝钦赐的荷包后,就是皇宫里的人了。咸丰本来就有皇后钮祜禄氏,所以这次实际上是选妃。在这

次选妃过程中,同时被选上的还有日后与慈禧基本上平起平坐的慈安,不过她们这时一个被封为兰贵人,一个被封为丽贵人。按照清廷的规制,皇后为后宫之主,在其他妃嫔之中,也分为高阶、中阶和低阶三个等级,皇贵妃和贵妃属于高阶,妃和嫔属于中阶,贵人、常在和答应属于低阶。

进宫四个月了,从杏儿变成兰贵人的她在焦急、期待和寂寞中等待着看中她的那位主子。其实这时的兰贵人还是比较有雄心壮志的,就盼着自己能够有朝一日从贵人升级为嫔妃,但皇上不来临幸,再怎么想入非非也是一头发热。始终见不到龙颜,这叫兰贵人一筹莫展,心中不免失落起来,一首先前学过的唐诗涌上心头来:

寥落古行宫,宫花寂寞红。
白头宫女在,闲坐说玄宗。

春心荡漾的少女难免会胡思乱想一通,不过正在感伤之际,韩公公来了,当面就打躬作揖:"奴才韩来玉拜见兰贵人,兰贵人吉祥。"

"免礼啦,韩公公快起来咯。"兰贵人老成持重地问道,"您这次前来有什么事吗?"其实她心中还在想,肯定是咸丰那小子想起自己来了,于是心头一阵欢喜,只不过不便于表现出来而已。

"回贵人,奴才奉旨给各宫安排太监伺候,奴才是来问问,贵人有没有中意的,如果没有的话,奴才就给您物色几个,您看怎样?"

提到太监,兰贵人倒是想起梳头房里的一个小太监,人很机灵,能说会道又善解人意,嘴巴又特别甜,宫中上下都跟他混得熟,倒是个好使的仆人,想到这儿,兰贵人回道:"把梳头房的那个小安子安排过来就好啦,其余的人你们看着办吧。"

"喳,奴才这就去叫他来。"

安德海感到很意外,这简直就是想都不敢想的事啊,进宫一年就能伺候

第一章
神奇的叶赫那拉氏

兰贵人，常言道"打狗也要看主人"，跟着一位有权势的好主子，自己也有声望有地位，别的太监都会敬你三分。于是，安德海就屁颠屁颠地跑到兰贵人身前去讨好卖乖。

"奴才安德海给贵人娘娘请安，贵人娘娘吉祥！"安德海进入储秀宫，来到兰贵人的房间前，就甜言蜜语地请安道。

兰贵人让安德海进去后打量了一下，便拉长声调问道："你是哪里人？哪年入的宫？"

"回贵人，奴才是直隶南皮人，去年入的宫，奴才极其愿意伺候贵人娘娘。"

"嗯，我看你还不错，人也倒机灵厚道，在我这里好好干，我不会亏待你的。"

"奴才愿意为主子效劳。"

从这会儿开始起，安德海的命运就与兰贵人也就是后来的慈禧绑在了一起。

一晃都快一年了，咸丰皇帝还没有到储秀宫临幸兰贵人，这可让年轻的兰贵人黯然神伤，不觉想起自己真的就好比雕漆笼子里面的金丝雀来。一日晚膳过后，时至芳菲年华的兰贵人寂寞难耐，一个人便走出储秀宫，来到了后花园中，闻得一股花香扑鼻而来，月光也皎洁明亮，到处是诗情画意。在家里的时候还有兄弟、妹妹和丫鬟的陪伴，现在只能一人独守空闺，往事不堪回首，想到这里，直叫兰贵人潸然泪下，不觉一声长叹："唉……"

"主子，今夜月色不错，奴才特意准备了几样小菜，还有美酒一壶，主子对月畅饮也是美事一番。"安德海不知从哪里突然冒出来，而且还在亭子间的石桌上摆好一桌酒菜。

"小安子如此善解人意，还真是合我的胃口。"兰贵人来到石桌旁，还真的看见了一桌酒菜，便兴致大发地吃喝起来，小安子则在一旁斟酒聊天。几杯酒下肚，兰贵人觉得微醉，心情也放松开来，而且还端着酒杯低声吟道："明月几时有？把酒问青天，不知天上宫阙，今夕是何年……"还未吟完，兰

贵人猛地一仰脖子,把杯中的酒一饮而尽。

"主子,"安德海看得有点慌了,他还从未见过主子喝酒这么猛过,便猜测可能是心中郁闷难以排遣便借酒浇愁,但这样伤了身体,自己可是担当不起。于是他便劝说道:"主子,外面已经转凉,还是让奴才扶您回去吧。"

兰贵人由他扶着,但脑海里想起的还是往日的欢乐温馨与今日的落寞冷清,想着想着就情不自禁把头靠在安德海的肩膀上哭起来了。安德海怕这件事传出去,夜深人静的,被人知道兰贵人哭起来肯定会有流言蜚语传播开来,他就急忙扶着兰贵人回宫,并将她抱到床上,盖上被子,脱了鞋子和外衣便要走。但兰贵人却将即将出门的安德海拉了回来。

"先别走,留下来陪陪我,不要离开我,求你不要离开我。"兰贵人在醉梦之中,拉着安德海的手往自己怀里放。虽然已经净身,但安德海毕竟还是会有人的七情六欲,看着醉倒的兰贵人人面桃花,禁不住握着她的手,在她额头上亲吻了一下。良久,等到兰贵人熟睡过去,安德海才慢慢退出来。

翌日太阳高升,兰贵人从梦中醒来,隐隐想起昨夜的事,心中都觉得有点惊诧。很快就从门外传来安德海的声音:"主子可醒了,奴才给主子请安。"

兰贵人应了一声:"小安子,你进来,我有话要说。"

安德海"喳"的一声便走到前面。"啪"的一声,兰贵人给了他一巴掌,随后就厉声喝道:"你知道我为什么要打你吗?"

"奴才该死,奴才该死!"安德海跪在地上,虔诚地抽着自己的耳光,"奴才昨天不应该准备那么多酒的,昨晚的事只有小的一个人知道。"

"这就好,如果有第三个人知道,那就是你掉脑袋的时候。"

安德海磕头认错:"奴才绝不会让第三个人知道,否则,您就把这颗头拿下去当球踢。"

"起来吧,看把你吓得,"兰贵人走过去扶起安德海,面带微笑地拉着安德海的手说,"你都跟了我这么长的时间,难道我还信不过你吗?跟你说着玩的,行了行了,出去打盆水来,我要洗脸漱口。"

之后,安德海就去安排兰贵人的洗漱,在这之间,二人不可避免地谈到咸丰皇帝了,安德海似乎能够察言观色,看得出兰贵人的心思来,便说道:"当今圣上也不知怎么回事,册封贵人了也不来临幸,我看我去打探打探圣上的动静。"

兰贵人心想,这安德海的机灵真不是吹出来的,果然有点心思。俗话说"养兵千日用在一时",把小安子派出去使使也好,不然那咸丰皇帝不知腻在哪个安乐窝乐不思蜀了。

"看来我还真没选错人啊,"兰贵人小声嘀咕了一下,然后对安德海说,"凡事多注意一些,不要太过于明目张胆,现在我们干什么都要沉得住气。"

奕䜣

"喳,奴才明白主子的意思了。奴才以后会多加注意的。"这安德海心里其实也在想:水涨船高,只要主子升位,小的也会跟着吃香的喝辣的,于是他就立刻行动起来,把自己先前得到的赏赐和薪资都拿出来在皇宫内上下打点,再加上一嘴甜言蜜语,很快就有不少人喜欢上了这个人见人爱的小安子。

(五)兰贵人深得君宠

将近一个月的来回,小安子总算打探到一些消息,原来最近南方的洪杨叛军攻城略地不少,让这个血气方刚的年轻皇帝有些招架不住,只是一味地在圆明园偎红倚翠。

"你说皇上在圆明园待了几个月？这是为什么啊？"兰贵人失落又着急地问。

"这个恐怕不太好说吧。"安德海一半是卖关子，一半是真的有些不敢。

"小安子，我可告诉你，你如果对我也有隐瞒，那最好不要再跟着我了，有什么事你就跟我说，有我为你做主。"

"好吧，"安德海老老实实地交代，"哎，都是那些大臣坏事。"

"怎么坏事了，你进来说。"兰贵人将安德海拉进自己的房间，关好门窗，让他一五一十说清楚。

"那些大臣知道皇上好女色，为了讨好皇上，就费尽心思说让皇帝到圆明园散心，说那里是禁地，内侍不够，照顾不周，就精选了三十名汉族女子，每夜三人轮流侍寝，这样皇上能不高兴、能不留恋吗？"

"噢，这样啊，怎么皇帝会喜欢汉家女子？汉家女子有什么独特之处？"兰贵人被好奇心驱动地问道。

"那些大臣说，汉女有十香迷情啊！"

"哪十香迷情？说来听听。"

"这十香呢，就是发香、眉香、眼香、耳香，还有唇香、舌香、颈香、肌香和酥胸香。"

兰贵人知道皇帝是被这十香迷住，便细心地记下来，但发现少了一香，便问："这只有九香啊？"

"哦，对了，还有白腹香。"安德海敲敲脑门，表情夸张地说道。

"竟然喜欢上汉族女子了。"兰贵人嘀咕着。

"何止喜欢，简直就是迷恋至极啊。特别是那个四春，让别的女子羡慕得死去活来。"

"噢，真有这样。"兰贵人扑哧笑了一声后又说道，"哪四春，你再说来听听。"

"就是海棠春、牡丹春、兰花春还有杏花春。她们可都是江南美女，皇上被迷得神魂颠倒，夜夜春宵都还嫌不够。对了，还有那位山西的曹寡妇，长得狐媚妖艳，那双小脚硬是让皇帝欢喜得不行啦。"

"皇上的身子吃得消吗？忙得过来吗？"兰贵人问。

安德海神秘地说："哪里哪里，皇上的龙体可是有媚药保着，精神得很。"

时值芳华，春意萌动，兰贵人好奇地问："什么媚药，这么厉害？"

"马乳蒲桃，这药厉害得很，其他的完全没法比啊。"安德海动情地说道。

"有多么厉害？还真想看看你说的这药。"兰贵人被说得也是心猿意马，好奇心也跟着膨胀。

"你说圣上除了好女色外，还有什么其他爱好可以把他吸引过来？"理智渐渐回复过来的兰贵人问道。

"皇上啊，他还喜欢听小曲、喝酒，时不时作作诗消遣消遣的。"安德海不以为然地说道。

兰贵人心里就在盘算：得投其所好才对啊，得想办法吸引住皇上才行，不然就只有坐老宫中了，这都待了一年多了，还不见皇帝身影，岂不是荒废青春。

打定主意，选定好日子，兰贵人就决定学姜太公了：她要去钓鱼，钓当今清朝最大的鱼。一连几天，兰贵人就带着古琴和安德海来到圆明园小林间的亭子内，抚琴放歌。但是等了十多天，仍然不见动静，不要说是咸丰皇帝，有时候连雀鸟都没飞来驻足倾听。

可兰贵人就是性子倔，沉得住气，一连又唱了十多天，偶尔间有几个妃子娘娘过来看看，只以为兰贵人是为了排遣心中寂寞和失落才抚琴清唱，当然兰贵人也是表现得很真诚地这么说。

等了好久，终于等到了。那天惠风和畅，天朗气清，咸丰和侍从到圆明园小林子中的幽径上散心，偶尔听到一阵优雅脱俗的歌声和琴音传来，悦耳动听，让这位听惯了宫廷歌曲的皇帝动心了。咸丰决定亲自去看看是何方佳人，能够弹唱得如此深入朕心，于是他就屏退侍从，自己一人循着声音走了过去。

兰贵人见林子那边有些动静，更是专心致志地弹唱着，让曲音达到高潮

部分。渐渐地走近了,看样子像是身着龙袍的咸丰皇帝,她便迅速示意让安德海先走,免得扫了皇帝雅兴。安德海心领神会,像兔子一样不动声色地跑了。

等到那人走近,兰贵人一眼便看出果真是皇帝,便快步走上去请安:"吾皇万岁万岁万万岁,奴婢愿圣上吉祥,恭请圣安。"

咸丰一把拉住兰贵人的纤纤细手,说道:"免了,免了。"却一直目不转睛地盯着兰贵人的面容看。只见五官精致清秀,肌肤如白瓷一般细腻得吹弹可破,樱桃小嘴娇艳欲滴,明眸皓齿、楚楚动人,而且一股兰花香从身体溢出,让咸丰开始魂不守舍起来。

大概相互凝视了几分钟,兰贵人先开口了:"圣上,奴婢刚才唱的还好听吗?"

咸丰回过神来,说:"朕就是循着歌声而来的,想不到你的歌声如此动听,再给朕唱一曲怎样?"

"奴婢唱得不好,让您见笑了,恐怕打扰了圣上的清静。"

"哪里,哪里,朕也是闻声而至,这弹唱真让人如痴如醉啊!"

"那奴婢再唱一首南曲。"说唱就唱,兰贵人动情地弹唱起来。咸丰觉得余音绕梁,非常陶醉,等到曲音听罢,便扑上去想要将兰贵人搂在怀中。

但兰贵人早有"预谋",见咸丰皇帝要向她扑来,便转身向林中更深处跑去。咸丰胃口被完全吊起来了,也跟着追了过去。兰贵人早就对这一带地形比较熟悉,就顺势逃到林中专供皇帝休息的小屋前。咸丰这时已经追了上来,从背后一把将兰贵人抱着拥进小屋,恩爱和柔情的碰撞是避免不了的了。

初得皇帝的恩宠,兰贵人可以说是使出浑身解数,去极力迎合这位能够给她带来她想要的一切的男人,可以说就是那个下午,咸丰牢牢记住了兰贵人。一连几天几夜,膳食供给充足,精神恢复好后,二人又缠缠绵绵,难舍难分。

总算熬出头了,兰贵人心中十分痛快,几年的少女春意也被彻彻底底地满足了一回,她长这么大都没有如此酣畅淋漓地体会到做一个女人所特有的

第一章
神奇的叶赫那拉氏

幸福。但她也常常惦记这个风流成性的皇帝，生怕他沉溺于其他女色，坏了身子。

这该如何是好？兰贵人在储秀宫想着办法来让咸丰收心，无论如何也要让皇帝把心收到自己这里来。想来想去，兰贵人决定请在中宫的皇后钮祜禄氏去劝劝驾。兰儿想着想着，就失声笑起来。

"兰姐姐，你笑起来真美。"安德海不禁夸赞起来，自从兰贵人得到皇帝恩宠后，小安子与兰贵人都结成姐弟了，所以他才这么叫。

"你从哪里冒出来的，怎么刚才还没看到你呢？"

"姐姐刚才想事情想得出神，没有敢打扰，就悄悄过来，看见姐姐笑得如此美丽，便失声赞了起来。"

"我真的笑得很美吗？"兰贵人撇嘴问道。

"当然了，连皇帝都说你是海棠仙子呢。"安德海说道。

"又贫嘴了，"兰贵人笑着说，然后又正声问，"这几天，皇帝又和谁缠在一起？"

"听说还是那曹寡妇。皇上一天还喝三次鲜鹿血，一餐吃四五颗马乳蒲桃，鼻子都流血了。"

"噢？竟然有这等事？那御医怎么说？"兰贵人不无担心地问。

"御医们说阳气太旺，继续这样下去，会折寿的。"

"怎么不让皇后劝阻皇上啊？"兰贵人试探性地问。

"皇后娘娘已经试过了。按照祖宗规矩，皇后可凭祖制进谏皇帝。皇后娘娘试过一次，皇帝就在祖庙下跪，还发誓说一定要励精图治，勤于政事，中兴大清。"

"皇上真的这么说？那为什么还是不改秉性？"

"只管了三天，皇上就把他的誓言抛在脑后了，真是可惜。"

"这又是为什么呢？"兰贵人更为焦急地问。

"还有什么，还不就是两鬼闹的嘛。"安德海说得愤愤然。

兰贵人有点反应不过来，便问："什么两鬼？"

"内鬼是洪秀全那些长毛鬼,外鬼就是英吉利、法兰西那些红毛鬼。"

兰贵人不仅有些愤怒,也对皇帝有些担心:"真是苦了皇帝了,内忧外患都要让他操心。"

"可不是嘛,皇上都得劳神操心的,内鬼已经搅得大清朝人心惶惶,外鬼更是运来不少烟土,运走一船船银子,还要占山、占地。港口、铁路的都要去占,你说他一个人怎么忙得过来,这些事都得让他过目,都得放在他肩上,让他担着。"

兰贵人打抱不平地说:"我堂堂大清朝,总会有一天把这些内鬼外鬼都消灭掉,千刀万剐才解恨。"

"就是兰姐姐进宫后,皇上才舒心一些,不然真不知会怎样。"安德海吹捧着。

"可是皇上现在还是被那几个妖精缠着,真是让人不放心。看来我还是得去找皇后娘娘说说。"说去就去,兰贵人还真是跑到中宫去找皇后了,还说出自己的担忧和苦衷。

皇后倒是优雅从容,看着自己养的一只色彩斑斓的八哥,只是淡淡地说道:"妹妹,别生气,让他们快活去好了,我们倒落得个清闲自在。"

"我也是为江山社稷担忧啊,也是为皇家操心啊,你说真要是出个什么意外,那对得起打江山守江山的祖祖辈辈吗?"兰贵人认真地说道。

那八哥听到有人跟它的主子说话,自己也凑热闹地叫道:"妹妹,别生气,让他们快活去。关关雎鸠,在河之洲;关关雎鸠,在河之洲。"

皇后扑哧一声笑了,还说:"你看这鸟都知道图个清闲。"皇后这么一说,说得兰贵人笑得弯下腰来。

"你先回去吧,妹妹,我会再劝劝皇上的,也让他知道我们是愿意替他分忧的,免得老是跟其他人厮混在一起。"

"姐姐真是通情达理,不愧为母仪天下的皇后娘娘,兰儿先行告退,日后再来请安。"

过了几天,安德海就欢快地跑过来,说有好消息要说给兰姐姐听,刚开

第一章
神奇的叶赫那拉氏

始还卖关子,被兰贵人赏赐了一个吻,便一五一十地说出来:"皇上传话,前面的长春宫就赏赐给兰贵人了,这可是天大的喜讯啊。"

"真的吗?"兰贵人问。

"当然千真万确了,皇上已经迷上姐姐了,你看吧,过不了几天,皇上就会过来这里,他一来就舍不得走了。真是恭喜姐姐,恭喜啊!"安德海也说得喜气连连。

那时,兰贵人正在提着毛笔认真地写字,任凭小安子怎样欢喜,自己还是心平气和地写着,最后写完,才松了一口气,就把刚才写的一首诗送给安德海。

安德海受宠若惊,慌忙地准备收下,但被兰贵人叫住:"这么急干什么,瞧你那猴急样,不会慢一点,等墨汁干了再收下不行吗?"

"谢姐姐,谢姐姐,这字写得跟姐姐一样美,等姐姐哪天要是做了中宫的主,单凭着墨宝,小的都不用为饭碗犯愁了。"

兰儿只是淡淡一笑,不知是得意还是不以为然或是已经开始胸有成竹。安德海看着字,便念道:"最怕中秋风雨来,人家伫月尚徘徊。七龄小姐痴憨甚,拜祝天门两扇开。"

"这诗小的不太懂,不过这字在我看来还真是秀美工整。要是皇上来看也一定会喜欢。"

"哼,"兰贵人冷笑一声,揶揄道,"皇上还有时间工于水墨?"

"真的,姐姐,皇上好翰墨,以前还被先帝爷夸奖过,他说自己好文的嘛。而且他也标榜自己有三痴,朝廷百官对于这个都是知道的。"

"噢,哪三痴,说来听听。"兰贵人饶有兴致地问。

"这三痴就是诗痴、画痴和书痴。而且皇上喜欢用朱砂写红字,很讲究字势、字体和字形构架,看到好的字就不走了,要把玩好久呢。"

"那好,我也要用朱砂写红字,你不是说皇上喜欢写红字么?"

"是的,前几天还写了一首诗,就是用红字写成的。"

"什么诗?快说来听听。"兰贵人兴致高涨地问。

"哎,"安德海敲打着自己的脑袋,一时之间只想到了两句,"一杯冷酒千年泪,数点残灯万姓膏。"

兰贵人心里掂量着这两句诗,忧从中来:"皇上心善,为国操劳,真是又苦又累,可惜我却不能为他分忧。"说着,兰贵人就掉下泪来。

安德海关切地问:"姐姐,你哭了。"

正当这时,咸丰皇帝已经站在门口,不知是什么时候到的,马上就走进来抱着兰贵人说道:"真是难为兰儿了,能够为朕分忧。"

兰贵人正要下跪请安,被咸丰一把扶了起来,安德海和众丫鬟也跪着请安,兰贵人一个眼神就全部退下去了。

咸丰从口袋里掏出一张手帕,递给兰贵人去擦拭眼泪,可这兰贵人趁势撒娇,只是闭着眼睛,把头向咸丰仰着,示意让皇上给她擦泪。咸丰轻轻地替她擦拭眼泪,然后又闻了闻沾着泪水的帕子,说:"真香,你真是神仙一样的人儿,叫朕日夜难忘。"

"还日夜难忘,皇上都有好长一段时间没来看人家了。"

"朕不是忙于国事,日理万机嘛,这不是来了吗?"咸丰说道。

"好啦,好啦,也不怪你了,只求皇上要记住兰儿,常常过来就好。"兰贵人带着撒娇的口吻央求道。

"那当然了,有这么个美若天仙的女子,又这么通情达理,当然得常常来了。"咸丰一边抚摸兰贵人,一边信誓旦旦地说道。

"真的吗?我不要天天来,只要每个月来几次就心满意足了。"兰贵人说道。

"我发誓,我一定天天来。"咸丰用力吻了吻兰贵人,然后又发誓,"我若不用心待你,天诛地灭,不得好死。"

兰贵人被这样的誓言感动得泪眼蒙眬,马上用手贴着咸丰的嘴,不让他说了。接下来,又是一阵干柴烈火似的卿卿我我。

（六）北逃热河，包藏祸心

"春宵苦短日高起，从此君王不早朝。"一连好多天，咸丰就和兰贵人腻在一起，以至于大臣们都开始上奏了，说兰贵人是妖女，红颜祸水，应当贬入冷宫。

兰贵人听到这句话，愤慨地说道："哼，一帮大男人，不能为国君分忧，不能为国事排忧解难，还好意思把过错都怪一个小女子，还是男人吗？"

"对，还是兰儿说得好，他们那群人都是吃皇粮的，却没一个有用。还上什么奏折说是国库亏空，没有粮饷打长毛鬼。"

"皇上，是不是打仗缺钱？我把皇上赏赐给我的宝物和我自己的积蓄都捐出来，算是我自己的一份心意。"兰儿心平气和地说道，很快，几个丫鬟将赏赐的宝物和兰贵人自己的私房钱搬出来堆积在一起。

咸丰甚为感动："真是难为兰儿了，这么替朕担心。当然了，偌大的国家，不至于让朕的爱妃出钱。"

兰贵人马上说道："人家现在还不是什么妃子呢，进宫都快两年，至今还是贵人呢。"

"噢，这好办，朕马上就册封你为贵妃。"然后，咸丰站起来，正声道，"军兴三年，花费三千万，国库只有十万两了，真不知他们是怎么办事的。"

兰儿说："大清开国以来，只是征收关税，还没有征收过市税，您想想看，百货、土产、药材、食盐、矿产哪个没有上百万的征税。"

咸丰茅塞顿开："是啊，还是朕的兰儿精明。小安子，马上传朕圣旨，让阁臣拟办，准备征收市税。"

正在这时,太监总管黄承恩火急火燎地跑过来,脸色惨白、大汗淋漓的,还带着哭腔说:"皇上,太平军到了张登集,离保定府只有60里!"

"什么,这么快,不是已经派重兵进剿了吗?都是一群饭桶,传朕命令,各方调集兵马把这支北进的长毛务必全部剿灭。"咸丰义正词严地说道。

原来太平军的北伐部队,主力就是天官副丞相林凤祥和地官正丞相李开芳率领的一路人马,正从扬州出发,一直向北推进,目的地就是清廷中央所在地的京师。还有一支部队是由春官正丞相吉文元率领,自天京(洪秀全和他的太平军于1853年定都南京,改南京为天京)出发。两股人马总计三万人,兵分几路北上,势如破竹。

他们的总头目天王洪秀全给他们的指示:师行间道,疾趋燕都,不贪攻城略地,浪费时日。言外之意就是直插清朝中心,这一消息让咸丰听了之后,吓得几天几夜没怎么合眼,在兰贵人和几位侍从的服侍下,一直在筹划调兵遣将之计,但前线又有不好的消息传过来:安徽新任巡抚李嘉瑞由于刚刚上任,在省城布置的兵力很有限;工部侍郎吕基在宿州的团练还没练成;太平军一过长江,会办安徽军务的兵部侍郎周天爵率兵不足千人,也是发急函求救。

接连几天,咸丰都在同内阁成员商议助剿事宜,皇后和兰贵人也在一边指派御膳房以及一些丫鬟、太监,让他们把这班君臣一定都得伺候好,这样贴心的照顾,让咸丰和众臣都能安心筹划国家大事。

这班君臣最后议定,让陕西、河南、四川、湖北的督抚全力增援安徽,务必把太平天国北伐军的后路给切断,让他们与天京的老巢不能首尾呼应,同时也阻截了太平军从天京派援兵支援北伐军。

过了几天,黄承恩提醒咸丰,说京城已经快成不设防的空城了,形势非常不妙,得马上调兵遣将,护卫京师。

咸丰一下子反应过来,把自己的老巢都给搞忘了,"对,快拿笔墨纸砚来,朕要下旨。"很快文房四宝就呈上来,但咸丰不知是累的,还是害怕得手一直发抖,根本就握不稳笔,只好叫喊道,"黄总管,由你来写。"

第一章
神奇的叶赫那拉氏

黄承恩伏倒在地，诚惶诚恐地说："皇上，祖制规定，内监不得与政。"

咸丰愣住了，睁大眼睛喊道："兰儿，由你来写。"

黄总管又进谏："皇上，祖制规定，后妃不得……"

咸丰打断黄总管的话，呵斥道："别老拿祖制压朕，朕就是祖制。兰儿，快过来写。"

"喳，奴婢领命。"兰贵人手握朱笔，毕恭毕敬地写着皇帝的口谕：

命僧格林沁统三千禁卫军，驰赴胜保军营；

速调热河禁军一千九百人增补僧营；

命土默特贝子德勒克色楞，带东三盟官兵三千人赴胜保兵营，令德勒克色楞帮办胜保军务。

咸丰看兰贵人写得很合心意，便不改一字，直接发往军机处。

"好，兰儿能在朕身边帮助朕，真乃天赐朕也。"咸丰动情地夸赞道。

正在这时内侍飞奔进来呈报，说匪贼太平军从保定向东，直扑天津去了。

咸丰当时长长嘘了一口气，用单只手拥着兰贵人，说："兰儿，京师不会有事了，毕竟是一群鼠目寸光之辈，如果他们再坚持下来，那真是后果不堪设想。"

"皇上洪福齐天，自然会逢凶化吉。"兰贵人回应道。

但很快又有内侍来报，说匪贼进军神速，已经攻下沧州，距离天津仅仅只有十里，天津卫一被攻占，京师将无险可守，形势万分危急。

"啪啪啪"的几声，咸丰怒了，他把龙纹福寿茶杯摔得粉碎，然后又站起来，徘徊着走来走去，最后右手一扬，大吼道："数千禁军是干什么吃的，还有几万的勤王官兵呢？那些拿俸禄的将军大帅都是干什么的？难道我朝就养了一群酒囊饭袋。天啊，现在是朝廷无将，八旗无人啦！"

兰贵人看着咸丰发火，而且还欲哭无泪的样子，心中也是一阵酸楚，于是便走上前去劝道："皇上，现在危机之时，非常之机，当用汉人。"

咸丰可能还在气头上，对于兰贵人的话没怎么听进去，便大声问道："你说什么？"

兰贵人一字一顿，仍不改镇定的面色，说："皇上，奴婢建议用汉人，曾国藩、李鸿章之人皆可以为我所用。"

咸丰这时白了一眼兰贵人，先前的深情款款、含情脉脉荡然无存，只是愤怒地踢倒跟前的托架、面盆、旁边的玉石、古玩、珊瑚、珍宝都被撞击得掉了下来。"汉人统兵，这是有违祖制的！"这还是比较客气的，但正在气头上的咸丰瞪着一双布满血丝的红眼睛，有点拿兰贵人出气似的一字一顿地吩咐，"拉下去，关进同道堂。"

同道堂只是六宫之一咸福宫的后殿而已，也就是说，咸丰虽气在头上，但仍是比较爱惜地没有把敢于直言进谏的兰贵人打进冷宫。不过，兰贵人也没有求饶、哭闹什么的，只是高呼："皇上，非常时期用非常手段，重用汉臣可以扭转局面，力挽狂澜啊！皇上……你不是说您才是祖制嘛……皇上……"兰贵人的声音越来越远，太监已经把她拖到外面去了。

咸丰心力交瘁，一连好多天都是这样，突然他开口要到养心殿，但到那里还是得到了很多不好的消息，官军仍是败北的消息频频传来，耳不暇闻。不过到现在，咸丰连生气都好像没有力气，只是咬紧牙关下达谕旨：

> 胜保、德勒克色楞，各降四级留任，拔去乌纱上的花翎；败军之将达洪阿革职，戴罪效命。

除此之外，咸丰在给胜保的圣旨中，明确责令他迅速与贼军决战，如果再有败绩，必当以其身家性命相抵。

养心殿并不能够养心，咸丰还是到处逛游，总是不能安身，主要是因为不能安心。无意之间，他竟然发现一幅悬挂在墙角的《蓝花蝴蝶图》，这时的心情才算舒展一些，他便慢慢放松开来，仔细地欣赏着上面的画和题诗，只见上面用娟秀的字迹写道：

第一章
神奇的叶赫那拉氏

无心恰恰用，用心恰恰无。

今说无心处，不与有心殊。

落款处则是兰贵人所题写：蝴蝶花上说禅，兰儿。

咸丰看到最后，竟然会心一笑，还轻轻叫了一声兰儿，几天不见，思念之情却与日俱增，他决定去找他的兰儿去了。

被关进同道堂的兰儿不但不觉得冷清落寞，反倒似乎有点高兴，在这里仍是文艺范十足。她特意在洒金纸上写了两个大字：清虚。然后又作了一副对联，装裱好后，挂在自己所在的正室：

割据湖山少许，操草木鸟兽之权，是亦为政；
游戏世界无量，极水石烟云之胜，聊乐我魂。

当然，仅是以上这一副对联的消遣还不够，她还在西边卧室上书写一联，好像是写她的自况：

品若兰花香在骨，人为秋水玉为神。

还有东边的静心室内，也才情横溢地写了一副逍遥洒脱的长联：

三顿饭，数杯茶，一炉香，万卷书，何必向尘寰外求真神仙？
晚赏花，午看竹，暮观霞，夜揽月，都于无字句处写大文章。

正在吟咏玩赏间，安德海前来同道堂，开口就道："我的好姐姐，都这般模样了，你还有心思看这些。"

"怎么就没心思了,我这样图得个清静,有什么不好。"

"都打入冷宫了,你还说清静,恐怕日后再得圣上恩宠会难上加难,哎,是谁让你顶撞皇上的。"安德海很是关切和遗憾地说。

"扑哧",兰贵人竟然笑出声来,道,"不出一个月,我保证皇上就会过来。"

"姐姐这么有把握?这还真是奇了,你真拿捏得准?"安德海问道。

兰贵人没有说什么话,指着中堂的条幅,示意他念一念。

安德海心领神会,便小声念起来:

> 凡人于无事之时,常如有事,防范其未然,则其事自然不生也。
> 凡人若有事之时,却如无事,以静定其虑,则其事自然消灭矣。
> 古人云:心欲小而胆欲大!

"好啊,"安德海拍手叫道,"姐姐虽是仙女之身,却有着男儿顶天立地的大志向,真是难得。"

果然不出兰贵人所料,没过几天,咸丰就过来看他的兰儿了。只见兰儿穿一件透水绿的丝质紧身袍,苍翠欲滴,性感娇艳,而且富于质感,这又让咸丰看得目瞪口呆。

还是兰儿先开口了,欠身问安:"奴婢叩见圣上,圣上光临小舍,有失远迎,失礼失礼啦!"

咸丰直接上去拥抱着兰儿,赞道:"好一副《兰香彩蝶图》,兰儿真是巧夺天工,心灵手巧啊!"

"谢皇上夸赞,奴婢拙才怎比得过圣上。"兰儿娇嗔地笑道。

咸丰打量着兰儿的卧房,觉得兰室生香,无意间竟扫视到兰儿书案上的《资治通鉴》,便笑了起来:"难怪朕的兰儿会有远见卓识,原来尽读一些治世安邦之书,真让人敬佩。"

第一章
神奇的叶赫那拉氏

"还敬佩呢？都把人家甩到这边来了，哪有这样子的敬佩。"兰儿嘟着嘴，撒娇似的抱怨。

"什么叫把你甩在这样的地方？朕都想来这边清静清静，你也知道，那边事情特多，当时又正在气头上，以后朕操劳国务都到这边来。"

听咸丰这么一说，兰儿立刻喜出望外："真的吗，君子一言，快马一鞭。"

"当然了，君无戏言。"咸丰说着又拥着兰儿，二人卿卿我我起来。

就在这整整一个月的日子里，咸丰还真的就在这里抱着兰儿批答奏章，有时候实在是忙不过来内政外交方面的政务，便让兰儿给校正或是直接让她盖印，当时有"单衣校书"这种讲法说的就是兰儿协助咸丰办理政务一事。

这种男女搭配干活不累的日子可以说是咸丰一生中最快乐的一段时光，是不是恐怕就只有咸丰自己心里清楚。在这期间，咸丰也看出了兰儿出众的才智、非同寻常的胆略和治国手腕，从此以后，他便更加珍惜、迷恋甚至是依赖兰儿了。

咸丰在这里也累，不仅心累，而且身累，为了国事，不得不如此操劳，最让他感到快慰的当然是身边的兰儿了。在同道堂里，他们挥毫泼墨，寄情雅文：

> 同心相结，爱雅年年年年雅爱。
> 道心相连，情深岁岁岁岁深情。

这便是咸丰为兰儿题写的一副对联，看得出来，他们二人在很大程度上也有心灵和精神上的共鸣与契合，这份爱情的圣洁和美好却常常被后人忽视或误解。

兰儿看了咸丰这副对联，心中欢喜得快不行了，但嘴里还是揶揄道："圣上这御笔对联放在这里真是蓬荜生辉，当然了，这样的圣手妙书实在不足为外人道哉，小女子要将它好好收藏起来。"

"就你机灵，真是人精啊。"咸丰用手指点了一下兰儿的额头，带着万分柔情蜜意挑逗着，还边说边题写了横联：洞天福地。

但这位风流多情的皇帝意犹未尽，又饶有兴致地写了一副对联：

年年四季，季季如春，春宫处处春，春景春花，花好月圆。
朝朝每日，日日如兰，兰花时时香，香阁香人，人寿年丰。

兰儿看了抿嘴一笑，然后调侃道："真是好联啊，此联只应天上有，人间能得几回闻。这样好的对联就放在小女子床边吧。"

同道堂是他们待在一起最美好的地方，也是他们一生永远铭记的地方。连日连夜的鱼水之情，让兰儿怀孕了，而且为这个总是图个风流快活的皇帝生下了日后唯一幸存的龙种。同道堂对兰儿来说绝对是个福地。

在咸丰六年（1856年）三月二十三日，一阵清脆的哇哇大哭声响起来，大清帝国咸丰皇帝和兰儿所生的长子，就是后来的同治帝载淳出生，这一下子为这个充满内忧外患的王朝带来了一些惊喜和火力，从接二连三的担忧中反应过来的咸丰兴奋得手舞足蹈，这种心情都能感染到他身边的每个人。而且在极度的兴奋之下，咸丰挥笔就写下一联诗：庶慰在天六年望，更欣率土

慈禧卧室

第一章
神奇的叶赫那拉氏

万斯人。也就是说，等了六年终于能够一偿夙愿，而且这不光是我咸丰帝一人的欣喜与快慰，这也是普天下之人都应感到欣慰的事。

兰儿也身价倍增，被册封为懿贵妃，成为后宫中皇后以下的第一人。

咸丰帝自从得了大阿哥后，几乎每天都是心情大好，这不光意味着自己后继有人，他也觉得这是天佑大清，这等喜事降临，政事什么的也会有好转的。

这一天正当他同懿贵妃用膳时，恭亲王奕䜣突然前来求见。

说到这恭亲王，咸丰帝跟他之间的恩恩怨怨不少，虽是亲兄弟，但身在皇家，皇位的诱惑实在太大了，自古以来为了争正统皇位而父子兄弟相残的不在少数。先帝道光在立皇储的时候，就在他们两兄弟之间犹豫徘徊了好久，虽然咸丰最终胜出，但现在的康慈皇贵太妃就是恭亲王的亲生母亲，也是咸丰的养母，二人从小都在她的抚养下长大成人，在众多皇子中，就数他们两人的关系最为亲密，从小一起读书写字、骑马射箭，等到咸丰登基的时候，感念到皇贵太妃的养育之恩，也清楚自己这位六弟的才干在自己之上，便任命他为军机大臣、蒙古都统、宗人府宗令，基本上是把国家的军权和皇室的族权都交给了他。

恭亲王请安后，就直接切入正题，说："太妃感染风寒，现在已经卧病不起了。"

"这样啊，哎，朕实在是太不用心了，"咸丰面露愧色，"额娘对我的养育之恩终身不忘，现在她老人家病了，我却现在才知道。有没有请御医，御医都怎么说啊？"

"请过了，御医说需要静养，不能受打扰，哎……"恭亲王心情沉重地说出自己的担心，"太妃上了年纪，心情又很不好，臣怕她经受不住这次的病势啊。"

其实在这之前，恭亲王就请求咸丰将自己的生母康慈皇贵太妃册封为皇后，现在来游说，也是为了这件事，咸丰自己也心里有数，就说："你先前给朕说过的事，朕自然会考虑周全的。"

"皇上,太妃把我们从小带到大,真的很不容易,望您能够三思,能给老人家一个好的交代。"说完,恭亲王就告辞了。

过了几天,咸丰降旨,册封康慈皇贵太妃为康慈皇太后,而且自己还亲自跑到康寿宫去给皇太后请安。

皇太后见咸丰亲自前来问安,就拉着他的手,垂泪道:"皇上啊,难得你一片孝心,其实我知道你有自己的难处,大可不必为我这个行将就木的老太婆大费周章。我倒是担心小六子(恭亲王就是在兄弟间排行第六,后来人称鬼子六也是这么叫来的),因为这事就跟你伤了和气。先帝在时,我就跟他说了,你们是亲兄弟,都是皇家正统骨血,希望你两兄弟和和气气,这江山才坐得稳。汉人说'兄弟齐心,其利断金',这可是铁理,你们兄弟二人一定要齐心协力,将大清江山保下去,这样才不负列祖列宗,才不负我对你们的养育之恩啊!"

咸丰还是很念及他们之间的感情和皇太后的养育之恩,便扑通跪在地上,说自己一定不会忘记今天额娘的话,一定要同六弟守住这大清江山。当时咸丰说这话的时候,恭亲王也在场,对于兄弟的这一番话也大为感动,所以日后在咸丰驾崩后,他效力于后来的慈禧,竭力保住他们孤儿寡母的权位。

皇太后点点头,拉着咸丰的手说:"你天性仁和,我怎么可能信不过你呢?哎……可能是年纪太大了,话就多了,想的也多了。"

正说之间,外面有急报,说是侵犯大清的英法联军已攻占天津,离京师就只有两百里地。英法联军的代表巴夏礼要求在通州谈判,他想要同清廷订立城下之盟,但谈判的第二天,双方就坚持不下。

原来这巴夏礼要求向咸丰亲呈国书,咸丰给军机处的指示是:如果来者想要呈递国书,必须按照中国的礼节对我大清皇帝行跪拜礼。巴夏礼一听要下跪,头摇得像拨浪鼓,还操着生硬的汉语说:"为什么非要我下跪呢?我在大英女王陛下面前都没跪下过,真是太不可思议了。"

第一章
神奇的叶赫那拉氏

"如果公使先生不按照我国礼法来办事,就不必递交国书了。"同巴夏礼交涉的怡亲王载垣铁着脸说道。

"这又是什么道理,我看你们根本就没有诚意。"说完,巴夏礼就快步出门,骑着马就回去了。

一旁的穆荫见势不好,便对载垣说:"王爷,这小子估计是要跑了,赶快派人把他抓回来才好,我再去派人通知僧格林沁王爷和胜保,让他们早作准备,这仗恐怕又要打了。"

"这样不好吧,难得停下来谈判,抓他不是又伤了和气吗?"载垣说道。

穆荫急得跺脚,只得声明利害:"王爷,这小子回去肯定会派兵进攻,先发制人,我们就落了下风。如果僧王他们来不及调兵,我们抓住他也可以缓一下时间。"

载垣这时如梦初醒,连忙点点头说:"快,快派骑兵将他们一行追上,全部带回来。"

巴夏礼是被抓回来了,但是英法联军还是迅速派兵向通州拥来,双方在那里又是一阵激战,清军力战不敌,败退到离北京城只有二十余里的八里桥死守,北京的外城都听得到隆隆的炮声。

咸丰急忙召集军机处成员商议对敌之策,但各个成员态度不一,有人说宋明两代都有天子守国门的先例,现在大清皇上更应御驾亲征,击溃英法联军;但仍有人担心京师一旦被攻下,皇上性命堪忧,如果有什么闪失,他们都是大清的罪人。

没过几天,自有主张的咸丰下旨去热河"北狩",消息一出,后宫也跟着沸腾起来,此时的英法联军已经开始炮击北京城了,咸丰让肃顺负责后勤工作,恭亲王奕䜣留京总办各项外务事宜。

安德海也慌慌张张地跑到储秀宫,找到懿贵妃气喘吁吁地说:"主子,都乱套了,皇上说要北上热河,城里的骡马车辆被抢劫一空,城外的英法联军仍然用炮在轰,得赶快想办法逃走啊!"

懿贵妃到底跟着咸丰有几年了,毕竟还是见过大世面的,于是她很冷静

地说:"慌什么啊,不是还没有打进城来吗,你去找肃顺要一辆马车。"

安德海领命后,就屁颠屁颠地去找肃顺,谁知嚣张跋扈惯了的肃顺开口就说:"没有,我只负责给皇上和皇后安排,哪有那么多时间顾及别人。"但转念一想,懿贵妃有皇上唯一的龙种大阿哥,便语气稍微平缓地说,"你到库里去看看,随便挑挑吧。"

安德海一直都和和乐乐的,再加上跟着皇上的宠妃也没有受过什么气,便回去向懿贵妃诉冤,说肃顺飞扬跋扈,简直不把懿贵妃放在眼里,还说姐姐帮助圣上批阅奏章有违祖制,是女人干政,反正就是添油加醋地说肃顺怎样不好。

"哼,"懿贵妃冷冷地哼了一句,额角隐隐有青筋暴起来,但又用冷冰冰的语气说,"皇上忙不过来,心力交瘁,身体又虚,他们不能帮忙分忧解难就罢了,我帮一点忙,竟然说我有违祖制,为什么偏偏和我过不去。"说到最后,她的嗓音骤然提高,但很快又降得很低,说,"走着瞧吧,最好不要有朝一日落在我的手里。"

翌日清早,韩来玉就过来传旨,让懿贵妃带着大阿哥到圆明园后门等着,懿贵妃听到后就抱起还在熟睡的大阿哥,坐上轿子就往圆明园后门去。只见宫里的太监、侍女去的不少,其他妃嫔也都在那儿等着。上了属于自己的马车后,懿贵妃和其他人在两千护卫的簇拥下,出了圆明园的后门,向目的地热河出发。

在"北狩"热河的路上,咸丰一行人非常狼狈,他自己的龙袍很快就汗湿了,而且肚子又咕噜噜地叫起来,当时行色匆匆甚至说非常慌乱,没有带什么干粮。懿贵妃知道皇上情形后,立刻拿着自己带着的两个煮鸡蛋递给咸丰,咸丰一脸感激地看着懿贵妃,转过身去,流下眼泪,实在忍不住便吃下那两个鸡蛋。

走到第二天,懿贵妃带的干粮也吃完了,只好让安德海到附近小村去讨点吃的,安德海倒是表现得很积极,到路边的村子里,弄来一桶小米粥,懿贵妃给皇上盛了两碗,又给大阿哥喝了一碗,她一个人只喝了半碗,看着随行的贴身侍卫都嘴唇发干地望着他们,便起了恻隐之心,把剩下的小米粥都分给侍卫们了。

但到晚上,村子也没有,粮食更不好找,大臣们都束手无策,只是互相哀叹或是埋怨;咸丰坐在轿子里也默默地流下眼泪。懿贵妃则叫来户部官员,让他们即刻想办法回京师筹集粮食。户部官员快马回京,好不容易才筹到几千斤肉脯、果脯和粮食。有了粮食,随行队伍才有精力继续前行。看到粮食筹集到,咸丰默泣不止,懿贵妃也泪流满面。

一路上车马劳顿,懿贵妃和大阿哥乘坐的马车轮子上的轴承坏了,不仅发出吱呀吱呀的吵闹声,而且还显得颠簸不平。负责后勤的肃顺也不理会,说在路上也找不到马车来换,只好将就着用。等到肃顺分配食物时,将上等的酒肉分给皇上和皇后,对于懿贵妃却只有看起来就觉得反胃的豆饭。懿贵妃只好强忍着泪水,慢慢地咽下去,但她心中却咬牙切齿地恨这个肃顺,也痛恨英法人突然进来插一刀。

(七)咸丰皇帝的悲哀

经过八天八夜的车马劳顿,皇帝一行终于抵达热河行宫,但是危机并没有因此而化解,反而是那些英法联军步步进逼,还发出最后通牒:如不送回巴夏礼,开炮轰炸北京城。

在这一路上,咸丰整个人精神和精力都非常虚弱,一连做噩梦,到现在虽然自己暂得安全,但对于英法联军甚嚣尘上的气焰已经全无抵抗的斗志,便特发上谕:着恭亲王为全权大臣,办理两国换约和好事宜。

给恭亲王的命令下达后,咸丰除了像个娘儿们一样哭泣之外,就是性欲出奇地旺盛:每天都要喝公鹿血、吃马乳蒲桃,然后就是毫无节制地纵欲,

其他时间则是呼呼大睡。喝血、纵欲、睡觉成了大清皇帝每日都必需的公务了。

懿贵妃对此是看在眼里，急在心里，她知道皇帝的日子不远了，但她还是收买御医，让他们对咸丰的现状不要向外部透露丝毫信息。每天大量奏章都是由懿贵妃批阅，而且在这成山的奏章中，她突然发现一个一直萦绕于心的名字：荣禄。

安德海按照懿贵妃的指示，迅速查明了荣禄的底细：荣禄，正白旗人，祖父塔斯哈，官至喀什噶尔帮办大臣；父亲长寿，官至甘肃凉州镇总兵。咸丰二年，荣禄以勇武获骑都尉，可能是由于性格内敛的缘故，多年以来一直都是候补主事。

为了确定这个荣禄就是先前那个荣禄，懿贵妃还特意问安德海荣禄长得什么样子，有什么醒目的特征。安德海说这人眼睛大又明亮，而且嘴角下巴有颗黑痣。

"哦，正是他，真的是他。"懿贵妃感慨道。

"姐姐，你说的是不是先前你求老爷指定的未婚夫君？"安德海好奇地问道。

"要你多嘴。"懿贵妃呵斥着安德海，心中又打起自己的主意。

第二天，谕旨传出去：授予候补主事荣禄为户部银库员外郎并兼神机营文案处翼长。在安德海的秘密安排下，懿贵妃见到了阔别多年的初恋情人，看到荣禄时，她的心都快跳出来了，先前那位翩翩少年已是健壮成熟的青年，但眼神仍是神采奕奕，只是不像先前那样充满锐气和无所畏惧，而是多了几分沧桑和忧心。

懿贵妃一直盯着他，但他一直低着头，一副紧张的神态，脸上渗满豆大的汗珠，不久他似触电般地反应过来："奴才叩见懿贵妃，奴才愿为懿贵妃赴汤蹈火，死而无憾。"

"护卫皇帝的亲军就交给你了，你可要日夜当心，不能有半点差错，知道了吗？"懿贵妃说道。

第一章
神奇的叶赫那拉氏

"奴才必当谨记！"荣禄想要再多说一些，但又说不出口，只好恭敬地点头。

懿贵妃犹豫了一下，但还是轻声地对荣禄说道："皇上的日子可能不多了，除你我、御医之外，没有人知道此事，行宫内外的举动你得多留心一些。"

咸丰"北狩"热河之后，逐渐形成了一个新的权臣集团，他们也就是后来被咸丰钦定的八大辅臣：怡亲王载垣，郑亲王端华，户部尚书肃顺，额驸景寿，军机大臣穆荫、匡源、杜翰、焦佑瀛。这个新的权臣集团因为大致形成于热河，因此被称之为"热河集团"，其中的中枢人物就是果敢有才干的肃顺。

在北京的时候，咸丰就非常器重肃顺，咸丰命他以户部尚书兼协办大学士的名义佩管内务府印信钥匙，并署领侍卫内大臣，负责热河行宫的一切事宜。也就是说，肃顺几乎参与了当时所有的军国大事，而且就连皇家内部的后勤等各项事务也归他管。

肃顺之所以受到咸丰如此器重，主要是因为他们二人政见相近，在对内对外的政务上见解一致：对内主张重用汉臣，训练地方团练以剿灭太平天国；对外偏于强硬，主战而不是议和。再者，咸丰还非常肯定肃顺的办事能力和智慧。

热河集团一直都在关注以恭亲王奕䜣为首的"北京集团"，他们只知道密切关注六爷的一举一动，但对于被他们向来轻视的懿贵妃却置之不理。对于心腹人士的几次提醒，说懿贵妃这个女子非同寻常，还是得留心为好，肃顺总是不屑地说："一介女流之辈，能够成什么大器。"傲慢如此，或许在临死之前，肃顺都全然不曾把懿贵妃放在眼里，也未曾想到自己会栽在这样一个女流之辈手里。

当然，精神萎靡、身体虚弱的咸丰头脑还比较清醒，他深知，如果让热河集团一派独大，这容易使他们专权，必须找到制约平衡的势力，他把目光投向了自从自己登基之后，关系就一直不太好的六弟恭亲王奕䜣。

奕䜣

奕䜣当时被认为是文武全才，对咸丰即位的确造成了很大威胁，现在咸丰想重用这位六弟了。奕䜣的政见与肃顺等人有差异，他认为攘外必先安内，太平军和捻军才是心腹之患，必须先荡平他们才能与外国人相抗衡，所以现在必须对英法联军采取和议的姿态。奕䜣被咸丰任命为总理各国事务衙门大臣、负责在北京与洋人打交道和一切善后事宜。

以恭亲王奕䜣为中心，形成了另外一个与热河集团对峙的权力集团，姑且称之为"北京集团"。除了奕䜣之外，北京集团还有豫亲王义道、大学士桂良、协办大学士周祖培、协办大学士文祥、吏部尚书全庆这样的重要人物。

热河集团与北京集团这两派人马旗帜分明，一股明争暗斗的硝烟味开始弥漫开来，但作为这天平两头权衡点的咸丰在弥留之际，竟然对日后的权力布局作了精心的设计。

在行宫如意洲看了几天戏，咸丰对着如意洲四围的粼粼湖光产生了兴趣，便突发奇想地说是要荡舟，负责后勤事务的肃顺就全力安排，而且还亲自跟随咸丰左右。

在荡舟那天，咸丰突然掉进湖里，受到惊吓后又得了一场重病。在咸丰十一年（1861年）七月十六日，咸丰昏厥一阵后又回光返照地醒来，并传谕诸大臣要立遗嘱，此时的他已提不起笔，只好口授，让大臣书写：

　　咸丰十一年七月十六日，奉朱谕：皇长子御名，著立为皇太子。
　　特谕。

第一章
神奇的叶赫那拉氏

在这之后，由于肃顺等人的提醒，咸丰又下达一条谕旨：

  咸丰十一年七月十六日，奉朱笔：皇长子御名现立为皇太子，著派肃顺、载垣、端华、景寿、穆荫、匡源、杜翰、焦佑瀛尽心辅弼，赞襄一切政务。特谕。

在次日，咸丰又发下了自己生前最后一道谕旨，也就是遗诏：

  朕蒙皇考宣宗皇帝恃育仁慈，恩勤付托。
  临御之初，仰承圣谕，谆谆以敬天法祖、勤政爱民、奉三无私（天无私覆，地无私载，日月无私照）、保泰持盈。因命中外臣僚举荐人才，并广开言路。俾大小臣工，各抒己见，以期博采周知，下情罔隐。
  自御极至今，日理万机，凡披览奏章，引对臣工，十一年未尝一日稍懈。各直省水旱偏灾，经各督抚奏请蠲（音"捐"，疏通）缓钱粮，靡不体恤民艰，恩施立沛。
  惟自军兴以来，已况十载，其窜踞连镇、冯官屯及楚、闽、粤、黔巨股各匪，虽经叠次削平，而江苏、安徽、浙江等省被扰各区，迄今尚未戡定。
  每念我黎民迭遭兵祸，宵旰焦劳，难安寝馈，遂致思虑伤神，渐成气弱。
  上年八月间，举行秋狝，驻跸热河，旋经恭亲王奕䜣等将各国通商事宜妥为经理，都城内外安谧如常。
  本年正月，曾经降旨于春仲回銮，适因旧疾复作，不得已降旨停止。
  本拟俟秋间气体复元，启跸回京，与诸王大臣讲求庶政，次第举行。孰意入夏以来，暑泻日久，元气愈亏，以致弥留不起，岂非

天乎?

顾念神器至重,允宜传付元良。十六日子刻,召见宗人府宗令、右宗正,军机大臣,令其承写朱谕,立皇长子御名为皇太子,并命该王、大臣等尽心辅弼,赞襄政务。

皇太子仁孝聪明,必能钦承付托,其即皇帝位,以嗣大统。

书曰:在知人,在安民。方今东南诸省军务未平,百姓荡析离居,惨罹锋镝。振文教,修武备,登进贤良,荡平群丑,实为当务之急,可不勉哉!

随扈王、大臣及在京王、大臣等,其各自精白乃和衷共济,以期克臻上理。各路统兵大臣,及各该省将军、督抚,受朕厚恩,尤宜力图扫荡,早靖逆氛。俾寰宇奠安,黎民绥辑,克终未竟之志!

在天之灵,庶几稍慰焉!

丧服仍二十七日而除。

布告天下,咸使闻知。

遗诏一下达完毕,咸丰就连呼:"传朕皇后,传朕皇后!"

皇后来到咸丰身边,看见面容泛白、神色非常憔悴又干瘦的皇帝,立刻哭成一个泪人。咸丰示意所有人先退下,然后拉着皇后的手,也悲伤地哭道:"别哭了,你先别哭了,日后朕不在了,你一定要多保重。"

"不,皇上,你精心调养,会好起来的,你一定要好起来,长命百岁!"

咸丰擦拭着皇后脸上的泪珠,说:"皇后,你是一个好皇后,母仪天下的好皇后,你是一个女圣人……"

皇后仍是哭泣地说道:"皇上,先别说了,别动了气,静心调养,奴家就在这里伺候你。"

咸丰开始颤抖起来,说:"让我先把话说完,你就是太善良了,我最放心不下的就是你,你管不住她的。"

第一章
神奇的叶赫那拉氏

皇后呆愣在那儿，轻启朱唇道："她？懿贵妃吗？"

咸丰点点头，说："是的，我死后，她必定母以子贵，与你并尊为皇太后。她这个人心机很重，很能干，绝非等闲之辈，她是不会安分守己的。我想效仿汉武帝杀钩弋夫人一事，但我下不了手，那些大臣也都不好对付。我想了很多办法，觉得只有这样最好。"

咸丰喘息了一会儿，神情甫定，便继续说："两宫太后，以你为尊，我留下两枚印章，一枚是你的，一枚是嗣君的，只有这两枚印章同时盖在诏书前后，方才有效。如果懿贵妃有失德篡权之举，你可以立刻召集大臣，出示这份密诏，将她赐死。"说完，咸丰就拿出两枚印章和一章诏书递给皇后，然后又再三嘱咐，"你一定要好好保管印章和诏书，懿贵妃这个人不好对付，你又太善良、心太好了，她要越轨篡权，随时可以将她赐死，切记。"

在接下来的片刻时间，皇后陪皇上走完了人生的最后一段旅途，这位年仅31岁，正值中青年的皇帝归天，他的那封遗诏多是让人感觉像是咸丰在向列祖列宗作交代，总是说自己如何勤于政事、励精图治，可能是希望自己在九泉之下也好面对他们吧；遗诏的最后也对皇太子和大清的未来做出了期待。

咸丰驾鹤西归，常言道盖棺定论，但后来世人对这位在内忧外患中心力交瘁的皇帝并没有什么好评，说他是一个"四无"皇帝：无远见、无胆识、无才能、无作为。就连慈禧的后人也说慈禧嫁给了一个平庸的皇帝，这个皇帝自幼就"是一个病秧子，懦弱无能是他一生的写照"。甚至还说："中国历史上从来就没有一个这么窝囊的皇帝……与老祖宗比，咸丰简直就是一个败家子。"

但不管怎么说，后人应该设身处地想想：在那个内有来势汹汹的太平天国运动，外有剽悍霸道的英法联军步步紧逼的形势下，军务国务繁重，有几个人能够很快就做到安内抚外？话到这里，本传的主人公慈禧开始走向大清帝国权力的巅峰，一个属于她的时代就要到来了！

第二章
登上权力巅峰

（一）少妇的权力欲望

咸丰去世时，慈禧（慈禧皇太后这个徽号是在咸丰驾崩后的一个月内才使用的，为了行文方便，也为了同慈安皇太后作区别，这里提前使用）才26岁，青年丧夫，这种悲伤哀痛的心情是不难想象的，但至于多悲伤、有没有比皇后还要悲伤、悲伤的时日持续了多久，这些就无法揣测了。但能够推测出来的是，慈禧已经作好登上权力巅峰的心理准备了。

这个时候，小皇帝载淳才6岁，慈禧作为生母，肯定想通过辅政来攫取最高权力。一个女流之辈为什么对这男人常常为之闹得头破血流的权力而有这么强的欲望呢？其实我们不难发现，慈禧生性好强，受不得半点委屈，在这宫里待下去，只有夺得至高无上的权力才符合她的意愿；再者，这少妇熟读《资治通鉴》这样的史书，对于历史上权术阴谋多有了解（当然，《资治通鉴》的原作者本意肯定不是这样，这就要看读者读书各自目的何在），更何况常常陪在咸丰身边，帮助处理国务，对这些操作程序，对朝中大臣、军务、外交都有比较熟悉的了解。所以说，天生好强的性格加上后天的耳濡目染和实践学习，慈禧渐渐对权力产生极大欲望是很正常的事情了。

不过，权力欲望虽是欲望，但并不一定就那么好满足的了。七月十七日，也就是咸丰驾崩那天，热河集团就开始向慈禧出招了：尊钮祜禄氏皇后为皇太后；遵照先帝遗嘱，皇太后钮祜禄氏执掌一枚先皇印章辅政。

在次日祭奠咸丰时，小皇帝载淳的母亲叶赫那拉氏才被晋封为皇太后，在接连两天的大行皇帝灵前祭奠典礼上，都没有慈禧参与的份，而其他的皇太妃却都得以参与，这分明就是八大辅臣所安排，朝廷内外都没有她插足的

第二章
登上权力巅峰

余地。而且对于慈禧这个皇太后的册封只是由太监传旨，根本就没有什么相应的大典。这一切，慈禧都看在眼里，很明显这就是肃顺等人给她的下马威。俗话说，压制越大，反弹也越大，也难怪日后慈禧会对肃顺、载垣这样的重臣、王爷下毒手。

当时由于钮祜禄皇太后暂时居住在避暑山庄烟波致爽殿东暖阁，叶赫那拉皇太后移居西暖阁，所以日后这两位皇太后才有东太后和西太后之称。在册封皇太后完毕之后，肃顺和八大辅臣开始商议小皇帝所用的年号，但等年号传到慈禧手中时，"祺祥"作为清朝当时年号已经公布于朝野内外，这仍是不把慈禧放在眼里。

安德海作为慈禧当时最贴心的仆人，打探完朝内外消息后，就慌忙跑过来到慈禧面前诉冤："姐姐，这肃顺根本就没把你放在眼里，祭奠先帝的名单中却没写你这个生母皇太后，简直就是欺人太甚。"

懿贵妃倒吸一口凉气，然后再缓缓吐出来，说："小安子，这就是他们的下马威，你也看清楚了。"

"是啊，姐姐，他们是欺负你们孤儿寡母，真是不像样子，你是当今皇上的生母，他们都这样，这还了得。"

"这也好，越这么快就亮出他们的刀子，就越说明他们对本宫还是有点害怕，只不过肃顺瞧不起我这个女流之辈而已。"

"这个恶棍，拿着鸡毛当令箭，真是该千刀万剐，我得找个机会杀了他。"小安子说得义正词严。

不过，慈禧一脸严肃和镇静，说："小安子，现在是非常时期，没有绝对把握，不得打草惊蛇。现在我们要做的就是从长计议。至于肃顺这个人，我们所有的人对他要恭敬恭敬再恭敬，知道了吗？"

"嗯，还是姐姐分析得好。"小安子咬咬嘴唇，点点头说道。

慈禧表面上让自己所有的亲信乃至各类仆人都要对肃顺恭恭敬敬，但在她阴冷的心中，已然把肃顺视为头号政敌。其实，这个头号政敌肃顺也并不

是什么等闲之辈。肃顺，字雨亭，是郑慎亲王乌尔恭阿的第六个儿子，在道光年间，他只不过是一个无名的低级小官、三等辅国将军而已。到咸丰时期，由于怡亲王载垣和肃顺的哥哥承袭郑亲王端华的极力举荐，才被咸丰重用。后来，这个先前生不逢时的肃顺受到咸丰提拔赏识后，如鱼得水，以自己才敏通达、果敢精明而平步青云，历任内阁学士、护军统领、御前侍卫、侍郎、左都御史、理藩院尚书。

肃顺的才干远远在载垣和端华之上，虽然没有他们那样的权位，但热河集团诸位大臣都以他马首是瞻。肃顺敢作敢为，刚正勇敢，将两名违法的大学士处以极刑，而且对于勾结商人的官员除了严刑拷打送入监狱外，还直接抄家，数十位官员都受到过他的严惩。

不过肃顺比较高傲和硬直，他一生瞧不起女人，也公然看不起满人，还说："咱们旗人，浑蛋多，懂得做什么？只是游手好闲，好吃懒做、爱慕虚荣而已。反倒是汉人，是得罪不起的，他们的那支笔，厉害得很。"

说是这么说，做还是这么做的，肃顺打破前朝旧制，极力提拔重用汉人大臣，像高心夔、王闿运、尹耕云、郭嵩焘、曾国藩、胡林翼、左宗棠、李鸿章都是肃顺非常仰仗和重用的汉臣。

由于太平军横行东南，靠镇压太平天国运动起家的曾国藩的湘军迅速发展壮大，仅仅几年间就成为维护清朝统治的顶梁柱，但这也引起了朝中大臣尤其是满族王公大臣的猜忌和焦虑，他们都开始纷纷上奏，说曾国藩的湘军可以越过长江，直捣京师，恐怕会坐了满人江山。甚至在他们之间还会有这样震惊的机密消息传开：湘军将领们对于大清江山已经虎视眈眈了，他们密谋效法赵匡胤的一班臣子，来他个黄袍加身，拥戴曾国藩为皇帝。

对于满族大臣那种岌岌可危的心态，以及他们对汉族大臣仇视和排斥的种种表现，肃顺力排众议，甚至用身家性命担保，在朝堂上公开表示："曾国藩忠君爱国，绝不会有篡立之举，如果事情真的发生，我肃顺愿意一死以谢天下。"

尽管肃顺如此做保证，但还是有不少风言风语传遍京城：一些汉人势力积极鼓动、支持曾国藩谋位,取代清朝。肃顺又认为这是不可能的,他既让湘军壮大,提拔汉臣加官晋爵,同时也刺激满族将军,让他们也迅速振作起来与汉族势力相互牵制。

安德海的内侍系统侦察到了关于这些方面的情报,也误认为湘军消灭长毛贼后,会全力进攻北京,拥立曾国藩。

慈禧得到这一消息也是不无担心:"汉人现在真的还恨我们满人?他们真的想取代我们清朝?"

作为汉人的安德海认真地点点头,又小心谨慎地说:"可能是吧,毕竟当年扬州十日、嘉定三屠给他们的印象太深刻了。现在风水轮流转,他们湘军势力大增了,现在满城风雨,传言说湘军将士要拥立曾国藩或左宗棠呢。"

慈禧低着头,思索片刻道:"不,我看曾国藩就不会有篡位之心,他理学名臣一个,学的都是修齐治平、忠君爱国之道,这样温文尔雅之人怎么会篡位。"

"温文尔雅?"安德海张大了嘴巴,简直不太敢相信自己的耳朵,"我的好姐姐,他可是出了名的曾剃头,剃光、清光、杀光,杀个干干净净的,还叫温文尔雅?"

"哈哈哈哈",慈禧放声仰天长笑,"这就是他的忠君爱国之道,他杀的可

镇压太平天国的清军

都是一些贼臣逆子，是长毛贼啊！"说到这里，慈禧也在心中打她的如意算盘：将来如果独自掌权，还是得重用曾国藩之流，不然股肱之臣难找啊。

"不过左宗棠这人一定要防备了，这人一向自负自傲，恐怕是难以降伏之人。"安德海建议道。

"噢？他怎么个自负自傲法了？"争强好胜的慈禧对这样的人倒是饶有兴致。

"都说这个人的文章写得好，而且他也自视天下第一，但就这个怪才连一个秀才考了几次都没有考中，最后还是捐了个监生；三次进京考举人，也没有中。这人一气之下啊，就写了一副对联，叫什么来着……"安德海说的也是津津有味，"叫……对了，叫：身无半亩，心忧天下；读破万卷，神交古人。"

"唔，还真是有些气魄和才华的嘛。"慈禧听到后也是莞尔一笑。

"的确是有两把刷子，不过这家伙傲得有点目中无人了。他在回家途经洞庭湖时，写下：迢遥旅客三千，我原过客；管领重湖八百，君亦书生！人家两江总督陶澍见了这副对联，本是大为赏识，想要把他招为女婿，谁知这人竟然公开拒绝，尾巴翘到天上去了。除此之外，他还常常以诸葛亮自比，说孔明是古亮，他是今亮。还在他家中的院子里挖了个水池，称之为武侯池；池边堆上石土，栽满松柏，名卧龙岗；哎……真是狂妄至极，不过也让人哭笑不得，你说真有水平，为何一个秀才都考不上。"

"呵呵，这就不能以科举来评英雄了。"慈禧笑道，"他这是在为自己铺名声，为自己宣传造势。他这种性情中人，不必过于担心。他好像就只带有一万多人，何足为惧。再说了，他们汉人去打太平军，江北可都是八旗精锐，僧格林沁的精兵都在黄河一带布防，就算真的打算图谋不轨，他们不是那么容易打过来的。"

安德海又是一副豁然开朗的神态："还是姐姐英明啊。"

"小安子，你记住了，这些汉人大臣看起来一个个很文弱，但他们胸中自怀百万兵，不过等他们荡平贼匪，再给他们一些官爵，自然就会为我所用，你和其他人还是不要过于盯在他们身上，让肃顺和六爷一干人去防备他们就

第二章
登上权力巅峰

安排八大臣辅政的咸丰皇帝　　辛酉政变后继位的同治皇帝

好了。当前最要紧的是，去找醇亲王和大福晋，想办法除掉肃顺等人。"

"对，姐姐说得极是。我这就去办。"安德海领命后，立刻上京去醇亲王府。

醇亲王是咸丰和恭亲王的七弟，而醇亲王大福晋就是慈禧的亲妹妹叶赫那拉·婉贞。安德海见到大福晋，就把慈禧想要见他们的消息告诉她，大福晋觉得事关重大，便让丈夫醇亲王亲自去见慈禧皇太后。

醇亲王一见到慈禧，慈禧就哭着说："肃顺他们欺负我们孤儿寡母，你作为先皇弟弟，再怎么也要为我们做主啊。"

醇亲王皱一下眉头，片刻才沉重地说："回太后，这事非恭亲王办不可。"

慈禧听出了醇亲王的言外之意，就严肃地说："你也是亲王，就你去办。"

话都说到这份上，醇亲王只得表示听命，就马上回京同恭亲王商量，怎么对付肃顺和八大辅臣之事。

（二）两宫联手斗辅臣

把两位亲王打发好后，慈禧又到东暖阁去说服她的"好姐姐"。毕恭毕敬地行过见面礼后，慈禧又甜言蜜语地说道："姐姐，现在真不成样子了，你看他们八大辅臣简直就没有把我们两宫放在眼里，晋封皇太后只是派太监传旨，议定年号也不过问我们，你说这不是反了吗？"

慈安太后本来就耳根子软，心也跟着软起来，说："就是啊，先帝尸骨未寒，他们就这样做，太不像样子了。"

"可不是嘛，"慈禧见慈安上钩，便进一步说，"先帝明明是把两枚御章留给皇帝和姐姐，不能全凭他们做什么就是什么，到日后还怎么得了。"

慈安对政治不太感兴趣，但听慈禧这么一说，觉得自己好像要有所作为才对，于是便问道："那依妹妹的意思该怎么办？"

"现在最要紧的是议定好三件事。"慈禧郑重地说道。

"哪三件事？我都听妹妹的。"慈安见慈禧那么投入，好像很在行，自己完全没了主张。

"如何颁发谕旨、批复奏章和任免官员这三件要事都应该通过执掌御章的两个人，对此事千万不能妥协，不然，咱们大清朝都是他们的掌中玩物了，一定得坚持。"

现在的慈安就像个小女孩似的，不光对慈禧放松了戒备心，而且还对她产生了依赖和信任感，先前咸丰对她说的话全都抛到九霄云外去了，对于慈禧的提议，她只是毫无条件地应和："对对对，关键时刻就是要坚持，这个我都听你的。"

第二章
登上权力巅峰

"好姐姐,那我们就传出懿旨,从今起,两枚御章生效,政务事关重大,不能不过御章就通行。"说着,慈禧还轻轻握着慈安的手,"好姐姐,我们这么做也是为了报答先帝对我们的恩情与宠爱,不然百年之后,有何面目见先帝爷。"

慈安这时被彻底说服,眼眶都有些湿润,只是一个劲地点点头:"好,好,就按照妹妹所说的去做吧。"

懿旨是这样写的:大臣奏章得先送呈太后预览;所有六品以上大臣的任免由太后作最终裁定;八大辅臣虽然可以先行拟旨,但必须由太后定夺。

懿旨传出去,肃顺等八大辅臣坚决不同意,固执己见,甚至还专门跑去问慈安太后的意思,但慈安已经把慈禧的话全都听进去,当然说那也是自己坚定的想法。这个瞧不起女人的肃顺第一次尝到了女人的厉害,不觉倒吸一口凉气,而且在这个时候深感先帝留下的这两枚御章的分量。

两宫太后意见一致,在这最高权力的争夺下,肃顺等人僵持了足足四天四夜,见两宫没有更改主张的意思,觉得再这么耗下去恐怕会让渔翁得利,便只好主动退让,表示同意两宫太后的懿旨。最后,双方达成一致:

1. 先帝御赐的两枚御章,分别由两宫太后保管;
2. 大臣的奏章,必须得经由皇太后的阅览;
3. 八大臣拟旨,皇太后预览之后,如果没有异议,在朱批的地方盖印,在谕旨上下方盖御章才能生效。
4. 官员任免方面,各省督抚一级及以上官员,由八大臣拟定名单,由两宫太后裁决。
5. 其余官员的任免,用掣签法。

慈安太后还是不太懂这些,慈禧觉得虽然没有完全按照自己的心意,但八大臣也有明显的退让,便同意了。八大辅臣于是迅速给吏部、兵部发布咨文,并令通行各级衙门:

嗣后陈奏折件,经赞襄大臣拟旨缮进,俟皇太后、皇上阅览,

上用御赏,下用同道堂二章,以为凭信。仍照朱批恭缴。

慈安太后还是不太懂,只好请教慈禧,慈禧告诉她说以后国务大事得由她们把关。慈安听到这里,以为大功告成,便高兴地说:"还是妹妹有办法,别人都说肃顺能干,也不过如此啊。"

慈禧听到后觉得好笑,但又抑制住没有笑出声来,摇摇头说:"姐姐,这只是开始,好戏还在后头呢。这也是看在姐姐的分上,他们才做出让步。哎……"慈禧面露忧容,长叹一口气。

"妹妹这是为什么啊?"慈安问道。

"他们暂时退步了,但日后还会有更狠的招数要使出来,以后可能又要被欺负了。"慈禧郑重其事地说。

"不会吧,他们这么狠。"慈安还是不大相信,便摇摇头说道。

"要不要我们打个赌。"慈禧又开始套慈安的话,给她布置"陷阱",企图把这个政治上过于稚嫩的姐姐给牢牢掌控住。

"哦,那好吧,如果他们要是能够再出招数,我可以叫你姐姐,日后两宫都由你做主。"

"一言为定。"慈禧说。

"一言为定。"慈安也这么说。

在这主动出击的第一回合,慈禧连同慈安上演了一出好戏,表面上是平手,实际上八大辅臣做出了退让,算是两宫胜出。两宫联手,最高权威虽然在慈安手中,但权谋却是慈禧完胜,所以在这一回合里,是慈禧巧用权谋驾驭权威才胜出。不过,按照慈禧的说法,好戏还在后头,她们时时被八大辅臣掣肘,自然还有更为残酷的殊死搏斗才能确定谁能笑到最后了。

咸丰驾崩,八大辅臣里却没有六弟恭亲王,这让朝野上下都在揣测政局将会有怎样的走向。众人其实都知道,在当朝王公大臣中就恭亲王最为能干,他们哥儿俩在夺储前,关系一直都很好,而且在咸丰后期皇上又将他的六弟提拔重用,负责京城大小事宜,再加上恭亲王丰富的从政经验,为人处世的

第二章
登上权力巅峰

风度翩翩、从容不迫又贤明豁达,这样一位不可多得的辅国大臣却被排斥在八大辅臣之外,咸丰皇帝的遗诏传旨京城,全城沸腾起来,特别是恭亲王身边的要员们,一个个都替恭亲王鸣不平。

恭亲王在得知咸丰皇帝的治丧名单和留京人事安排后,不禁冷笑一声,心里思虑到:皇兄去世,自己作为亲弟弟却既不能位列辅臣之内,也不能出现在治丧名单中。想着想着,他这个大男人一肚子的委屈,但却没有地方发泄,毕竟他是一个男人,一个亲王。

这时候,围绕在恭亲王身边的重要人物决定同他共赴艰难,共商大计。其中贾桢,内阁大学士兼兵部尚书,与恭亲王有十余年师生之谊;桂良,恭亲王岳父,同为总理各国事务衙门大臣;文祥,军机大臣、户部左侍郎;周祖培,内阁大学士,户部尚书,武英殿总裁,顺天乡试正考官;赵光,刑部尚书;当然还有恭亲王仰仗和器重的两位负责京畿戍卫的将军:胜保、僧格林沁。他们都表示站在恭王这边,谈到那个飞扬跋扈、狂妄自大的肃顺,一个个都咬牙切齿,欲除之而后快。

"肃顺那些人容易对付,关键是那个慈禧太后,不是好惹的主,她最近这些年的所作所为,真让人刮目相看啊。"

对于谋士幕僚的提醒,恭亲王只是轻描淡写地说:"女人毕竟是女人,不难对付。"说完,他就部署一番,然后决定单刀赴会,前往热河为自己的兄弟送行。

八月一日,心事重重的恭亲王奕䜣昼夜兼程,用了四天时间就到了热河行宫。他和咸丰已经分别有一年了,没想到这次见面只能看到哥哥的灵柩,他都没有同什么辅臣不辅臣的打招呼,就直接扶着灵柩放声痛哭起来,用史书的记载就是"声彻殿陛",参加祭奠的所有在场人员都跟着流下热泪,很显然他们都被感染到了。

但像恭亲王哭得这么伤心、这么悲痛的还真没有一人。此时此刻,他到底在感伤什么呢:是作为皇子时代的哥哥对这个弟弟的厚爱和关照呢?还是想到了哥哥在临终前都不将其委以重任?抑或伤怀的是哥哥在英年去世,却

不能抚平内忧外患,也不能妥善交代好身后事,反而让肃顺这些宵小把持政权?

当时被派出宣旨召见恭亲王的安德海见奕䜣哭得没有力气,眼睛红肿得像桃子一样,便过去扶一把,还在他耳边轻轻说了一声:"东太后和西太后在西暖阁闲聊,在等着您早点过去呢。"

恭亲王这时才起身走上前,对肃顺等大臣说:"请内廷诸位大臣同本王一起去拜见太后。"

但肃顺说:"太后又没有宣见我等,恭亲王想去就去呗。"

工部侍郎杜翰突然大声说:"恭亲王和太后是叔嫂,自古以来叔嫂是要避嫌的,况且先帝宾天,皇太后居丧,恐怕不方便单独召见恭亲王。"

肃顺听到后,阴笑着说:"好,说得好,不然就全乱套了。杜侍郎不愧为杜文正公(杜授田,咸丰的老师)之子。"

恭亲王很是淡定,稳住自己的脾气,仍是恭谦地对端华说:"既然这样,那还请诸位大臣同本王一同前去。"

端华作为辅臣之首,竟然还是以肃顺马首是瞻,便看着肃顺,希望他能给出主意。肃顺还是一脸笑意,说:"老六啊,你和两宫太后是叔嫂,叔嫂见面何必要拖着我们这帮老臣。"

恭亲王松了一口气,仍然不卑不亢地拱手相拜,道一声:"多谢诸位大人。"说罢,恭亲王迈着沉稳的步子随内侍到西暖阁去面见两宫太后。

慈安一见恭亲王前来面见,就哭了起来,抽泣说:"恭亲王啊,肃顺他们实在是欺人太甚,全不把我们孤儿寡母放在眼里。"

"让你们受委屈了。"恭亲王单膝跪地,表示愧疚。

慈安一把扶起恭亲王,还是忍不住掉下眼泪,这让恭王有点难堪,他这会儿只是看看不动声色的慈禧。

慈禧这才走上前,用手帕为慈安擦泪,然后劝慰道:"姐姐,现在不是哭泣的时候。恭亲王来了,我们就不用那么担心了。"

恭亲王好像从慈禧这边听出什么门路来,便问慈禧:"西太后认为我们

第二章
登上权力巅峰

该怎样？"

慈禧背过身去，然后又猛地转过来，对着恭亲王说："载垣、端华、肃顺三奸谋反，应该立刻清除，对此，不知恭亲王有何良策。"

"回太后，清除三奸，非回京收拾不可。还望两宫太后迅速下旨，迅速回京。"恭亲王果敢镇定地应道。

慈安一脸疑惑，问："回京？怎么回京？大行皇帝的灵柩该怎样处理？"

慈禧不等恭亲王开口，便急着问："回京？什么理由最充分？"

恭亲王也是避轻就重地先答慈禧："南中将帅一再上疏请求回銮。外国公使也在京师，准备同我们商定和议，如果圣驾不能立刻回京，恐怕和谈会有变动。"

慈禧眼中闪出一道灵光，便惊喜地说："好，就以中外和谈为由，立刻启程回京。但不知洋人们怎么看？"

"回太后，洋人方面绝无异议，您大可放心，如果有问题，可以惟小的是问。"恭亲王肯定地说着，又补充道，"来这里之前，我们已同外国公使达成一致，只要先回北京，凡事都好商量。"

慈安一会儿看看恭亲王，一会儿看看慈禧，也不太清楚他们到底演的哪一出。慈禧怕冷落这位姐姐，就说："姐姐，你放心，恭亲王会把事情都处理好。"

慈安应道："哎，但愿朝中早日太平。"

慈禧思索片刻，仿佛突然想到什么，就又问："我们就这几人，能不能请动肃顺那班趾高气扬的大臣？"

"太后放心，胜保已经率大军前来热河，估计现在就快到了，没事的。更何况僧王也举大师向热河进发，肃顺他们暂时不会乱来。"

"好，还是六爷的棋下得好、下得稳啊！等日后大事一成，你就为首辅，日后大清军国政务还得多靠你了。"

恭亲王诚恳地说了一声："谢太后器重。"之后又很快献出自己的计策，"肃顺这人一向自高自大，我就想趁此机会让他们几个辅臣护送先帝灵柩回京，在路上就可以将他们一网打尽。"

慈禧心中大喜，说："好，就这样办。我们姐妹俩会护着皇帝，从小路上提前回京。"顿了一会儿，慈禧加重语气说，"不，我们必须提前回京，现在就得回京。"

恭亲王点点头，郑重地说道："肃顺他们防备很严，你们在路上一定要小心。再者，我也会很快回京，恕不能向二位太后辞行了。"

慈安开始紧张起来，就问："你现在就要回去？"

恭亲王仍是点点头，然后又问慈禧："我们再想想，还有哪些不周密的地方？"

"清除三奸，得事先拟好懿旨。"慈禧太后不知从哪里得来的这灵感，便兴奋地说道。

"对，你说得好，是得先拟旨。"

"那依恭亲王意思，谁人拟旨最好？"

慈安太后朝服像

"拟旨之人既要可靠，又要是大笔杆子的才行。最适合的人选……"恭亲王想了想就说，"那就选定领班军机章京曹毓英。"

"好好好，就请曹章京，他的文章好的可是朝中无人不知啊！"慈安拍手叫好。

慈禧见慈安都这么说了，反倒觉得不妥："既然曹章京如此声名显赫，就更不能选他了，这样也太容易暴露了。"

恭亲王心里一惊，这才正视起这位女流之辈来，说："对，太后说得对。那您有什么好的想法。"

"召醇亲王福晋，命醇王拟定谕旨。"

"好，我看就是七弟了。"

慈禧还特意当着恭亲王的面，吩咐安德海，说："载垣、端华、肃顺日夜操劳，有功社稷，各赏银一千两；景寿、穆荫等五位大臣，协力同心，操劳国事，各赏银八百两。"

恭亲王对慈禧此举投来赞赏的目光，然后躬身而退，临走之时，还不忘说一声："两位太后保重，小的这就告退了。"

（三）叔嫂执导"祺祥政变"

肃顺自从得势后，对号称文武全才的恭亲王颇有些轻视的意味，或许是自己心中的傲气在作祟，想要把这个恭亲王比下去。但这次不同了，两宫太后隆重召见将近一个时辰，而且恭亲王出来的时候还是一脸镇定和谦逊，但他比之前轻盈的步伐显示出了难以抑制的兴奋。凭借这么多年在政坛的经验，再加上他的政治敏感度，肃顺隐隐预感，近期将要发生什么对自己不利的事情。是两宫太后呢，还是恭亲王要向自己下手，肃顺在心里揣测着。

不过还算机警，肃顺立即召集诸位大臣，道出自己的忧虑，还一个劲儿地问他们：军政方面会不会有什么疏忽？恭亲王会不会采取什么行动？两宫太后会不会有什么动作？尤其是那个慈禧太后。

载垣笑着说："肃顺，你有禁军数万，你以为你这个侍卫内大臣是泥塑的啊？"

端华插嘴说："就是啊，京军还有数十万，你手下的兵部尚书也不是摆设啊，还用得着害怕他们？"

见大伙都这么掉以轻心，肃顺反倒焦虑起来："我总觉得要发生什么事

情，想来想去，只有西太后和恭亲王才能折腾点事情出来。"

"那这好办，直接灭了他们就行了，现在就可以矫制遗诏。"载垣仍是不以为然地说着。

"难道效仿汉武帝那时的钩弋夫人故事？"肃顺问。

端华问："难道你下不了手？到这节骨眼儿，你害怕那个女流之辈不成。"

肃顺摇摇头，长叹道："井蛙不可语海，夏虫不可以语冰啊！"

就在他们还没有商议出个什么办法时，两宫太后的谕旨就下达了：回銮京师。

肃顺为首的八大辅臣感觉事出突然，一时都惊慌失措。但经验老到的肃顺很快就回过神来："不，事关重大，搞不好关乎大家生死，我必须想办法去阻止一下。"说罢，肃顺就一身便装，风风火火地去面见两宫太后，对于企图拦驾的侍卫，肃顺双眼大睁，就把人家给吓住。见到两宫太后，肃顺就声音洪亮地说，"赞襄辅政大臣肃顺拜见两宫太后。"

慈安看到这个肃顺，心中有些害怕，但见慈禧正襟危坐，不动声色，自己也壮着胆子学着慈禧的样子，提高嗓门，严肃地说："肃顺啊，难道你没有接到谕旨？"

"皇上现在还小，再说京师如此空虚，英法联军如豺狼虎豹，就这样回去，不是置皇上于不顾，置大清江山于不顾吗？"肃顺一字一顿，每一个字都带着咄咄逼人的劲道。

"皇上由我们抱着，京师有六弟打点，有什么好担心的，回銮。"慈安仍然提气说道。

肃顺盯着慈安看了看，将人家看得不好意思，然后又很正经霸道地说："回太后，如果非要回銮，咱们八大辅臣不敢苟同。"

慈安无言以对，只好望着慈禧。慈禧当仁不让，厉声说："一定要回銮。"

肃顺顶风而上："我们一定不赞同。"场面顿时凝固，颇为尴尬。肃顺见两宫太后没有说话，便大摇大摆地走了出去。

但到第二天，两宫这边仍然布置车马，准备回銮。肃顺听到这一消息，

第二章
登上权力巅峰

立刻惊住了,马上带着载垣、端华等辅臣去拦驾。

见到太后面,肃顺等八大辅臣全部一字排开,挡在两宫太后面前,为首的肃顺开口就说:"皇上年幼,京师空虚,一旦发生意外,谁能负责?"

慈禧扯高嗓门,坚决地说:"回銮京师,绝不更改。回京之后,如有意外,不与你们相干。"

想不到这个看起来柔弱的女人竟然说出这样的话来,而且还底气十足,众人面面相觑,一时之间不知如何是好。这一回合,两宫太后又占了上风。肃顺诸人或许到死都没有意识到这是一次决定命运的抉择,是一次关乎生死存亡的较量。

恭亲王知道时间紧迫,或许在片刻的光阴内,大清王朝的政坛局势就会发生重大变化,于是他来不及休息,甚至来不及喘息,马不停蹄地回京联络军政方面的亲信大臣,布置怎样对付肃顺为首的热河集团。

就在热河集团同北京集团你来我往、相互攻守的殊死较量中,山东道御史董元醇的奏折也上到了避暑山庄,就这一个奏折,好比一块巨石砸进了原本暗潮涌动的湖中,很快就引起轩然大波。

奏折仍然是照例先送到赞襄政务八大辅臣那里,然后是送到两宫太后那让她们御览。肃顺手下同为八大辅臣之一的杜翰迅速扫视了一遍奏折,便拍案而起:"董元醇什么东西,胆子也太大了吧!"

肃顺见杜翰发火,知道出了大事,便问:"继园(杜翰字继园),有什么事让你动这么大的火?董元醇怎么了?"

"大人,您看这折子,哪里有把我们八大辅臣放在眼里,简直就是一派胡言。先帝尸骨未寒,他就这样无视先帝遗诏,真是胆大包天!"杜翰带着满腔的愤怒说着,还把奏折递给肃顺。

肃顺接过奏折,便快速看起来,只见上面写着:

现值天下多事之秋,皇帝陛下以冲龄践祚,所赖一切政务由皇太后宵旰思虑,斟酌尽善,此诚国家之福也。臣以为即宜明降谕旨,

宣示中外，使海内咸知皇上圣躬虽幼，皇太后暂时权理朝政，并另简亲王辅政，左右并不能干预。庶人心益加敬畏，而文武臣工俱不敢稍肆其蒙蔽之术。

看到这里，肃顺实在看不下去，怒火中烧，还将奏折重重地拍在桌子上，以至于一旁的茶杯都被震得摔下去，等情绪稍微稳定，肃顺说："继园，你准备拟旨，重治董元醇。一个小小的监察御史，竟然敢如此无视我等，真是岂有此理，岂有此理！"

"大人，拟旨治罪是行得通的，但您别忘了，还得给两宫看过之后才能提出，不然让人家抓住咱的把柄，反倒不好。一个小小的御史，竟然敢如此，这其中恐怕另有文章吧。"杜翰说道。

"你说可能是有人指使的？"肃顺问。

"对，有可能是他的老师周祖培指使，也很有可能是西边出的招。"

"那怎么办？是不是干脆扣下来就算了？"

"不，此奏折如果不给太后看，我们理屈，看来我们得商量个对策，以不变应万变才对。"

很快，说是要启程的两宫太后突然传懿旨召见赞襄政务大臣。肃顺一边走一边向身旁的诸辅助大臣说道："这折子被西边留下了，我看今天肯定是冲着这事来的。"

"别管她怎么说，只要我们口径一致就行了，她能奈我们何？"

来到烟波致爽殿，只见东太后慈安抱着小皇帝载淳，并排坐在龙案之后的还有西太后慈禧。

行过君臣之礼后，东太后开口问道："山东道监察御史董元醇有折拜上，想必你们都看了吧，不知众爱卿以为如何？"

"启禀太后，"载垣首先出班，慷慨陈词，"依臣看，董元醇只是一介小臣，竟敢如此胡言乱语，简直令人发指。辅政本是我朝祖制，何曾有后宫干政之说。这种目无国法祖制之人，必当降旨治罪，严惩不贷以儆效尤啊！"

第二章
登上权力巅峰

看载垣激动得扬起手，还唾沫横飞，慈安被吓得面带惧色，但慈禧就不同了，一拍龙案，就瞪大眼睛，声色俱厉地说道："尔等身为军机大臣，连本朝的礼法都忘得一干二净了！在皇上和太后面前竟然敢如此放肆，我看对你们也得严惩不贷以儆效尤。"

载垣见慈禧顺手牵羊地反击，便自觉后退两步以示弱致歉，但旁边的杜翰马上走上前，说："太后此言差矣，臣以为祖宗之法是用来惩治那些蓄意破坏祖制者，今怡亲王所言为大清社稷着想，激动之处才有冒失。臣斗胆说一句，怡亲王何罪之有？若言放肆，实董元醇之流放肆也，如果真要治罪，必当治理那群宵小。您不去惩治那些小人，却来加罪于怡亲王，此事臣实在不能接受，这于我大清成何体统。"

慈禧以前听过杜翰这人笔杆子耍得很好，没想到嘴皮子耍得也不赖，但她还是不想落下风，便提高嗓门，指着慈安怀中的载淳，说："难道你们连皇帝的颜面都不顾了。"

没想到杜翰还是不服软，继续针锋相对："臣自辅政以来，遵循祖制和大行皇帝的遗诏，也遵从皇帝的旨意，但若太后一直被蒙蔽而听信谗言，臣等决不能奉命。"

还真是反了，一个小小的工部侍郎，居然敢如此顶撞太后，慈禧怒火焚烧，五脏俱裂，双手握拳连同嘴唇一同颤抖着，要是今天都镇不住他们，以后的日子就更难过了，于是她再次提高嗓门，用手指遍八位辅臣，说道："尔等目无君上，竟敢公然在皇帝面前放肆。董元醇的奏折只不过是权宜之计，就引起你们如此咆哮，难道你们想以下犯上，还是心中有愧？"

比起嗓门，肃顺天生就有一副高嗓门，他这次又挺身而出："太后何出此言？臣也以为董元醇才是以下犯上，才是贼臣逆子，其所言上不合祖制，下不合民心，更是无视大行皇帝遗命。臣等受大行皇帝托孤，尽心尽力地辅政哪里有错？更何况先帝遗诏讲得很清楚，只能遵行祖制，实行辅政，哪有什么垂帘听政的说法。董元醇无视祖制和遗诏，实该千刀万剐，以谢天下，以振朝纲！"

　　如此大的嗓音，再加上肃顺咄咄逼人的神态，张牙舞爪的，终于把慈安怀中的小皇帝给吓哭了，而且还小便失禁，尿得慈安一身都是。慈安这会儿也急了，说："你们不必再说什么了，此事暂且搁下，先行退朝，退朝！"

　　肃顺见今天火气都很大，也争不出来个什么，便率先退下去，在路上，他们就委托杜翰写一封驳书，专门对付董元醇的奏折。杜翰当时正在气头上，只好表示一时半会儿还筹谋不出来好的奏折，这样的任务就落在焦佑瀛的手里：

　　　　我朝圣圣相承，向无皇太后垂帘听政之礼，该御史奏请皇太后暂时权理朝政，甚属非是；另简亲王辅政尤不可行，忧念皇考于七月十六日子刻特召载垣等八人，令其尽心辅弼。该御史必欲于亲王中另行简派，是何诚心？所奏尤不可行。

　　众人看完焦佑瀛草拟好的奏折后都拍手称好，尤其是最后一句写得力敌千钧。于是，他们很快就派人送到宫中，坐等皇太后加盖印章，发布内外。

　　但过了几天，焦佑瀛的奏折却如石沉大海一般，毫无音讯。载垣按捺不住，便对其他人说："宫里还不发我们的奏折，事情僵到这里，不是个办法。"

　　"我看我们还是去太后那里，让她们给个说法，看她能怎么办。"

　　"我们也该有些实际对策了，如果两宫懿旨还不发出，宫中应用的物件还有车辆全部搁住，我就要看看她们能在这行宫中蛮横多久。"

　　果然不出肃顺等人所料，过不了几天，两宫便又召见八大辅臣，只好向他们妥协，决定暂时用盖章的谕旨发布他们的奏折，但慈禧仍然愤愤不平，在八大臣走了之后，还骂道："一群男人，竟然使出这样的手段，真是一群王八羔子。"

　　效命恭亲王的胜保也向热河进发，这次他到热河叩谒梓宫，面见八大辅臣时，同恭亲王一样毕恭毕敬，说他擅自前来，有违祖制，还请辅助大臣治

第二章
登上权力巅峰

罪。肃顺一干人等骄纵惯了，见别人对他恭敬，心里自然高兴，想到胜保这样的统兵大将都对自己如此服服帖帖，他从内心深处感到踏实，也便喜出望外地招待胜保。

但恭亲王自从回京后，表现得出奇平静，以至于北京集团其他成员都疑惑这恭亲王葫芦里到底卖的什么药？还有人禁不住去问恭亲王，谁知这位六爷仍是淡定依旧，还大笑道："只要让肃顺诸人觉得舒服就好了。"既然恭亲王都这样镇定自若，其他成员也便不好再问什么。

但很快，北京集团一些重要成员就纷纷倒戈，上书给肃顺等人，表示支持八大辅臣辅政，反对两宫垂帘，更反对另简亲王辅政；就连手握重兵的僧格林沁都表示支持八大辅臣，捍卫先帝遗诏。钦差大臣袁甲三、陕西巡抚瑛氏等等上书，内容跟僧格林沁差不多；就这样，肃顺等八大臣踌躇满志，觉得朝野内外都一致拥护他们。

九月二十三日，咸丰的灵柩终于要运往北京方向了，两宫太后和皇帝也要回銮了。回銮的队伍分成两个部分，一是两宫太后和皇帝一行，随后的是八大辅臣中的载垣、端华、穆荫、景寿等人，从小路先行回京；另一部分是先帝梓宫一行，由醇亲王奕譞、肃顺、仁寿、陈孚恩等大臣扈从，从大路出发。

肃顺骑着高头大马，一身朝服，显得威风凛凛，尽管大权在握，朝野上下拥护，但多年的经验和政治敏感再次让他隐约感到一种潜在的危险在无声无息地逼近他。对了，还是慈禧太后，如果她们先行回京，恭亲王也在北京，说不定他们已经勾结好了，在北京有所布置，要设计拿他们的命。想到这里，肃顺感到一阵心慌和恐惧，冷汗出了一身。不行，得以防万一，此时不学汉武帝诛灭钩弋夫人更待何时。

肃顺说干就干，立即吩咐亲兵去告知负责护卫两宫太后和皇帝的载垣，密令护驾侍卫亲兵在回京途中趁机将慈禧太后除掉。

但密令还没有传达到，荣禄率领的一支禁军突然出现在两宫太后面前，还宣誓一番，说誓死保卫两宫太后和皇帝的安全，之后就日夜贴在皇太后和皇帝身边，几乎寸步不离。随之，胜保的京畿禁军也前来迎驾，护卫在皇太后和皇帝外围,就这样里三层外三层地拱卫御驾,不说是闲杂人等,就连鸟都飞不进来,肃顺的谋杀计划也就胎死腹中。

五天之后,两宫太后一行抵达京郊石槽,慈禧太后便立即吩咐:密召恭亲王。恭亲王反应很快,立即带领随从护卫在京郊大道上拜见两宫太后,还说一切布置周全,就等一声令下。两宫太后知道后,相视着莞尔一笑,长长地松了一口气。

次日,慈禧一行入主紫禁城,回到了阔别已久的大内寝宫。留京文武大臣都跪在大道两旁,恭迎圣驾。

喘息甫定,慈禧再次密召恭亲王,双方商定完政变的程序,确定好政变的日期,最后才拍板要将肃顺一伙及其党徒全部捉拿。谈到最后,慈禧内心充满感激,对恭亲王说道:"老六,真是辛苦你了。有你在,我们姐妹就放心了。"

等到两宫太后正式召见恭亲王、周祖培、贾桢、桂良、文祥等人时,她们就没有往日面对八大辅臣时的严厉与镇定,反而好像是把那段日子的委屈全部哭了出来,一个劲地当着众臣的面流泪。慈安太后把先前的委屈全部向众臣哭诉出来,最后还说道:"先帝宾天,肃顺、载垣和端华诸人就只会欺负我们孤儿寡母,还请大臣们为我们做主。"

慈禧太后见众臣开始义愤填膺,便哽咽着说:"肃顺诸人擅权揽政,为所欲为,还多次擅闯后宫,简直就不把我等放在心上,如此无视祖制和礼法的行为,由你们说,到底该怎么办?"

辛酉政变后的慈禧画像

周祖培忍不住，最先发言了："回太后，他们既然狂妄至此，何不治其重罪？"

慈禧故意问："他们可都是赞襄辅助大臣，如何能说治罪就治罪。"

周祖培大义凛然地回道："皇太后不是有先帝御章吗，何不先降懿旨，将他们解职，然后再缉拿问罪呢？"

等的就是这句话，慈禧心中大喜，便问其他大臣有何异议，众臣异口同声说按照周大学士提议办。

慈安很快就将九月十八日醇亲王早就拟定好的诏谕交给恭亲王，并当众宣读八大辅臣的违罪过失，大意归纳起来有三点：

1. 辅理政务期间，未能尽职尽责，以致筹划失当，使得英法联军入侵京津，焚烧圆明园，招得大清朝贻笑海内外，颜面尽失。

2. 英法联军退兵后，八大辅臣极力阻止皇帝和两宫太后回銮，还再三不顾礼法，在当今圣上和太后面前无礼，并导致先帝圣体违和。

3. 专权揽政，恣意妄为，大胆矫诏痛斥山东道监察御史董元醇奏折，违背先帝旨意和祖制。

谕旨的处置办法是，解除载垣、端华、肃顺三人的一切职务，令景寿、穆荫、匡源、杜翰、焦佑瀛五人退出军机处，并斟酌其罪，依法惩治。

（四）第一次垂帘听政

非常戏剧性的一幕发生了，就当恭亲王宣读完谕旨时，扈从皇帝与两宫太后入京的八大辅臣中的载垣和端华，以先帝赞襄辅助大臣和护驾有功的身份大摇大摆地闯进正在议政的后廷。但一进来，他们就感到很意外，为什么恭亲王也在这里，还有这么多的朝廷大臣？为什么议政这么重大的事没有宣

见顾命大臣。

载垣越想越觉得气人,便当庭质问:"外廷臣子,为何擅闯内廷?"

恭亲王冷静得不想多说一句话:"皇上有旨。"

"哼,既然我们都没有被召见,请问旨在何方?"端华冷眼瞪了一下恭亲王,便厉声反问道。

恭亲王冷笑一声,就呵斥道:"大胆!来人呀,给我拿下!"

载垣大叫道:"谁敢,我看今天谁敢动我一根毫毛。"

端华也声嘶力竭地吼道:"我看今天谁敢动我们。"

但几名全副武装的侍卫还是应声而出,还没等他们反应过来,就摘去他们的顶戴花翎,毫不客气地押出内廷,关进宗人府。载垣和端华二人在路上还一直左顾右盼,看有没有自己的随从护卫,但押解他们的侍卫呵斥道:"有什么好看的,就他们那些人,早就被缴械驱逐了。"

恭亲王知道他们的底牌已经全部亮出来了,是时候该快刀斩乱麻了。他立刻下令,让亲兵火速前往,传谕正在回銮路上的睿亲王仁寿和醇亲王奕𫍣,密令他们伺机捉拿肃顺等人,一定得迅速将其拿下。

北京集团的成员还有奉命假意拥护肃顺等人的大臣迅速反戈一击,纷纷连夜上疏,共同奏请皇太后亲操政权,垂帘听政以振朝纲。胜保也率先上奏,恳请皇太后亲理政务,并拣近支亲王辅政;僧格林沁也上疏表示愿意听从两宫太后和皇上差遣,不愿意为无视祖制、礼法的八大逆臣效力。紧接着,就像多米诺骨牌一样,其他的封疆大吏和文武臣工也纷纷上疏,明确反对八大臣继续辅政。

为了配合醇亲王捉拿肃顺,慈禧也顺水推舟,拟定谕旨一封:

咸丰十一年(等到来年才正式更改年号)九月三十日,奉旨:

着派睿亲王仁寿、醇亲王奕𫍣将逆臣肃顺即刻捉拿。着派人员,将其押解来京,交宗人府听候议罪。钦此。

第二章
登上权力巅峰

肃顺当夜还在行军院里同两个小妾卿卿我我,当时睿亲王和醇亲王的侍卫闯进去时,他还脾气很大地骂道:"哪个王八羔子敢闯进我的卧房,活得不耐烦了吗?"

等到仁寿和奕譞出现在他面前时,他才真正意识到自己要完蛋了,只好铁青着脸,束手就擒,反倒没有什么摇尾乞怜之态。

肃顺在宗人府碰到了载垣和端华,见面就气不打一处来:"就是你们两个,昔日不听我言,除掉那妖妇,以至于今日沦落于此,真是悲哀,败在一个女人之手,真是奇耻大辱,奇耻大辱啊!"

慈禧现在基本上是稳坐钓鱼台,她现在所要做的是拨乱反正、党同伐异以维护自己得来不易的权柄,她心里很清楚,必须得稳定人心,组成以她为核心的权力中枢。奖有功,罚有罪,这是摆在慈禧面前的第一件事。当然,最先要奖励的就是与她珠联璧合的恭亲王。

想到就做到,两宫太后很快就发布谕旨,正式委任恭亲王为议政王兼首席军机大臣,参与国家机要决策,军机大臣也由他挑选。奕䜣也是当仁不让,很快就选定了自己的那套新班子,原班军机大臣只有文祥一人留任,新选定的军机大臣包括大学士桂良、户部尚书沈兆霖、户部右侍郎宝鋆,鸿胪寺少卿、军机章京曹毓瑛为军机大臣上学行走。

恭亲王所选军机处成员得到慈禧批准,并且将新的军机班子函告朝野大臣、封疆大吏,还布告天下:肃顺为首的所谓赞襄辅助大臣已经被逮捕;废除赞襄八大臣期间的一切决定;今后所有廷寄奏章,一律使用"议政王军机大臣"字样。同时,通知英法等国在京公使,告知新政权的改组情形,以方便同洋人打交道。

也就在那一天,慈禧又授予恭亲王为宗人府宗令,管理宗人府一切事务,并全权审理宗室成员如载垣、端华、肃顺等罪犯的案件。等到拨乱反正、奖功惩过完毕后,慈禧与恭亲王非常默契地想到了该如何处置还在宗人府的载

垣、端华和肃顺三人。对此,北京集团的成员看法不一,有人认为既然已经大权在握,肃顺等人也翻腾不起什么大浪来,可以从宽处理。慈安太后也是心慈手软地说:"咱们已经赢了,我看还是放他们一马吧,说到底也是宗室成员,都是自家人呀。"

慈禧听到慈安这话,颜面冰冷还带着杀气,说:"自家人?你忘了在热河时候的事了吗?他们有没有把你当自家人?"

"那,那你说该怎么办?"慈安不安地问。

"杀!"慈禧只是非常冷酷地吐出一个字来。

刑部尚书赵光明白慈禧和恭亲王的意思,在商议会上,他愤慨地说:"载垣、端华、肃顺这三人,阻止太后垂帘听政,反对亲王辅政,矫诏赞襄政务,实为大逆不道之罪,按律当凌迟处死!"

慈禧、恭亲王与肃顺结怨太深,他们都恨不得将肃顺置之死地而后快,赵光话一说出,慈禧和恭亲王异口同声地说了声:"好!"

其他大臣也纷纷发表自己的意见,在恭亲王的主持下,最后达成一致的意见:主张处死载垣、端华、肃顺这三位首恶之人。还是"墙倒众人推"这句话说得好,诸位大臣争先恐后,联名上疏拟定肃顺等人的罪状,生怕有所怠慢而被怀疑为肃顺同党,他们拟定八大辅臣的罪状无外乎六条:

1. 不善与外国人交涉,失信于各国,导致先帝"北狩"以致驾崩,圆明园也被焚毁;
2. 阻止先帝回銮,致使先帝圣体违和,病情恶化,驾崩于行宫之中;
3. 假传圣旨,矫诏赞襄政务,独揽大权,诸事为所欲为;
4. 挑拨离间,扬言皇太后不宜召见亲王,极力贬损两宫太后;
5. 擅坐宝座,自由出入宫廷禁内,擅用御物,违旨不尊;
6. 抗旨拒捕,咆哮狂吠,奉旨护送先帝梓宫却携眷同行。

第二章
登上权力巅峰

其实以上很多罪行是可有可无、可多可少的。但是没有办法，政坛有风险，残酷不一般，这依旧是一个"胜者为王，败者为寇"的舞台。这些大臣奏请将首恶肃顺处死。载垣、端华是宗室亲王，当区别处分；至于景寿、穆荫、匡源、杜翰、焦佑瀛等人附庸肃顺也当分别处理。

不过以上大臣的上疏和奏请都只是他们一厢情愿表达忠心而已，对于如何处置八大臣，慈禧和恭亲王心中早就有谱，而且还拟定了处理的谕旨，宣布对他们的处罚：

肃顺，斩立决；载垣、端华，勒令自尽；御前大臣景寿，革职，但保留公爵、额驸；兵部尚书穆荫革职，流放军台效力赎罪；户部左侍郎匡源、署礼部右侍郎杜翰、太仆寺卿焦佑瀛革职查办。

在宣布完八大臣的处置办法后，恭亲王身边的亲近大臣文祥就提议道："肃顺余党不少，像陈孚恩、黄宗汉、刘琨、德克津泰等人都应该惩治，对了，还有宫里的不少太监也跟肃顺来往密切，这些人都应一并查处，重重发落才是。我们明天就把他们的罪名罗列出来，奏请太后上谕定罪，将其余党一律查办。"

"博川（文祥字博川）办事真是滴水不漏啊，我看就这么办。"恭亲王说道。

接下来，先前走近肃顺的大臣全部都受到了惩处，就连宫中的太监被杖刑的杖刑，被发配的发配，一时间风声鹤唳。宣布完肃顺余党的罪行及其处置方法后，慈禧又对众臣宣布："自皇上即位以来，一直暂用'祺祥'为年号，我们两宫太后重新商议一番，决定改年号为'同治'（意为两宫同治），你们拟旨宣示中外吧。明天就请肃亲王华封、刑部尚书绵森监刑！"

坐在金銮殿上发号施令的感觉真是太棒了，不过，慈禧现在还是看看恭亲王，问："六爷，你怎么看？"

"太后圣明，臣等谨遵懿旨。"恭亲王说道。

咸丰十一年（1861年）十月初六，刑部提刑官给关在宗人府囚室的载垣、

端华施礼完毕后,就说:"请两位大人到堂前听旨!"

"听旨,都这个时候了,还听什么旨?"端华跳起来问。

"小的只管当差,两位王爷到那儿就知道了。"

载垣和端华整理了一下衣服,跟随提刑官来到前堂,一进前堂,看到华封和绵森站在那里,他们身旁的侍从手托铜盘,盘中盛放着白绫和酒壶及两个酒杯,他们吓傻眼了。

肃亲王面无表情看看二人,就宣读圣旨:"载垣、端华数罪并责,赐其自尽,钦此。"

载垣低着头一言不发,瘫倒在地上。端华仰天长笑:"可怜我等秉承大行皇帝遗诏,尽心赞襄政务,到头来却落得个如此下场。老天啊,你为什么不睁开眼看看啊,到底是谁该死,嗯,哈哈哈……"

华封见端华似乎还要继续说下去,就催促道:"请王爷迅速上路,不必多言了,我等也好回去交差啊!"说完后,他向侍卫使了一个眼色,侍卫上前,搀扶端华上前喝了一杯酒,然后端上板凳,挂好白绫,请他自行了断。

载垣见端华先行一步,浑身瘫软无力,眼睛里渗出泪光。在绵森和华封的催促下,他突然站起来,端着酒杯一饮而尽,然后把脖子挂在白绫上,告别了人世。

"刑车准备好了没有?"见载垣、端华就范,绵森向身边的人问道。

"回大人,刑车已在门外停放多时!"

"好,走吧,我们把肃顺押到菜市口去。"说着,绵森同华封一起出了宗人府。

斩杀肃顺的消息很快就传遍京城的大街小巷,毕竟肃顺还是一个人物,从宗人府门口到菜市口的那一段路上,人山人海的,官兵为了防止有人劫狱或杀害主刑官,还增加了岗哨和兵勇。即使这样,还是有不少市民前去,用瓦块、鸡蛋、蔬菜向肃顺砸去,到刑场的时候,肃顺已经头破血流、面目全非。

到了菜市口,侍卫打开车门,要扶肃顺下车,但肃顺却自觉着走出囚车,

第二章
登上权力巅峰

昂首挺胸地走向监斩处。当时,离问斩时间午时三刻还有一会儿,绵森走下监斩台,手中端着一碗酒,递到肃顺跟前,说:"肃顺,念在咱们之前同朝为官的分上,本官敬你一碗壮行酒。"

肃顺端着酒碗,手微微颤抖了一下,然后猛地仰起脖子将一碗酒全部喝完,又将碗狠狠砸在地上,哈哈大笑起来,然后又扯开他那天生的大嗓门说:"人言天道公允,想我肃顺为官以来,忠心耿耿,为我大清朝殚精竭虑,以致贼逆之徒不敢横行肆掠。大行皇帝对我赏识有加,特意嘱托为赞襄辅臣,谁知我当初悔不该心慈手软,没能除去那蛇蝎心肠的妖妇,以致今日勾结内外,篡我大清祖业。先帝啊,您若在天有灵,泉下有知,睁眼看看这世道官场吧。是臣等无能啊,可怜您尸骨未寒他们就蛇鼠一窝,对您的遗命也置若罔闻,真是天理难容,天道不公啊!"

华封和绵森听不下去了,只好命令刽子手行刑。"咔"的一声,肃顺人头落地。

从此,两宫同治、垂帘听政的时代正式开启了!

第三章
慈禧的大作为

（一）扶植亲信党羽

只用了近一个月的时间，慈禧重权在握，政敌被清理干净，一时间，朝中呈现出一片安宁祥和的景象。这位西太后游刃有余的政治手腕，使得内外臣工心悦诚服，他们都甘心在一个女流之辈手下尽心效命，而且还对她称赞不已，这就为西太后日后重振朝纲、君临天下打下了一个很好的开局。

在这众多臣僚之中，受到震动最大的莫过于恭亲王了，他没想到，一个看起来清丽瘦弱的女人竟能有如此非凡的胆识和能力，又有如此非凡的魄力和胸怀。恭亲王想到以后的日子并没有那么简单，他也同样意识到并不是消灭了八大辅臣就能亲操政权，并不是自己在政治上驾轻就熟就能对付得了慈禧那样的女人，她的确不是什么等闲之辈。后来，慈禧在政治上的精明老到更是证明了恭亲王的判断。

除了授予恭亲王议政王兼首席军机大臣外，恭亲王还被补授为宗人府宗令以及总管内务府大臣，两天之内，连发四道谕旨，这也足以看得出慈禧对恭亲王的器重，当然还有更多感激和信任的因素在里面；为了极力拉拢恭亲王，慈禧还册封奕䜣长女荣寿大格格为固伦公主，还把她接到宫中亲自教养，这种待遇在整个清朝也是备极殊荣。这次得到奖赏的不只是恭亲王一人，其他北京集团的核心成员大都随恭亲王加入军机处。在这次政变中，没少立功劳的安德海也被擢升为总管太监，管理长春宫、储秀宫事务，此时黄承恩虽然是名义上的大总管太监，但实际上他在安德海面前还得谦逊礼让三分，因为人家有靠山，人家的主子现在就是总掌权柄的慈禧太后。

虽然是两宫同治、垂帘听政，但到底怎么样个垂帘听政，各种步骤和程

第三章
慈禧的大作为

序总该要落实下来。各位亲王和大臣绞尽脑汁，考虑再三，才开始上疏拟定垂帘章程，但作为主角的慈禧对他们的章程总是不满意。这些亲王和大臣也大致揣测出来慈禧的心思大概是想集大权于一身，但他们在拟定章程中多多少少还是受到以往历史和大清二百余年祖制礼法的约束。慈禧等不及了，见那些人总是不能让自己满意，于是干脆自己先动起来了，她以皇帝名义明发内阁两道上谕，自己明确提出了垂帘听政章程的要点，还指令臣工们照办无误。

第一道谕旨的内容是：

> 朕奉母后皇太后、圣母皇太后懿旨，各省将军督抚等奏折，向于呈递之次日朱批发还；其有应降谕旨者，亦即令军机大臣缮拟，于进呈后即行交发；其各路军营紧要奏报，则无论何时呈递，均系即行办理。现在，一切政务仰蒙两宫皇太后躬亲裁制，慈怀冲挹，深恐于批揽章奏未能周详。嗣后，各直省及各路军营折报应行降旨各件，于呈递两宫皇太后懿览，发交议政王、军机大臣后，该王、大臣等悉心评议，于当日召见时请谕旨，再行缮拟，于次日恭呈母后皇太后、圣母皇太后阅定颁发；应行批答各件，该王、大臣查照旧章，敬谨缮拟呈递后，一并于次日发下；其紧要军务事件，仍于递到时立即办理，以昭慎重。钦此。

为了突显两宫皇太后垂帘听政的主旨，慈禧接着又颁发第二道谕旨：

> 朕奉两宫皇太后懿旨，见在一切政务，均蒙两宫皇太后躬亲裁决，惟缮拟谕旨，仍应作为朕意宣示中外，自宜钦遵慈训，嗣后议政王、军机大臣缮拟谕旨着仍书朕字，将此通谕中外知之。

这两道谕旨说来说去，最主要的还是"皇太后躬亲裁制"，议政王以及军

机大臣只是商议、拟定并颁发谕旨而已,不过这一切都得由皇太后来亲自裁决。诸位大臣见到这两道谕旨后,如梦初醒,原来垂帘章程通过的关键在于一切大权都要集中在两宫皇太后手上,不然一切都是枉然。于是,各位臣工又进行了近十日的商议,最后总算议妥,以礼亲王世铎领衔的奏上会议决定的垂帘听政章程,其中的主要条款如下:

1. 召见内外臣工,拟请两宫太后、皇上同御养心殿,皇太后前垂帘,于议政王、御前大臣内轮流派一人召见人员带领觐见。

2. 京外官员引见,拟请两宫太后、皇上同御养心殿,议政王、御前大臣带领御前、乾清门侍卫等照例排班站立。皇太后前垂帘设案,带领之堂官照进绿头签,议政王、御前大臣捧进案上,引见如常仪,其如何简用,皇太后于单内钦定钤用御印交议政王、军机大臣传旨发下,该堂官照例述旨。

3. 除授大员简放各项差使,拟请将应补应升应放各员开单,由议政王、军机大臣于召见时呈递,恭候钦定,将除授简放之员钤印发下缮旨。

4. 庆贺表章均照定例办理,其请安折拟请令内外臣工谨缮三分,敬于母后皇太后、圣母皇太后、皇上前恭进。

5. 皇上入学读书,未便令师傅跪授,亦未便久令侍立。拟请援汉桓帝授业之仪,于皇书案之右为师傅旁设一座,以便授读。

慈禧看到这几条章程,非常欣喜,总算是达到目的了,当时就发布懿旨说同意。与此同时,她还以皇帝名义明发上谕:

据王大臣等所议,详加批阅,援据章典,斟酌妥善,着即依行。垂帘之举,本非意所乐为。唯以时事多难,该王大臣等不能无所禀承,是以姑允所请,以期措施克当,共济艰难,一俟典学有成,即

第三章
慈禧的大作为

两宫太后垂帘听政的地方

行归政,王大臣仍当届时具奏悉归旧制。钦此。

等到垂帘听政的美梦既成事实后,慈禧还在上谕中故作谦虚和退让,还说这样只是为了共济艰难,等到皇帝长成,自然会归政,这种做法真不是一般政坛老手所能做到的。

在这一年的十一月初一,清廷还举行了垂帘听政的仪式。这一日,天朗气清,阳光灿烂,养心殿经过布置,焕然一新,大殿正中悬挂着清世宗雍正皇帝御书的"中正仁和"的匾额。养心殿从雍正起,便成为皇帝常临之所,一切大小政务都习惯在此进行。

今天,小皇帝载淳便怀着好奇的心理,端坐在宽大的红木宝座上,这宝座之前设有御案,其后则设有八扇精致的黄色纱屏,纱屏后又设御案。透过纱屏,清晰可见左边坐着神态安详的慈安太后,右边则坐着气定神闲的慈禧太后,但众人皆知,其实慈安很多时候只是一个礼仪性的陪衬而已,幕后真

正的主角就是慈禧。

养心殿外，王公大臣翎顶闪光，袍褂齐整，态度庄重，举止慎重。以恭亲王为首的议政王、首席军机大臣奕䜣带领群臣在养心殿前向皇帝和两宫太后三叩九拜地行礼。随后，奕䜣走入殿内，立在皇帝御案左侧，王公大臣若有奏章，由奕䜣捧到御案前，再交给屏帘后面的两宫太后批阅裁决，最后仪式结束，这算是垂帘听政第一次正式的演练。

慈禧虽然执掌了大清最高权柄，但她要面对的绝对算是一个烂摊子，号称"万园之园"历时150余年才完全建成的大型皇家园林——圆明园，被一个叫英吉利和一个叫法兰西的强盗给无情残暴地焚毁了，不过不能记英法联军旧仇了，毕竟都已经同他们签订和约了。现在迫在眉睫要处理的、最该对付的还要数横扫东南的太平军。

但这一次，慈禧不只是一味地用奖赏来笼络人心了，为了快速荡平东南匪寇，慈禧使出了她的杀手锏，而且被她开刀的是两员大臣——两江总督何桂清和手握重兵的胜保。

为什么出如此狠的招数呢？而且还是重量级的大员。原因还得从1860年（咸丰十一年）开始，太平天国忠王李秀成用围魏救赵的计策奇袭杭州和湖州，然后反攻清廷江南大营，以解天京之围。当年五月五日，江南大营全军溃败，钦差大臣和春、帮办军务的张国梁战死。常州是两江总督何桂清所在地，对于和春、张国梁军营被攻陷，他居然坐视不理。

太平军英王陈玉成率部准备进攻常州，何桂清见势不妙，居然没有丝毫抵抗的意思，一个劲地逃往苏州，还被苏州巡抚拒之城门外，并上疏弹劾何桂清。咸丰闻此大怒，下达谕旨将何桂清革职查办，押到京城严审。但何桂清非常狡猾，说他到苏州是为了向朝廷禀请退守苏州，之后他自己又往常熟逃跑，常熟巡抚也不接待他。后来，何桂清索性逃到上海，还借口说自己是想要找洋人借兵助剿。

咸丰听到关于何桂清的种种罪责，龙颜大怒了好多回，再度上谕将何桂

第三章
慈禧的大作为

清停职逮捕，但由于北方的英法联军逼近北京城，咸丰去热河"北狩"避暑去了，结果就在那里一命呜呼，何桂清的案子算是拖到了现在。

如今，慈禧同六爷恭亲王执导的"辛酉政变"大功告成，是时候整饬吏治、重振朝纲了。在这种大背景下，何桂清一案又被提起。其实，关于何桂清无论如何也洗不清的污点就是在常州时，当地绅民当夜手里拿着蜡烛，在城门口跪请总督大人留守常州，结果没有得到何桂清的任何回复，等到天亮时，仍然有很多绅民握着蜡烛跪在门口，何桂清仍是不理，还直接命令枪队开枪射击，直接打死19人。

不过，这位封疆大吏在朝中有很多门生故吏和旧时僚属，所以这些人都想方设法尽力保住何桂清，甚至还联合上疏，说是常州刁民阻碍剿逆大计，何桂清也是迫不得已才向绅民开枪，总之是各种借口为何桂清搪塞辩护。慈禧不由分说，还是下令将何桂清抓捕到刑部大牢。对于为何桂清辩护的各种奏折，慈禧和恭亲王都表现出了极大的耐性，慈禧又以同治帝的名义下达上谕，命新任两江总督曾国藩对何桂清案件进行核查。

曾国藩可是理学名臣，太平军最为头疼的敌人——湘军的创办者，他也很认真，很快就上疏说："苏常失陷，卷宗无存。司道请移之禀，无容深究。疆吏以城守为大节，不宜以臣属一言为进止。大臣以心迹定罪状，不必以公禀有无为权衡。"满腔理学气节透穿纸背，让原先就非常欣赏曾国藩的慈禧非常满意，于是她下定决心即刻斩掉何桂清。

第二个要处斩的就是胜保了。为何要诛杀这位在"辛酉政变"中为慈禧和恭亲王立过大功的带兵将领呢？有人认为是为了打击恭亲王的势力，免得恭亲王坐大而威胁到慈禧的垂帘听政；但也有人说是为了杀鸡儆猴，因为胜保这个人自恃劳苦功高，在朝中非常骄纵傲慢，从来不知收敛，最后自取灭亡。不过根据诸多大臣的奏折，问题还是出在胜保本人的头上，也就是说慈禧杀鸡儆猴的可能性最大。现在来看一看胜保的种种罪状就能够看出一些名堂来："荒淫贪纵"，"携妓随营"，"任性骄纵，滥耗军饷"，"设局抽厘，便于私肥"，"讳败为胜，谎报大捷"，"收纳逆首陈玉成之妻为妾"，"优伶冒充亲军，按月提银

三千两,以致各营兵勇军饷军械欠缺"等等,其实,以上罪状再怎么也罪不至死,关键是有一条"胜保在陕西拥众背叛,可谓挟制朝廷之意"。

同治二年(1863年)七月十八日,慈禧下令处斩胜保,但念及其战功,宽令其自尽。现在可好了,满族重要将领都被赐死,那些汉人湘军将领和新兴的淮军将领如曾国藩、左宗棠、李鸿章、刘坤一等顶梁柱式的大员无不对慈禧唯命是从,都不敢越雷池半步,可以说,胜保给他们作了很好的前车之鉴。

(二)不拘一格用汉人

清朝入关时,主力军毫无疑问是八旗子弟兵,但自从鸦片战争以后,旗兵的战斗力锐减,不但以数十万旗兵对付一两万洋人都不行,更是让出自广西的太平军在东南一带横行无阻,都十多年时间了,还没有将其荡平。所以,当时满族王公大臣中的有识之士开始主张重用汉臣,"辛酉政变"中被处死的肃顺就是其中一位。

随着湘军的壮大,以及他们在与太平军作战中的英勇表现,清朝当政者有喜有忧,喜的是终于有一支可以用来对抗太平军的武装力量了,忧的是湘军无论官兵全是清一色的汉人,而且还是完全效忠曾国藩的。所以,当政者对他们既是利用拉拢,又是牵制防备。比如咸丰,他也看得出曾国藩等人在领兵与太平军作战方面非常努力,但还是害怕湘军迅速壮大起来,于是就特意任命满洲贵族为湖广总督兼钦差大臣,而且还总揽两湖的一切军政大权,明显是来遏制曾国藩和他的湘军的。

曾国藩虽然不能在当地大展拳脚,不能协调军政来集中力量与太平军鏖战,但他还是默默无闻地努力,终于在咸丰四年(1854年)九月攻克长江中

第三章
慈禧的大作为

游重镇武昌，如此军功，一时间威震朝野，咸丰也不得不封赏他二品顶戴，督署湖北巡抚，但还没等曾国藩按照惯例推辞一番，咸丰就迫不及待地下达免职令，免去曾国藩湖北巡抚的职务，让他当了一个没有实权的兵部侍郎的空头官衔。

对于咸丰如此多疑的猜忌，曾国藩仍是相当低调务实，把他的理学中关于忠君爱国、修齐治平的理念贯彻到底，闷不吭声地带着湘军与太平军作战。一直到咸丰十年（1860年），也就是英法联军侵入北京城、焚毁圆明园，咸丰到热河"北狩"的那一年，内忧外患最为严重的时刻，咸丰才想起将曾国藩加赏为兵部尚书，署理两江总督，之后又实授两江总督，并让他以钦差大臣的身份督办江南军务。

但话又说回来，给予更大军政实权，彻底放手重用曾国藩的当属慈禧。两宫太后垂帘听政后，慈禧对曾国藩加太子少保衔，命其统辖江苏、安徽、江西、浙江四省军务，巡抚、提督、总兵等各级地方官吏都受他节制。

低调务实惯了的曾国藩接到任命谕旨，顿感受宠若惊，立刻上疏请辞，他还诚心诚意地向慈禧表明自己的担忧："所赐威权太重，恐怕会开此世争权竞势之风，也为了防备他日外重内轻、尾大不掉。"

对于如此为大局考虑而不计较自己名利的曾国藩，慈禧非常欣赏他的高

湘军

风亮节、尽忠尽职,于是她也明确表示:"我两宫皇太后孜孜不倦以求治世,现在南患未除,要不是你曾国藩真挚为国,我等怎么会轻易把重权交给你,如果真心为我大清朝,还是希望曾大人这次能够接受。"

话都说到这种份上,曾国藩明知却之不恭,只好恭敬不如从命。不但如此,慈禧根据曾国藩的建议,在统筹全局的基础上,作了新的人事调整,以利于战事的顺利进展:

> 以太常寺卿左宗棠为浙江巡抚,改安徽巡抚彭玉麟为水师提督,调湖北巡抚李续宜为安徽巡抚,河南巡抚严树森为湖北巡抚,以河南布政使郑元善为河南巡抚。

这也可以进一步表明,慈禧在人事安排上也是非常信任曾国藩的,在江淮一带的剿匪重地,都是清一色的汉人充当封疆大吏。

后来,慈禧还极力笼络曾国藩,再次任命他为两江总督兼任协办大学士。但曾国藩仍是诚惶诚恐地表示:"金陵(即南京,当时就是被太平天国定为首都的天京)未克之前,不再加恩于臣家。"如此举措,大有汉武帝时名将霍去病"匈奴未灭,何以为家"的气魄和德操。慈禧见曾国藩如此高风亮节,也便没有把官位强加给他,而是让他举荐能人,但没想到,曾国藩仍是推辞一番:"疆臣既有征伐之权,不可更分黜陟之柄,风气一开,流弊甚长。"曾国藩的意思是说我作为一个疆臣,已经有征伐之权了,要是还让我举荐他人,岂不又有人事任免权,这样一来,以后就会形成一个不好的风气,这可是弊大于利的事。

曾国藩

第三章
慈禧的大作为

　　慈禧与曾国藩，一个是二十六七岁的权力欲极重的少妇，一个是年过半百的敦厚老臣，就他们君臣之间，从古往今来看，关系默契的程度不是一般。曾国藩越是坦露自己心迹，慈禧就越是信任他，索性让曾国藩掌握了前敌最高指挥权。

　　主帅是一方军队的大脑，大脑灵活，用起来没有限制，那么他的作用就会得到最大限度的发挥。现在曾国藩可以展开拳脚来剿匪了，他作了新的部署，准备一举歼灭太平军：曾国藩本人坐镇安庆，并以安庆为指挥中心，然后命胞弟曾国荃率部攻天京，左宗棠负责攻打杭州，李鸿章负责攻打苏州，彭玉麟负责遏制长江中下游。长江以北，则由多隆阿攻击卢州，李续宜援助颍州；长江以南，鲍超攻击宁国，运兰布防徽州。

　　如此大规模的全盘部署在清军与太平军之间的生死较量中，还真的很少有，因为以前用人不当、指挥失措，很多时候都是太平军占主动权，清军只是根据形势的紧张程度而派兵救援，相当被动。现在曾国藩主管对太平军的军事作战，所以他一上任就改变先前只顾设防的战略部署，选择了主动进攻。部署完毕，各部一直向天京及其外围城市推进，一场激烈而又规模宏大的大决战拉开了序幕。

　　自从1856年太平天国内讧后，太平军人才凋零、元气大伤，军事上尽管后来出现陈玉成、李秀成这样杰出的青年将领，但一天比一天还要昏庸腐化的天王洪秀全完全没有了当年的锐气，不思进取，反而处处给陈、李两位主将掣肘，太平军的总体作战能力已今非昔比。经过两年多的酣战，太平天国首都及其主要的外围城市都被攻克，太平军的起义也就宣告彻底失败。那年也就是同治三年（1864年），清廷在内忧外患、极端困难的局势下，在曾国藩为首的汉人将领的力挽狂澜下，终于得到了苟延残喘的机会，甚至后来的史学家都将此称之为"同治中兴"的开端。

　　纵横南方十数省、盘踞东南半壁江山十四年的太平天国总算被彻底荡平，在朝的各位王公大臣喜不自胜，纷纷额手相庆。慈禧也是松了一口气，想当年，她被选入储秀宫的时候，太平天国运动还如火如荼，现在她已从17岁的聪慧小姑娘长成 29 岁执掌大清权柄的少妇了，为了表示自己内心的喜悦，以及对曾国藩的封赏，慈禧又发布上谕：

> 曾国藩着加太子太保衔，赐封一等侯爵，世袭罔替，并赏戴双眼花翎。浙江巡抚曾国荃加太子少保衔，赐封一等伯爵，并赏双眼花翎。

再后来，慈禧又命令曾国藩去剿杀活跃在华北一带的捻军。僧格林沁作为北方手握重旅的统兵大将，对捻军征讨多年，却一直没有获得成功。所以，在南方荡平太平军的曾国藩又被派到北方去与捻军作战。曾国藩当时从整体战略布局方面，提出了自己的战略构架："扼要驻军临海关、周家口、济宁、徐州，为四镇。一处有急，三处往援。今贼已成流寇，若贼流而我与之俱流，必致疲于奔命。故臣坚持初议，以有定之兵，制无定之寇，重迎剿，不重尾追。"除了这些大体的战略部署外，曾国藩还提出了筑长墙、开壕堑的战法，经过四年的作战，终于将捻军也彻底荡平。

同治六年（1867 年），慈禧又接连授予曾国藩体仁阁大学士、武英殿大学

曾国藩曾住过的欧阳故居

第三章
慈禧的大作为

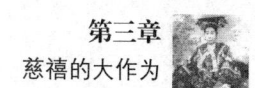

士、调任直隶总督、赐紫禁城骑马。这样的荣誉，在满人之中都属罕见，朝廷内外的官员都没有像曾国藩这样受到慈禧如此眷顾和赏识的。

当然，受慈禧重用的汉人不仅只有曾国藩一人，像曾国藩的弟弟曾国荃，因为在剿灭太平军和捻军中立了不少汗马功劳，也被授予陕甘总督、两江总督、礼部尚书加太子太保衔等。要是在以前，几乎没有汉人会被授予总督、巡抚一职，现在慈禧大开风气，可谓不拘一格。

自视才华盖世的左宗棠也受到重用，他不仅在剿灭太平军、捻军方面立有大功，而且在以后收复新疆、平定回乱中都立下不朽功勋，因而也被慈禧先后擢升为闽浙总督、两江总督，封赏一等伯爵、二等侯爵、协办大学士、东阁大学士等，可说是官位显赫。

在汉人大臣中，除了曾国藩之外，最受慈禧欣赏与器重的莫过于李鸿章了。李鸿章与曾国藩同年考取同榜进士，可能有这层关系的缘故，二人也走得很近，再加上李鸿章比曾国藩要晚去世三十年，所以在曾国藩之后，同样有经世之志的李鸿章自然会被慈禧格外青睐和仰仗。得到慈禧重用的李鸿章也是官运亨通，从一个小小的文书幕僚升至直隶总督、北洋通商大臣，授文华殿大学士。

此外，还有彭玉麟、胡林翼、罗泽南、刘坤一、郭嵩焘、李续宾、李续宜等等跟着曾国藩一起创建湘军的诸多将领，以及跟随李鸿章一起创建淮军的刘铭传、吴长庆、丁汝昌、聂士成等人，他们荡平太平军、捻军以及后来的抗法、抗日、与八国联军作战等等，几乎无一不是被授予督抚这样的地方大员，当然也有水师提督、南洋通商大臣、驻外公使等重要官职。可见慈禧当时基本上真正做到了"不拘一格"，完全没有先祖的满汉之防。在当时摇摇欲坠的晚清，能够保持住清廷中央权柄不落入他人之手，而且还创造出"同治中兴"的局面，这些都与慈禧大力起用汉人官员是分不开的。

（三）罢黜议政王

在慈禧垂帘听政之初，她能够很清楚地认识到丈夫咸丰时期的政治弊端，于是就作了很多调整，比如广开言路一条：她先是下达谕旨说"近年来一二奸邪乘间肆其蒙蔽，以致盈廷缄默，建议寥寥，言路久为闭塞，公论弗伸"。在分析清楚当时的大体形势后，慈禧又在谕旨上借同治皇帝的口吻说："朕以冲人，未堪多年，重赖两宫皇太后日理万机，王、大臣等黾勉翼为，何敢不博采谠言，虚公揽纳，期以施行措正，上理日臻……毋以空言塞责，以副朕侧席求言之至意。钦此。"之后又补充，"奖励敢言，以彰直谏。"

既然广开言路，奖励直言敢谏的官员，所以位极人臣的议政王也被弹劾。那还是同治四年（1865年）三月，议政王奕䜣照常入值觐见两宫皇太后，谁知慈禧拿出一份奏折，严厉地对奕䜣说："有人弹劾你。"

"是谁上的奏折？"奕䜣先是一愣，但还是很镇静地问。

慈禧看见奕䜣仍是一副天塌下来也镇定自若的样子，便很不情愿地回答："蔡寿祺。"

奕䜣这下子就没刚才那么镇定，就脱口而出："蔡寿祺不是什么好人，得逮捕他问个清楚。"

"哈哈"慈禧冷笑两声，表情冷酷地看着奕䜣。

这个时候，一向淡定沉稳的恭亲王突发无名怒火，大声吼道："这个人在四川招摇撞骗，还有案子未销，早就该拿下了。"

慈安见场面的紧张气氛一时弥漫，便想出言相劝，但被慈禧制止住了，只看见慈禧向恭亲王挥挥手，说："你先下去吧。"等到恭亲王下去后，慈禧

第三章
慈禧的大作为

又提高嗓门说:"小安子呢?"

"小安子在这。"安德海一挑门帘,闪到屋里来,等候慈禧的吩咐。

"外面的臣子还有谁?"

安德海回答道:"八爷、九爷、六额驸都在。"

"好,传旨召见大学士周祖培、瑞常、上书房的师傅,再到朝房里看看,六部的堂官还有谁,全部传过来。"

安德海屁颠屁颠地应声朝门外飞奔出去,他知道事情不应该有片刻的耽误。后来周祖培、瑞常还有六部各个值班的大员全部都来了。

两宫太后坐定,众人便行跪拜礼。礼毕,慈禧就点到周祖培。周祖培可是一个细心的人,他看见两宫太后都是泪光盈盈,而军机大臣一个都没有,看来肯定是出大事了。

"恭亲王的骄横也不是一两天的事了,本来我们姐妹俩是可以容忍的,但到现在越来越不像样子了,谁能接受得了。"慈禧就把刚才恭亲王大吼的经过讲了一遍,然后质问道,"这还有君臣之礼吗?从前肃顺飞扬跋扈,也是这样狂妄无礼,你们说恭亲王该治何罪?"

在这朝中,哪个敢得罪恭亲王,那多半是不想混了,或者谁敢像蔡寿祺那样以命相赌来换取自己的晋升。所以,当时没有一个人吱声,安静得都让人怀疑是不是自己的耳朵聋了。

"你们倒是说话啊,"慈禧等不及了,只好大声打破这死寂一般的气氛,"你们都是大行皇帝器重擢升的人,不用怕他。他到底有没有徇情枉法、骄纵无礼,你们倒是说出来啊!"

慈禧这么一催,在场所有人的目光都齐刷刷地投在周祖培身上,谁叫他德高望重,官位也是最高的。周祖培见推脱不掉,只得说道:"启奏太后,这事当由两位太后裁决,臣等不敢擅作主张啊!"

不愧是当官当得最好的几个人物之一,和稀泥、打太极的本事不一般,慈禧显然对答复很不满,便愤怒地说道:"那朝廷还养你们这群人干什么?如果皇帝将来成年亲政,突然追究起此事来,你们又怎么交代?"

话都说到这种地步，看样子是要动真格了，周祖培明知不能再虚与委蛇了，便说："请两位太后给臣等一个期限，查实蔡寿祺弹劾恭亲王一案，然后再行决断。"周祖培已是72岁高龄的老官了，不在政治方面老辣一点实在说不过去，于是他眼珠子一转，就决定把大学士倭仁也拉进来，"臣想请倭仁大学士来主持此事，他办事稳重公正，希望能够有一个好的结果。"

"这就好，你们先下去吧，不过明天就得给我回复。"慈禧斩钉截铁道。

这么大的年纪，还摊上这么大的事，真是不容易啊，周祖培再次成为朝中的焦点人物，王公大臣都围着他，看他能给出怎样的答案。周祖培也只是虚张声势地作答，说无论如何恭亲王也是宗室至亲，又是有功之臣，一定会得到宽恕的。

安抚好朝中大臣，周祖培就去拜访倭仁大学士，见面时发现吴廷栋在座，自己心中有数，便说："想必大人已经知道前因后果了，我就不多说了。"

倭仁看了一眼吴廷栋，便说："我已经知道了。"

"此事是奉懿旨查办，由您来主持，还得多请教您啊！"周祖培对这个比自己还要小11岁的大学士表现得相当谦逊。

"哎，这无非遵旨办理，你说我们还能怎样。"倭仁慢条斯理地说道。

周祖培以为倭仁真要将恭亲王治罪，便急忙说道："此事还得从长计议，蔡寿祺那人弹劾的证据不足，还得明察啊。"

"培翁啊，您想想看，蔡寿祺他又不是三岁的小孩子，他敢弹劾亲贵，如果没有实际凭据，那他是吃了熊心豹子胆了。"

"好呀，那我们何不直接问问蔡寿祺，这样也好有个口实。"周祖培说道。

"那咱们明天就在内阁再见吧。"倭仁点头道。

告辞出来，周祖培就想着恭亲王，便直奔恭王府。本来恭王府对外来人员一概拦驾，但周祖培就不同了，直接被府内总管周信叫进去，说是在鉴园恭候。

周祖培坐着恭王府的轿子前往鉴园，很快就到了恭亲王所在之处，当时还有紧紧团结在六爷身边的宝鋆、文祥、曹毓英和李棠阶也在那里恭候。在

第三章
慈禧的大作为

一个亭子的石桌上落座后,一群丫鬟手里托着银盘,盘子里放着外国产的葡萄酒和高脚玻璃杯。这可叫七十多岁的老爷子见到世面了,周祖培的酒杯被斟满葡萄酒后,他自己就举杯先是抿了一口,还说:"葡萄美酒夜光杯,就是这些洋玩意儿害了王爷啊。"

"是啊,王爷同洋人打交道,久而久之,耳濡目染又亲身经历,自然都有些洋化了。明天得去内阁看看,查查蔡寿祺的老底,这家伙多半是混不好,才出此损招以图自己得到提升。"

"可不是嘛,自从西太后广开言路以来,是有一些人喜欢说话了,不过浑水摸鱼之辈也不少。"

"我看啊,还是应该把蔡寿祺的奏折压一压,然后去拜托倭仁大学士,哎……这事真是蹊跷,我看也得找七爷帮个忙说几句话,毕竟他还是西太后的妹夫啊,五爷也得托托哦。"

大伙你一言我一语,就把事情给最后议定,然后分头行动,为六爷排忧解难去了。等到第二天,审理恭亲王案,倭仁、周祖培和吴廷栋等人审问蔡寿祺,最后就判得个并无实际证据,只是道听途说而已。而且他们经过一番活动后,大指望几位亲王能够说服慈禧,但还是失望了,慈禧直接把诏书递给周祖培,让他念了出来:

朕奏两宫太后懿旨:本月初五,据蔡寿祺奏,恭亲王办事徇情、贪墨、骄盈、揽权,多招物议。信此重情,何以能办公事。查办虽无实据,事出有因,究属暧昧,难以悬揣!恭亲王自议政以来,妄自尊大,诸多狂傲。倚仗爵高权重,目无君上,视朕冲龄,诸多挟制,往往暗使离间,不可细问;每日召见,趾高气扬,言语之间许多巧取妄陈。若不及早宣示,朕亲政之时何以用人行政?凡此重大情形,姑免深究,正是朕宽大之恩。恭亲王毋庸在军机处议政,革去一切差使,不准干预公事,以示朕保全之意。至军机处政务殷烦,著责成该大臣等共矢公忠,尽力筹办。其总理通商事务衙门各事,

宜责令文祥等和衷共济,妥协办理。以后召见引见等项,醇亲王、钟郡王、孚郡王轮流带领,特谕。

真是欲加之罪何患无辞,没想到这位铁腕冷血的西宫太后居然先发制人,念完上谕之后,周祖培心里为之一振,但很快又镇定过来,说:"臣请添加数语。"

"噢?"慈禧看了周祖培一眼,便同意了。

"臣请求将'恭亲王自议政以来'改为'恭亲王自议政之初',这样更为谨慎。"

慈禧想了想,觉得就算改了,他们也玩不出什么花样来,于是就答应了:"好吧,就照你说的改一下,马上由内阁发布,尽快到各省,对了,此事不必经过军机处。"

周祖培以七十多岁的高龄,一路小跑很快就赶往军机处,对文祥等人说了慈禧的态度:"本以为蔡寿祺没有什么实据拿出来,西太后呵斥一下就过去了,没想到西边还真的动怒了,来真的了,还亲自起稿。"

文祥得知此事,也只好拉着周祖培和曹毓英往鉴园跑。当时惇亲王五爷也在场,看见恭亲王在那里苦笑,他就直接拉着曹毓英的胳膊,说:"来,来,来,你替我写个折子,不能她说让谁不干就让谁不干,事情总该有个商量嘛,不然要军机处干什么,要我们这些宗人府成员干什么?这江山姓爱新觉罗,不姓叶赫那拉!"

旁边的文祥和曹毓英知道五爷是个急性子,便在一旁劝慰,说:"五爷,这事咱们得从长计议,话得说的婉转一些才好,免得她又说什么狂傲无礼。"

"哼,婉转?她听得进去嘛。"惇亲王说着,鼻子还呼着气,看来气得不轻。

恭亲王拉着惇亲王的手,好生地说:"五哥,你消消气,听他们两位把话说完,不妥的地方咱们再斟酌斟酌。"

文祥和曹毓英商量了一会儿,觉得恭亲王议政以来,从未有过什么昭著

第三章
慈禧的大作为

的劣迹，蔡寿祺这种小人只是迎合西太后而已，并没有实据却乱弹劾，最后他们权衡再三，拟定好奏折，准备给两宫呈上去。奏折的前部分都是说明恭亲王议政以来忠心耿耿、殚精竭虑，未尝有过昭著的恶迹，希望皇太后开恩。

五爷看了奏折，觉得没问题，但恭亲王过手时，看得很仔细，他说要把"恐传闻中外"改为"恐传闻于外"，突出恭亲王是在同洋人打交道，而洋人也是乐意同他商议外务的。

慈禧见到五爷求情的奏折，本来想不了了之，因为她也清楚，恭亲王党羽遍布，而且他与外国人关系密切，自己又不能插手到外务上来，所以她开始就此打住。但安德海的一番话又激起了她的好胜之心，安德海告诉慈禧，说恭亲王暗中联络王公大臣，毫无悔改之心。这下子就好了，慈禧的斗志被激发起来，她又想到，如果此事就这么轻而易举地了结，自己这几年来树立起来的威信恐怕要扫地，照此下去，奕䜣的党羽会越来越多，等到尾大不掉的时候，就算儿子亲政，也恐怕难以驾驭群臣。

等到第二天内阁会议时，慈禧绷紧脸，将五爷的奏折拍在桌子上，然后就锋芒毕露地倾泻自己的情绪和想法："惇亲王也真是的，在"北狩"热河那阵子，说恭亲王要造反篡位，这会儿又替他说话，真是莫名其妙。"就这句话，把五爷的口封住了，只见五爷摇摇头，在那里一言不发。紧接着，慈禧又把话锋转向恭亲王，"恭亲王的错儿是有目共睹的，事情该怎么处理，我们两宫自有办法，其他人不用跟着蹚浑水。再说了，恭亲王有错，就应该秉公办理，作为议政王总该做好表率吧。"说到这里，慈禧又用她那特有的明亮闪烁又不怒而威的眼神扫视了一下全场，使得在场众臣没敢多说什么。

紧接着，在东陵监工的七爷醇亲王听说六哥有事，连夜回到家中，还没来得及换衣服就去找恭亲王等人，说他自己也要上折子，还说明要在折子中写没有六爷就没有大伙的今天，如果六爷什么都做好了，岂不是把两宫没放在眼里，只是六爷有时候说话过于刚直，有不检点处，还望太后开开恩，也好让六爷改过自新。

没想到，折子递上去有如石沉大海，杳无音信，以至于大伙都觉得慈禧

可能又要阴着出狠招了。醇亲王更是直接让自己的大福晋，也就是慈禧的妹妹婉贞前去说情，希望夫人出面打亲情牌能够奏效。

慈禧妹妹婉贞可是当年贵为懿贵妃的杏贞在咸丰皇帝耳边吹枕头风，才把她许配给咸丰的七弟奕譞作为大福晋的，也就是说，咸丰与奕譞既是兄弟又是连襟，而婉贞与杏贞既是姐妹又是妯娌，这种关系真是亲上加亲。不过这次妹妹进宫来并没有得到慈禧的礼遇，婉贞来后，与两宫太后闲聊了一会儿，婉贞见慈禧心情不错，于是就把话题转移到七爷的折子上来。

慈禧脸色马上晴转多云，怒眼圆睁地瞪了妹妹一眼，然后怒斥道："这是国家大事，你个妇道人家不要插手。"慈安见她们两姐妹可能要吵起来，觉得清官难断家务事，自己只好托辞说是要睡午觉，就先走了。

"怎么啦，姐姐，"婉贞温柔地问道，"七爷让我问问他的折子你们有没有看到？"

慈禧觉得自己这个妹妹真是单纯得好笑，自己刚才已经发怒了，她还紧接着问这件事，于是这会儿可能是被婉贞的柔声柔气所软化，于是就苦口婆心道："你去跟老七说一声，老六的事他还是不要管，只要他当好自己的差就好了，将来会有他好处的。如果他老是这样不明就里，我也不放心让他办事啊。"

亲王和朝廷大员们多方奔走和求情，外加蔡寿祺后来不知怎么的居然承认弹劾恭亲王无实据，但慈禧还是将恭亲王议政王的头衔和首席军机大臣等等官位都给罢免了，不过还是让他总理各国事务衙门，继续同洋人打交道。

"手拍栏杆思往事，只愁春去不分明"，恭亲王知道自己被罢免是既成事实，便在鉴园一人独饮消愁，这两句诗就涌上心头。本是人间四月天，春意盎然的，但堂堂大清亲王却没有半点高兴的意味，反倒是一种淡淡的忧伤。"一曲新词酒一杯，去年天气旧亭台，夕阳西下几时回。无可奈何花落去，似曾相识燕归来，小园香径独徘徊啊！"恭亲王吟诵着宋朝太平宰相晏殊的《浣溪沙》，喝完酒就在亭廊间漫无目的地踱步。

突然周信来报，说文大人和曹大人到，恭亲王就说请到这儿来吧。原来

第三章
慈禧的大作为

他们二人是想请恭亲王写个"谢恩"的折子,以表达对慈禧太后的谢意。恭亲王当时没有反应过来,觉得自己心中受了如此大的委屈,反而还要谢谢别人,实在是说不过去,但文祥和曹毓英再三劝他,说男子汉大丈夫能屈能伸,何必跟一般女流之辈斤斤计较。恭亲王认为来者是为自己好,最后还是答应了。

慈禧见到折子,见恭亲王认错,心中很是欢喜,还到养心殿宣见他。只见这次的恭亲王步子沉重,小心翼翼,生怕有所失礼之处,等到他跪下谢恩的时候,竟然可怜巴巴地流出泪来,这是他第二次流泪了,除了先前哭自己的兄长、哭自己的委屈和遭到的不公正外,这次心中淌出的热泪,可是翻滚着无尽的苦闷与失意。

很快,慈禧也被一个大男人的哭声所打动,便让曹毓英草拟一副上谕:

> 谕内阁:朕奉慈安皇太后、慈禧皇太后懿旨,本日恭亲王因谢恩召见,伏地痛哭,无以自容。今恭亲王既能领悟此意,改过自新,朝廷内外臣工,用舍进退,本皆廓然大公,毫无成见;况恭亲王为亲信重臣,才堪佐理,朝廷相待,岂肯初终易辙,转令其自耽安逸耶?恭亲王仍在军机大臣上行走,毋庸复议政名目,以示裁抑。王其毋忘此日愧悔之心,益矢靖供,力图报称;仍不得意存夷畏,稍涉推诿以负厚望!钦此。

这则上谕的意思是,恭亲王"议政王"这个名号虽然废除,但仍然在军机处任职,虽是行走,但又有谁不服他,所以还是领导军机处,内外臣工的提用和罢免以及朝廷大事也都得让他佐理,也就是说恭亲王先前的权力又回来了。

由此可以看出,慈禧也是吃软不吃硬的主儿,但更进一步分析就可以明白,清廷中央的最高政权还是掌握在两宫太后(慈安只是摆设)手中,你一个恭亲王不管如何权高位重、不管如何势力庞大,如果对慈禧俯首帖耳,能

合作就合作，不然，肃顺等八大臣和何桂清、胜保二位大员就是你恭亲王还有其他王公大臣的前车之鉴。俗话说"新官上任三把火"，慈禧当政也是烧了三把火，这就更加稳固了她在朝中不可撼动的最高权威。

（四）大兴洋务之风

慈禧虽然罢黜掉恭亲王"议政王"一衔，但在执行国策上，她还是有很多地方需要仰仗这位六爷。跟洋人打交道久了的恭亲王突然上奏说是要大兴洋务，"师夷长技以制夷"，不然大清朝避免不了再次挨打的可能性。

然而清廷自觉奋发图强、以振朝纲的洋务运动的进展并不是那么顺利，从一开始就是如此。同治五年（1866年）十一月，恭亲王上了一份折子，奏请在同治元年设立的同文馆内添设一馆，专门学习天文、算术等自然科学知识，也就是说除了学习西洋语言外，还得学些实际点的格物致知之学（声光电化这些自然知识），而且招生的对象主要是满汉举人以及五类贡生等正途出身，还须是五品以下年龄在20岁以上者，另外聘请洋人在馆内任教。

慈禧是受过洋人苦头的人，当年她同咸丰帝就是因为英法联军进攻北京城，才北逃热河，才使得他们之间的恩爱被冲散，甚至差一点连慈禧都被当了咸丰的"钩弋夫人"。照她的性格"谁让我一时不痛快，我让谁一世不痛快"，但洋人的枪炮可不是闹着玩的，所以她也非常想要"师夷长技"，现在既然恭亲王提及此事，她索性就以同治的名义批准。

在当年年底，也就是1867年1月，恭亲王再次上折子，把自己考虑设馆招生的具体事宜上奏，提出扩大招生范围，说是要把翰林编修院、检讨、庶吉士等高级知识分子也列为招生对象。除此之外，恭亲王又为天文算学馆拟定了具体而详细的六项章程，包括招生对象、纪律要求、考试办法、奖惩措施、福利优待、毕业待遇。而且在奏折落款处,恭亲王还认真恭敬地声称"伏乞皇太后皇上圣鉴训示遵行",这份折子又得到慈禧痛快的批准。

同治六年正月(1867年2月),恭亲王又上折子,推荐太仆寺卿徐继畬为总管同文馆事务大臣。慈禧当天就批准,还明发一道上谕给内阁,说:"太仆寺卿徐继畬,老成稳重,足为士林矜式。著仍在总理各国事务衙门行走,充总管同文馆事务大臣。惟寺务恐难兼顾,著开太仆寺卿缺,以专责成,而资表率。钦此。"

这次风风火火的洋务运动,除了在中央有奕䜣、文祥、沈桂芬等人鼎力支持和倡导外,在地方也有如崇厚(镶黄旗人,时任三口通商大臣)、曾国藩、左宗棠、李鸿章、沈葆桢、刘坤一等地方大员如火如荼的支持。

在慈禧看来,创建铁厂、兵工厂,修建军械制造厂、造船厂这些毫无疑问能充实国防力量、有效抵御外侮,对于各地洋务运动的进展,她也是充满欢喜的,而且还兴高采烈地发布懿旨,嘉赞奕䜣等洋务派官员:

> 三载考绩,为国家巨典。中外满汉诸臣有能为国宣劳,勋猷卓著者,允宜特予甄叙,以示宠荣。兹当京察届期,吏部开单题请,详加披阅。恭亲王首赞枢廷,于今六年,小心谨慎,夙夜勤劳,克尽匡襄,深资辅翼。著交宗人府从优议叙。吏部尚书文祥、户部尚书宝鋆、都察院左都御史汪元方同心赞画,勤慎和衷,均著交部议叙。协办大学士、两江总督曾国藩,公忠素著,保障东南;陕甘总督左宗棠,严疆惕厉,谋划忠诚;湖广总督李鸿章,才略优长,不辞劳瘁;四川总督骆秉章,老成硕望,宣力弥勤,均著交部从优议叙。余著照旧供职。

这份懿旨着实把中央到地方的洋务派官员都好好表扬了一番,按理来说,洋务运动本该走上一条稳步发展的正轨,但监察御史张盛藻从半路杀出来,他上折子说自强之道不在于制造轮船和洋枪洋炮,而在于气节,只要有了气

节，就能抵御贼寇入侵。而且这位张御史还明目张胆地批评恭亲王的做法，说让科甲正途之人丢掉"孔孟之书，尧舜之道"去学习什么天文算术岂不是迫使学人误入歧途吗？

张御史也太不给慈禧皇太后面子了，人家刚才还对洋务派官员满是溢美之词，你现在就反对在同文馆增设天文算术，反对大兴洋务，你这不是顶风而上嘛。慈禧对姓张的没有客气，直接发布谕旨给予批评："朝廷设同文馆，取用正途学习，原以天文算术为儒者所当知，不得目为机巧。所兴之洋务，不过借西法以印证中法，并非舍圣道而入歧途，何至有碍于人心士学？该御史请饬廷臣妥议之处，著毋庸议。"就从这份上谕的内容来看，不难明白慈禧还是读了一些书，知道儒家其实也讲究"礼、乐、射、御、书、数"的，而且她还颇有远见地指出，兴洋务只是借助西法而已，我们的中法并没有丢掉，如此无懈可击的反驳，真让洋务派拍手称快。后世总有不少人说慈禧是顽固派的总代表，真是比窦娥还冤，其实她才是洋务派的总后台。

既然慈禧皇太后把话都说到这份上了，顽固派也该消停消停了，但事情

同文馆中的学生

第三章
慈禧的大作为

恰好相反。此时的北京城谣言四起，诋毁奕䜣为首的洋务派者到处都是。两任帝师（同治帝和后来光绪帝的老师）的翁同龢的日记可以作为佐证，他在日记里写道："同文馆之设，谣言甚多，有对联云：诡计本多端，使小朝廷设同文之馆；军机无远略，诱佳子弟拜异类为师。"诡计，指的就是恭亲王增开同文馆的奏折，恭亲王常与洋人打交道，洋人又常被称为洋鬼子，所以恭亲王也被政敌称之为"鬼子六"，小朝廷就是指的军机处，这副对联的用意不光只是中伤洋务派误人子弟，而且还有一层挑拨慈禧和奕䜣关系的意思。

无独有偶，大学士倭仁在这个时候上了一份折子，声援张盛藻，反对设立天文算学馆。他在折子上写道："窃闻立国之道，尚礼义不尚权谋；根本之途，在人心不在技艺。天下之大，不患无才。如以天文、算术必须讲习，博采旁求，必有为其术者，何必夷人，何必师事夷人？伏望宸衷独断，立罢前议。"

倭仁可是当时名噪一时的理学大师，而且又是同治帝的师傅，位高权重，所以他的折子不能不重视，而且还要慎重对待。慈禧连同慈安便直接在养心殿东暖阁召见了倭仁、徐桐和翁同龢。慈禧就直接问为什么不能设立天文算学馆，倭仁还是老一套，说富强之道最根本的在于人心而不是技艺。慈禧很不满意，便让他们先回去，日后不许妄议。

但对于同文馆的攻击并没有就此停止，各种各样写满含沙射影的攻击性文字直接贴到了同文馆的门上，什么"胡闹胡闹，叫人人都从了天主教"，"未同而言，斯文将丧"，"孔门弟子，鬼谷先生"……

但恭亲王毕竟是在宦海沉浮几十年的政坛老手，对于这些攻击，他毫无退缩之意，反而越战越勇，直接上折子与倭仁等保守派展开论战：洋人的制胜之道无非是靠一些轮船、火器而已，但制造的巧法必须从算学入手，这可是同曾国藩、左宗棠、郭嵩焘信函往返得来的结果。最后，恭亲王直接指责倭仁，说这位大学士反对以此来制服外国，恐怕是别有所图。如果在对付外国方面别无良策，就不要谈一些仅仅以"忠信为甲胄，礼义为干橹"这样的话了。

保守派与洋务派展开了论战，慈禧虽然是力挺洋务派的，但作为最高掌权人，她不能过分偏袒哪一方，于是她还是比较耐心地命令人把曾国藩先前

的折子抄写下来，让倭仁好好看看功勋卓著的封疆大吏对于洋务运动是怎样的见解，以此来改变倭仁的立场。不过，倭仁顽固得都有些可爱了，他又上一折子，仍是反对开办天文算学馆，说那是"上亏国体，下失人心"的"多此一举"。

慈禧知道倭仁态度顽固，硬是要同洋务派死磕，这回她幽了倭仁一默，说既然倭仁大学士建议"博采旁求，必有精其术者"，那何不另外择地设馆，由倭仁来督办讲学，与同文馆招考各员相互砥砺，共收实效，而且还让倭仁担任总理各国事务衙门行走，让他同最反感的洋鬼子去打交道。倭仁很快就触电般地反应过来，上折子说自己不愿意做总理衙门的大臣，也不想另行开馆授徒。之后，倭仁老先生又矢志不渝地上了几道折子，请求慈禧以及诸位大臣以国务为重，不要搞洋务了，但仍是没有得到肯定的回复。倭仁觉得自己特别委屈，明明是为国事操心，却得不到肯定，以至于在给同治小皇帝讲课时，竟然哭了起来，搞得小皇帝呆站在那里不知所措。

自己的主张得不到认同，倭仁不只是哭了，而且还经常心情郁闷，精神恍惚，上朝骑马的时候忽然晕倒，还是宫中的人借别人的轿子把老先生抬回去的。倭仁在家养病，请求辞职，但慈禧不肯，只是批准让他休养一个月。

倭仁老先生倒在了这次洋务派与顽固派论战过程中，顽固派倒了一面旗帜，但这一派中仍然后继有人，通政使于凌和时任兵部尚书的崇实、内阁侍读学士钟佩贤、直隶知州杨廷熙都纷纷上折子，反对开设天文算学馆，在他们的折子中，口气非常强硬和坚决："历代之言天文者中国最精，言数学者中国为最，言方技艺术中国为备，何必要舍中国而师夷狄"；"西人或怀私挟诈施以蛊惑，饮以迷药，遂终身依附于彼昏厥不醒"；"疆臣行之则可，皇上行之则不可"，写到最后还请求两宫太后收回成命。

慈禧还是先前坚定的立场，对于这些顽固派嗤之以鼻，于是干脆下达了一份长篇上谕，措辞极为严厉，铁定心要开设天文算学馆并推行洋务，还让臣工以后都不再议论此事。慈禧已然忍无可忍、凤颜大怒了，所以这场洋务派与顽固派的论战以慈禧为最后的判决，宣布洋务派是最后的胜者。

第三章
慈禧的大作为

其实早在咸丰末期,就有地方大员开办洋务了,那时候主要是针对太平天国而兴起的洋务事业,随着慈禧太后的敲锤定音,洋务运动才正式大行其道,在中国大地上,开始有了第一批与世界接轨的近代化事物:

1861年,曾国藩在安庆设立第一座军火制造工厂——安庆内军械所。

1862年,奕䜣领衔的总理各国事务衙门开设第一所翻译学校——京师同文馆。

1863年,清廷第一次购买外国军舰,但很快又遣还。

1865年,在上海建立了第一座大型综合兵工厂——江南制造总局(曾国藩规划,李鸿章实施)。

1866年,左宗棠在福州创办第一座造船厂——福州船政局。

1866年,清政府派出第一个考察团赴欧洲十余国游历。

1867年,第一所近代海军学校福州船政学堂成立。

1870年,第一支近代海军——北洋水师开始筹建。

1872年,第一批留学生在陈兰彬、容闳的带领下赴美留学。

1876年,第一条铁路吴淞铁路建成,但很快就被拆毁。

1877年,第一届赴欧海军留学生出洋学习。

1877年,第一座煤矿厂——台湾基隆煤矿厂成立。

1879年,第一条电报线架成。

洋务运动时期的留美幼童

中国第一条铁路诞生

除了上面各项第一外,还有火柴厂、自来水厂等等都是在洋务运动期间取得的丰硕成果。这段时期的洋务运动主要集中在军工方面:生产军事武器、培养军事人才和翻译人才(外国的军功技艺也需要有翻译才能更好地学习到),这个时候,洋务派打的旗号称之为"自强",在19世纪八九十年代,洋务派创办民用工业,以解决军用工业在原料、资金和运输方面的问题,期间打出的旗号是"求富"。

自强求富是慈禧首肯的,奕䜣、桂良、文祥领头,曾国藩、左宗棠、李鸿章、崇厚和后来的张之洞、袁世凯等人都非常积极地开办洋务,推动中国的近代化事业,取得的成就毋庸置疑,但也伴随着很多缺陷或者说是致命的弱点,等到1894年甲午中日海战中国惨败,受到这次惨痛的检验,轰轰烈烈的洋务运动才宣告彻底破产。

第三章
慈禧的大作为

（五）心腹安德海被诛

慈禧执掌大清最高权柄，稳坐钓鱼台后，跟着她出生入死的安德海也是水涨船高、炙手可热，宫中、府中找他办事的人不少，给他送礼、请客的、来巴结的人更是门庭若市。反正小安子嘴巴甜、人机灵，善于察言观色，小小年纪就练得一手溜须拍马的好功夫，而且这位小公公还读过不少书，据说安德海能够讲读《论语》《孟子》，以自己的口才和心机赢得了慈禧的宠爱和器重，以17岁的年纪获得慈禧封赏总管大太监的提拔，还成为四品太监，要知道清朝是非常提防太监专权的，因为前朝给了他们深刻的教训，所以说四品太监在当时堪称极品。

不仅如此，气势熏天的安德海又制造出一则爆炸性的轰动新闻，使得京城乃至大江南北都牢牢记住"安德海"这个名字。原来，同治七年（1868年），安德海在北京最大的酒楼天福堂大酒楼举行婚礼，大摆酒宴，迎娶19岁的徽班旦角马赛花为妻。慈禧太后为了表示宠爱和庆贺，竟然特意赏赐白银一千两和绸缎一百匹作为礼物。

在政坛上以铁血老辣著称的慈禧为什么如此厚爱安德海呢？事情发展成这样，还是有原因的。慈禧20多岁守寡，在夜深人静的时候，总是感到孤独寂寞，总是想找个人倾诉一番，以排遣这种年纪轻轻就守寡的孤寂。安德海又非常能够迎合太后的心思和口味，只要是慈禧喜欢的，安德海想方设法都要去做到。即使是西太后非常奇特的癖好——听淫戏，安德海都能够做到。安德海扮相又好，嗓音还行，所以总能讨得太后欢心。

在安德海的精心打点下，慈禧的寡居生活过得那是相当惬意、相当滋润，

慈禧太后

高兴的时候，慈禧就情不自禁地穿着戏服与安德海合唱起来，安德海又见缝插针地说一些甜言蜜语以打动慈禧，说西太后像月宫里的嫦娥，是天仙下凡；说西太后像南海的观世音菩萨，救苦救难，功德无量；说慈禧赛过替父从军的花木兰，英姿飒爽，非常迷人。久而久之，这位西太后已经离不开小安子了。

慈禧对安德海的宠爱都让其他的太监和宫女眼红，无论有什么好吃、好玩、好看的贡品，慈禧都要给小安子先留一份；无论有什么名贵的丝绸布料，慈禧都要赏给小安子一些。小安子每天服侍在慈禧左右，有时连她就寝都要侍立在一旁，此二人关系密切如此，以至于西太后私幸安德海、安德海是假太监的传闻都甚嚣尘上。安德海公开娶妻，更是助长了这一传闻的流播。

但不管外界有怎样的传说，慈禧与安德海的关系一如既往的亲密，有时候，恭亲王前来说有军国要事要同慈禧商议，请求急见，但与安德海玩得正起劲的慈禧哪里顾得上什么军国大事，竟然推辞说不见。恭亲王正要走的时

第三章
慈禧的大作为

候,就传来了慈禧和安德海嬉闹的声音。恭亲王当时非常愤怒,怒得紧握拳头,紧咬牙关,愤愤然地对亲信侍从说:"一定要杀掉安德海,不然就对不起列祖列宗,也不能重振朝纲。"恭亲王在被罢免议政王头衔时,安德海就向慈禧诋毁过恭亲王,六爷先前就对他暗含杀机。

仇恨安德海的不仅只有恭亲王,就连一向温厚的慈安也越来越厌恶安德海,虽然她不说出来,但一切都看在她眼里,而且她还多次当着仆从的面骂安德海是小狗子。虽然讨厌归讨厌,憎恨归憎恨,但这个心慈手软的东太后还真没有对小安子动杀机,只是记在心上恨着。

同治小皇帝也非常恨安德海,原因之一就是自幼就听宫中的太监说安德海的坏话,久而久之,仇恨的种子埋在心里生根发芽、茁壮成长,等到他成长起来,也开始发誓一定要杀了这位阉狗;原因之二就是慈禧对安德海的宠爱似乎超出了作为母亲对他这个儿子的疼爱。

有一次,同治小皇帝同安德海当着慈禧的面开玩笑,同治说安德海头顶上戴着的蓝顶子很不好看,得给他换一种颜色。安德海受宠若惊,说自己作为四品太监,已经到了最高品次了。可同治说要下圣旨来个特例,要给他换个颜色,换成三品的红顶子。安德海不知是计,就答应了小皇帝,但小皇帝将安德海的蓝顶子摘取后,居然迅速从怀里掏出一个绿顶子给安德海戴上,还大声说"绿帽子,绿帽子!"当时的宫女都笑了,一向矜持庄重的慈安也忍不住捂口发笑。不过,在场的慈禧却狠狠批评了只有十三四岁的小皇帝,说他这么小就喜欢胡闹,还发话要惩罚他,不过被慈安阻止了,慈安说小皇帝只想逗得两宫一乐,难得一片孝心。

同治当面被慈禧狠狠骂了一顿,心中怀恨在心,当然恨意全部记在安德海头上了。走回自己大殿的小皇帝气大如牛,一声声地痛骂安德海,可还是不够解气。所以,小皇帝特地做了一个小泥人,尽可能做得跟安德海很相像,每骂一句安德海就扯掉小泥人一只手或一只脚,骂来骂去就把小泥人的头给削掉了。

近侍太监过来收拾时,看见满地是泥巴,就不解地问:"皇上,怎么

安德海

啦？"

同治只是气恨地回答:"杀小安子。"

安德海居然还记恨起皇帝来,他知道皇帝载淳跟桂莲关系好,便在慈禧跟前打小报告,说皇上在长春宫的时间少,在翊坤宫的时间多。刚开始,慈禧也没有在意这些,但说得多了,慈禧就关心起来,刚开始还认为是那边的慈安太后对载淳不错,所以才会使得他经常往那边跑,后来又觉得肯定事有蹊跷,便让安德海派人盯紧点,是不是皇帝有什么别的企图。后来发现,载淳喜欢往那边跑,是喜欢同桂莲在一起。所以,慈禧就要找这位小皇帝开个家庭会了。

听到慈禧找他,小皇帝就有些心慌,听到张文亮说慈禧不知发什么脾气,把东西都摔碎了,这会儿他更害怕,一进长春宫,同治就硬着头皮进去请安。

慈禧见过面,劈头就说:"哼,你还是个皇上呃,多用些功,多到上书房跑跑,多学些本事,不要三天两头就跑到翊坤宫去。"

同治对慈禧的批评早就想好对策了,就是任你怎么说怎么骂,就是不吭声,而且他还低着头,用脚在地上画圈。

"你……你……你,你看你成何体统,一点威仪都没有,哪里像个皇帝。我跟你说过多少遍,站有站相,坐有坐相,多学些礼数。成天到处乱跑,跟个野孩子似的。"

同治五六岁就失去父亲,作为长子、独子,受到母亲的疼爱倒是不少,但还没有受到过如此严厉的责骂,这次他索性把头扭在一旁,赌气不理慈禧。

第三章
慈禧的大作为

"我在同你说话呢,你什么样子,你还是给我放明白点,不要以为有人护着你,就无法无天,现在就这样,长大了岂不要反天。"慈禧仍是不依不饶地教训着自己的独子。就这样,训斥了半天,搞得小皇帝一肚子的气。

张文亮很快就告诉小皇帝,说很可能是安德海在挑拨你们母子之间的关系。同治听到后,气得将一个花瓶摔在地上,还说:"我就知道是那个王八蛋在捣鬼,我非杀了他不可。"

"皇上息怒啊,像安德海这样的人,坏事做绝,又飞扬跋扈的,净得罪人,不会有好下场的。"张文亮劝道。

"那你有什么好办法对付他?"同治问。

"现在还不好对付啊,有西边护着他、宠着他,何况他又没有犯杀头的罪,不好做啊,我看您还是先不要打草惊蛇,待机而动吧。"

"嗯,你说的也是,"同治大人模样地点点头,"你多叫几个人留心打探一下他的动静,有什么情况向我报告。"

"嗻,奴才领命!"张文亮思索片刻,又提醒道,"奴才还得去跟几位王爷还有东太后交往交往,透露一下安德海做的'好事',以后真有机会除掉他,也能得到他们的支持。"

"这个主意好,你马上行动,哎,我都快等不及了。"小皇帝说着。

清朝鉴于明朝有几次宦官专权和阉党之祸,所以对太监的管理和约束非常严格。顺治皇帝入关时,就对太监立下了规矩,还特意在后宫的正宫乾清宫的交泰殿内立下铁牌,上面写着:

> 太监但有犯法干政、窃权纳贿、嘱托内外衙门、交结满汉官员、越权擅奏外事、上言官吏贤否者,即行凌迟处死,定不姑息。特立铁牌,世代遵守。

照这样的规定,安德海参了恭亲王一本就应该判处凌迟,但他的主子和

靠山是一手遮天的慈禧,所以暂时没事,不过这个日趋趾高气扬的安德海还是为自己的嚣张跋扈付出了惨痛的代价。

同治皇帝的大婚之日就要到了,慈禧准备来个婚庆大典,很多太监宫女都得跟着忙里忙外,这次安德海也得到一份差事,让他激动得快不行了,因为他很久很久都没有出宫了,现在慈禧竟然叫他去广东置办婚庆用品。安德海以皇太后的钦差自居,穿着一身御赐龙衣,带着叔叔安邦太、管家王添福和新娶的貌美妻子马赛花还有十多个家仆,浩浩荡荡地沿运河南下,船上迎风飘扬着五彩缤纷的龙凤图案的旗帜,那种情景比那些真正办公的钦差大臣还要威风八面。威风归威风,但颇有些不可一世的安德海就要走到他人生的尽头了。

小皇帝载淳喜欢的侍女桂莲居然离奇不见了,载淳回到宫里就很不甘心地问张文亮到底是怎么回事?张文亮只是回答说是急症。载淳也不是几岁的小孩子了,他觉得事情出得太突然了,于是就把张文亮拉到秘密处去询问。张文亮才把慈禧赶走桂莲的事向载淳交代清楚。载淳非常愤恨地说:"又是那阉贼搬弄是非了,我非杀了他不可!"

"皇上,事情已成这样,小的以为是不可挽回了,您可别急出病来。"

"哼,哈哈哈……"载淳几乎是带着哭腔笑了起来,"皇上,皇上,什么皇上,我连一个自己喜欢的人都留不住,你说我这皇上当的有意思吗?"抱怨完后,载淳竟然默不作声地呆坐着,一天不吃不喝。张文亮再怎么劝说也没有用,只好把慈安请来说项。

"皇儿啊,怎么啦,有什么不开心的,给母后说说,你可是一国之君,要保护好身子哟。"慈安耐心地说道。

"皇额娘,孩儿没事,"载淳用充满温情的眼神望着他敬爱的母后皇太后,突然间说出一句让人觉得意外的话,"皇额娘,您说治理天下最要紧的是什么?"

慈安诧异,觉得怎么突然就问起这个问题来,但自己也不是很会回答这样的问题,便说:"你的师傅不是教过你吗?"

"是的,师傅教过,治理天下最要紧的就是要用人,亲贤臣远小人,做皇

第三章
慈禧的大作为

帝的心中都应该明白这个道理,您说是不是?"

慈安还是一头雾水,不知道这孩子到底在想什么,只好说:"你既然知道,干吗还问额娘?"

"哎,贤人要近,小人要远,可现在偏偏就有那么一个小人,连六叔都忌恨他,明知他不是东西,却不敢动他。"

慈安到此时才心领神会,安慰道:"皇儿,坏人终究没有好下场,总会有被收拾的一天。"

"那您看怎么收拾?"载淳满怀期待地问慈安,希望她能给点主意。

慈安当时紧握着小皇帝的手,与他四目相对,然后说:"你现在就可以去找六叔,但记住要快,不能让西太后知道了。"

载淳点点头,望了望天空,嘴里默念道:"安德海,你的死期到了。"等到他一回到自己的寝宫,就手写一个密诏,让张文亮亲自交给恭亲王。

恭亲王得到密诏,连夜就召集军机大臣,商量剪除安德海一事。原来小皇帝载淳动了杀机,要在安德海离开京城后,伺机将其捉拿正法。他们这班军机大臣便商量,该用哪位大臣来做此事比较合适。

"山东巡抚丁宝桢刚直不阿,而且安德海必定路过山东,到时候直接让他下手,事情就可了结了。"文祥建议道。

"那么,如果安德海从天津走海路,又该怎么办呢?"宝鋆问。

文祥胸有成竹地说道:"你多虑了,这一路景致颇多,前来给他献殷勤的不会少,而且这又比走海路安全,他二十多口人,还有大小车辆,不会走海路的。"

"好好好,还是文大人分析得对,就着丁宝桢去办吧。"宝鋆点头说道。

"怎么捉拿安德海,是不是得派人给丁宝桢送个信儿?"沈桂芬说。

"没必要了,丁宝桢这个人我知道,当今圣上召见过他,我当时也在场,看他浩然正气,肯定容不下嚣张跋扈的安德海,你们就等着那边的好消息吧。"恭亲王信心满满地说道。

安德海一行风光无限地行走,一路上好不得意,那些知州、知府、知县

之类的官员看到他们挂的龙凤图案的旗帜，就以招待钦差大人的规格来接待，好吃好喝地伺候着，他们都知道安德海是慈禧皇太后身边的大红人，一个个在明里是钦差大人般的招待，暗地里又巴结了不少，都希望安公公有机会到西太后跟前美言几句。

到了泰安，安德海住进当地最大的客栈。等到安德海待在准备好的房间里休息的时候，王添福就前来报告，说泰安县派人来见。安德海扬扬手："让他进来吧。"来者进来后，自报姓名，说自己叫张武，是知县派来专请安大人前去赴宴，为安大人一行接风洗尘。

安德海欣然赴宴，在酒桌上，口沫横飞地吹嘘自己在宫中的各种传闻，还说慈禧是如何器重他，听得作陪的官差也都觉得大开眼界，一味地陪着他嘻嘻哈哈，吃着喝着，兴高采烈。酒宴还在继续，忽有衙差过来送信，说内务府有人到省府要会见安钦差，有紧要的话要说。

安德海接过信，只见上面写着：

> 分行东昌府、泰安州、济宁州暨所属各县：顷以内务府造办处司官，驰驿到省，言有要公与该钦使面洽。奉宪台面谕：飞传本省各县，转知其本人，并迅即护送到省！毋忽！合函录谕转知，请惠予照办为盼。
>
> 　　　　　　　　　　　　　　山东巡抚衙门文案处

"信上催得很急啊，得马上去省城一趟啊。"安德海看完信说道。

"既然这样，但也不妨多住这一晚，安钦差尽情吃喝，明天小的备车送你。"知县何毓福说道。

"不了，我看还是连夜走为好，白天灰沙多，天气又热的，夜里走凉快些。"

"既然这样，小的也不强留安钦差了，我马上叫人备车去。"何毓福恭敬地说道。

第三章
慈禧的大作为

车马备好,安德海一行就启程直奔济南。天一亮,安德海就到了济南巡抚衙门,参将把安德海和他的随从安置在大院,招待周全,不敢怠慢。等到巡抚丁宝桢传令时,还派人沿路欢迎,其实是戒备。安德海迈着慢步,摆出架势来享受自己的威严。

等到见了巡抚丁宝桢,安德海依旧傲慢如常,气派不减,既不给巡抚请安,甚至也不正眼看巡抚一眼。衙差见他如此无礼,便呵斥道:"你只不过是个蓝顶太监而已,见到巡抚大人还不请安,真是岂有此理!"

"噢,原来是丁巡抚丁大人,小的这厢有礼了。"安德海勉强迈步上前,微微欠身,垂手请安。

"你就是安德海?"丁宝桢嗓音厚重,一脸严肃地问。

"正是,在下就是安德海,怎么,没听说过吗?"安德海嘚瑟地说。

"哪里的人啊?"丁宝桢仍然是刚才的语气和神情。

"直隶人。"

"多大了啊?"

"今年 26 岁。"

"不错嘛,26 岁就气派不小啊。"

"气派不气派倒不敢说,不过我 18 岁就办过大事。"

"你不在宫中当差,跑到这边干什么啊?"

"奉旨钦差,采办婚庆用品。"

"噢?那你奉的是谁的旨?"

"奉的是慈禧皇太后的懿旨。"安德海仍是傲慢地答复。

"既然是奉西太后的懿旨,怎么没有明发上谕?"丁宝桢义正词严,表情严肃庄重。

"这个得要问军机处,我只知奉旨行事。"

"那把你的勘合拿出来给我看看。"

"哪来的勘合,我又不是奉兵部旨意办事。"

"既然没有勘合,就是私自出京,按法当严惩。"

"哼，丁大人，我可是奉旨办事，为的是给皇上办差，要是误了事，恐怕大人担待不起吧。再说了，如果我不是奉旨而来，顺天府、直隶那几关能够行得通吗？"

"我不管你行不行得通，总之是到了我这就该按规矩办事。"

"按规矩办事，怎样，难不成你还想宰了我？"

刚才那个衙差见安德海吊儿郎当的样子，胸中早就一团火了，现在看安德海蹬鼻子上脸，马上揍了他一拳，安德海只是应声转了几圈，双手捂着嘴，张开手时发现牙齿掉了两颗。衙差还愤慨地说："别给脸不要脸，什么东西啊，只不过阉狗一只而已。"

安德海见对方比他要壮得多，不能强攻，便抑制住心中怒火，说："慈禧太后命我办事，你们要是敢碍事，不会有好果子的，别怪我没提醒。"

"哼，"丁宝桢冷笑一声，"你还敢妖言惑众？你携带妻子乐女，还扯龙凤旗，难道这也是太后的意思？"

安德海听到这里，整个人就软了，说："这是我的不对，我会改的，还请大人高抬贵手。"

"你不对的地方还多着哩。你就说你这日中三足乌旗，就凭这条，你就是死罪难逃。"

"这也不是你要查办的事。"安德海低声嘀咕着，但想到自己刚才失言，立马改变口气，说，"丁大人，您大人不计小人过，放小的一马吧，等我回去会向慈禧太后美言您的。"

"来人啊，将他先押下去。"随着丁宝桢一声令下，四五个虎背熊腰的兵勇上前将安德海捆住。然后丁宝桢又说："太监不准结交官员，你胆子倒不小啊，就这一条也是死罪。"

把安德海押下去后，丁宝桢又召集幕僚，说："安德海罪该万死，决不能从我手中逃脱，不知诸位有何见解？"

"大人，安德海是死罪难逃，但西太后真的下旨了，到时候交不出人可不行啊。"有个幕僚提醒道。

第三章
慈禧的大作为

"我就是不交人,就算这乌纱帽不要,也得杀他。"丁宝桢用浑厚的嗓音说道。

"大人,还是给皇上加急上一份奏折,到时候也好交代。"又有幕僚提醒。

"好,就这么办。"丁宝桢右手捶着桌子说道。

三天之后,远在北京城的皇上收到丁宝桢的折子,当下得知已经将安德海关押,便喜出望外,吩咐张文亮说:"你马上到六叔那里去,还有内务大臣,让他们到养心殿相见。记住,千万别叫太后知道。"

张文亮得令,人不歇气就往恭王府跑,很快,恭亲王带着军机处那班大臣就到养心殿面见小皇帝,最后大伙商议的结果一致,让丁宝桢将安德海一行就地正法,不过得派步军统领衙门左翼总兵荣禄派兵守在安家,不但要防止有人走漏消息,也要准备抄家时防止他们隐匿财产以及罪证。小皇帝得知用这样的办法杀掉安德海以解心头之恨,很是欢喜,当下就拟定一道圣旨,让兵部六百里加急送到济南丁宝桢那儿。

"杀安德海已是铁定不变的了,关键是怎样向西太后交代。"恭亲王颇为担心地提醒。

"六叔,要不我这就去给母后说去,婉转陈述此事。"同治说道。

"那好,圣上英明。"恭亲王回道。

但在去面见慈禧的路上,同治脸上还是颇有忧容,正在思虑怎样交代。一回宫中就得知慈禧传见,同治以为慈禧知道些什么,不敢怠慢,让轿夫走快些。

慈禧这几天偶感风寒,心情不是很好,闲着的时候只是一味看戏,见到小皇帝急匆匆地进来,一脸怯弱与无辜的表情,便气不打一处来。载淳还是轻轻地喊了一声"皇额娘",便低着头等着被训斥。

"你是翅膀长硬了,会飞了吧,眼中哪里有我这个额娘?"

同治见势不好,就扑通跪下来,说:"什么事让您生这么大的气,您可千万别气坏身子啊。"

"哼!我看你们就是想趁我生病的时候气死我,是不是?可别妄想了,我

还死不了。"慈禧说得有些接近歇斯底里了。

同治招架不住,觉得安德海的事情可能全部被她知道,就以一种求饶的口气说:"额娘,您有事尽管吩咐,孩儿有错,您尽管教训就是,您就算打我骂我处罚我都行,您可千万别气坏身子了。"

"我问你,是不是你派人抄了小安子的家,快说,是不是?"慈禧厉声问道。

"额娘,小安子一路招摇,竟敢打着龙凤旗和三足乌旗,这可是逆天大罪啊,我本来是想让您知道的,但怕气坏您的身子,让您病情加重啊!"

"嗯……"慈禧想想也有些道理,但还是不甘心,毕竟是自己最贴心又跟自己时间最长的太监,便继续问,"听说你私自召见军机处了,是不是?纵然小安子有罪,你也不能不跟我说一声啊。"

"我本来是想跟额娘回奏的,但怕您拖着病的身子受不住,所以甘愿受到责罚,也只好暂时瞒着。"同治弱声弱气地说着,身子还在发抖。

慈禧见状,便用缓和的语调说:"看不出你到底还是有一片孝心啊。"

"额娘,孩儿有不孝顺的地方,还请您说一声我一定改过,往后都好好伺候您。"

"算了吧,算了吧,小安子跟了我这么多年,也是立过大功的人,哎,是他福浅命薄,怪不得别人,自作孽不可活啊。你先回去吧,别担心什么,我这里也没什么。"

同治告辞后,就兴高采烈地去找慈安报喜,娘儿俩那个高兴劲,聊了很久才各自回到寝宫就寝。

丁宝桢得到皇上的圣旨后,当夜就将安德海一行20余人全部处死,当地的官员为了满足人们的好奇心,竟然将这个被人怀疑是假太监的安德海暴尸三天。安德海的家也被抄了,包括翡翠朝珠1挂,碧霞朝珠1挂,珍珠鼻烟壶1个,大珠5颗,元宝17枚,宝马30多匹,碧霞犀几十块,黄金1150两全部被没收。

一代宠臣安德海,就这样身首异处,客死他乡,家门被抄。

第四章

慈禧如虎　同治如羊

（一）同治皇帝的婚事

安德海虽死，但同治皇帝的婚事乃朝中大事，文武百官都关心着，这当然要继续下去。不过，在迎娶新娘、确立皇后的过程中，再起风波。

原本上下看好的是状元郎翰林院侍讲崇绮的女儿阿鲁特氏，说这女子端庄贤淑，又精通文墨，是当皇后的料，慈安便极力赞同立此女为后，但又担心同治嫌人家大他几岁，便问他的意思。谁知，这小皇帝却回答道："大两岁怕什么？圣祖仁皇帝（康熙）不就比他的孝诚仁皇后小一岁吗？"

慈安听同治这么一说，心中大喜，看来这小皇帝还是蛮有主见之人，最关键的是能够挑选一位自己也看中的皇后，便放心地对同治说："皇儿啊，你能有自己的主见，挑选自己中意的对象，额娘也替你高兴，只是你那边的额娘……"

"怎么了？那边的额娘怎么了？"同治急切地问道。

"哎，那边的额娘总是挑她的不是，不知道她心中在想什么，估计也在帮你物色人选吧。"慈安道出自己的忧虑来。

"放心吧，额娘，我就定阿鲁特氏，她看中的可以选为妃子嘛，总会相安无事的。"同治乐观地说道。

"但愿如此，"慈安上前抚摸了一下同治的头，说，"但你要记住，你额娘的脾气不好，要是有什么不同的意思，要慢慢地好好地同她讲，千万不能顶撞，知道了吗？"

"嗯，孩儿记住了。"同治点点头回应道。

其实慈禧的确也在为儿子物色皇后，但她看上的是刑部员外郎凤秀的女

第四章
慈禧如虎　同治如羊

儿富察氏，此女子不论是人品长相，还是内涵修养，也是上上人选，所以慈禧也盘算过好多遍，就选她了。

到了选秀女的日子，照例是在慈禧先前选进的钦安殿，那里有十个千里挑一的秀女亭亭玉立地站在那里，个个婀娜多姿仪态万千。

等到慈禧拿着第一支彩头签时，就念给慈安听："阿鲁特氏，崇绮之女。留下吧？"

"好，这个留下。"慈安很痛快地回答。

这次选秀其实是复选，两宫太后都商量好了，是十选四，选出一个皇后，一个妃子还有两个妃嫔，其他的都好说，就是这皇后，让这两位太后第一次铆上劲了。

"姐姐，我看凤秀的姑娘倒是不错，一脸福相，人也稳重踏实，是母仪天下的好主啊。"

"年纪太小了吧，皇上现在本来就小，再配一个14岁的小皇后，真的不太好。妹妹你想想，崇绮的女儿相貌还算可以，但立后首要在德才，然后看面貌。再说了，她比皇上大两岁，很懂事的一个女子，不说别的，照顾皇上念书是大有益处的。"

慈禧听得起劲，觉得慈安说得很有道理，但争强好胜的她还是不甘心，便说："皇上也不小了，那就问问他的意思吧，让他做主张，免得以后合不来还怨我们做娘的。"

这不是正合慈安心意嘛，她马上点头表示赞同。

等到把同治叫过来的时候，慈禧就说："立后可是大事，皇儿啊，你可想好了。我们看中的是两个，一个是凤秀的女儿富察氏，一个是崇绮的女儿阿鲁特氏，不过我可提醒你，从大清朝到现在二百多年了，都没有出现过蒙古皇后，后妃总是在满洲产生的，你自己可要好好想想了。"

慈禧这会儿以为拿出两百多年的祖制会压住慈安和同治，没想到同治立刻反驳："怎么就没有蒙古人为皇后？孝庄文皇后就是蒙古人，她还辅助过圣祖康熙亲政呢。"

"好吧，随便你。"慈禧站起身来，青筋又暴出来，很不开心地准备起身就走。

慈安稍稍微笑了一下，便小声说："妹妹，外面还等着喜信呐。"

"好吧，皇儿，你拿着这玉如意，去这 10 人中选吧，儿大不由娘啊！"慈禧也妥协了。

等到发玉如意选后的时候，同治还犹豫了一会儿，因为他看到一个知府的女儿，相貌在这十人中绝对是佼佼者，不免心旌摇荡。但等他侧眼看阿鲁特氏时，又想想自己的初衷，便还是走到崇绮女儿跟前，把玉如意交给了阿鲁特氏。就这一举动，彻底打碎了慈禧的最后一丝希望，她便生闷气不吭声，而慈安却仍是大方地起身，把自己准备的几个荷包，让恭亲王的福晋一一送给被选上的皇后还有妃子。那些被选中的秀女，一个个对着恭亲王福晋和慈安谢恩，慈禧见没人理她，自觉备受冷落，便招呼不打就径直回宫了。

慈安仍是笑盈盈地让秀女先等一会儿，她会马上让军机处去宣旨封号。军机处的人员早就候在那里，高声宣布："崇绮之女，端庄稳重，人品高贵，被圣上御选为皇后。"然后那群军机大臣又拿出字典，找出与以前后妃不同的字来命名所选的妃嫔，富察氏受封为"慧妃"，赛尚阿的女儿为"瑜嫔"，赫舍里氏被封为"珣嫔"。消息传出，崇绮家里道贺的人络绎不绝，比他先前中状元还要热闹，崇绮除了回谢外，一个劲儿地说感谢皇恩浩荡。

两宫太后在立后方面的争执也不胫而走，慈禧因小安子不在身边，心境很糟，现在自己看中的人没有选为皇后，也觉得很失落，回到自己的寝宫就准备睡觉，但很快就有宫女喊着："太后娘娘，有急奏，有急奏啊！"

慈禧便惊醒起身，披着外衣就出门去，她还以为是左宗棠在甘肃平定回乱有新消息了，便急切地问："是甘肃来的吗？"

"不，回太后娘娘，是江宁（今南京，也就是当时两江总督府衙所在地）传过来的。"

慈禧一听这话，睡意全无，便吩咐："快掌灯。"等她借着灯光看折子的时候，才大声惊叫，"不好啦，曾国藩出缺（去世）了。"惊叹完，慈禧又长

第四章

慈禧如虎　同治如羊

叹一声，还流下一行热泪，并吩咐，"你去看东边睡了没有，这个信儿也告诉她。"

慈安没有睡下，听到这样的消息，便不禁感叹起来，那么精瘦的一个小老头去年都还见过面，功勋盖世却没享几天清福，天津教案为了大局却甘心被骂，想着想着，慈安眼里也淌下泪来："哎……这么好的人，怎么不多活几年。"

宫外很快也有了关于曾国藩去世的消息，兵部尚书沈桂芬第一个知道便连夜跑到恭王府去通知恭亲王，朝廷少了这根台柱子，还真是不好办。恭亲王得到这个消息，不胜感慨，满面悲怆地说："曾涤生（曾国藩字涤生）是朝廷股肱之臣，哎，你说让我们到哪里去找这样一个深孚众望的人来坐镇东南？"

"王爷，还是找众军机大臣们商议商议，这是大事，可不容有失啊。"

众军机大臣也不顾晚上休息的时间赶来商议由谁来坐镇东南，听到曾国藩去世的消息，他们一个个无不痛心疾首。

"曾大人功高盖世，得先拟谥号追封。"文祥说道。

拟谥号是内阁的事，但只有文祥一人是内阁协办大学士，恭亲王还是让文祥先说。

"第一个自然是'文'，文官嘛，接下来就是忠、襄、恭、端之类的字样了，但曾大人一生为国操劳，内阁怕拟得太高，还是得由六爷说句话啊。"

恭亲王看着文祥在"文"字后面又拟定了一个"正"字，思索片刻，便说："这个可以，马上写个咨文送上去。"

谈到两江总督继任人的时候，大伙都没了主张，因为这个地方是东南富庶之地，而且又要经常跟洋人交涉，不能轻易选定。后来有人提起李鸿章，但他又在直隶总督任上，又要与日本外务大臣洽谈通商章程，一时无法脱身；左宗棠又在陕甘用兵，更不能突然撤到东南；四川总督吴棠和两广总督瑞麟绝不会轻易到两江上任，巡抚嘛，也不好说谁合适，商议半天的结果还是决定明天到养心殿听两宫太后做怎样的决定。

次日一大清早,众臣到养心殿,见到两宫太后的时候,发现两宫太后都是眼圈通红,此时君臣见面,格外忧伤。恭亲王开始谈到曾国藩谥号的事,说是请两宫太后裁决。小皇帝在一旁不太懂,就问了一声:"六叔,是不是要追封他为'文正公'?"

"皇上圣明!"恭亲王见缝插针,生怕慈禧不同意,要是那样就觉得大清朝对不起鞠躬尽瘁的老臣了。

"我也想到了,就赐文正公,他也不愧于这个称号。"慈禧说道。

"多谢太后恩典,我想曾大人在九泉之下也会感激天恩的。"恭亲王单膝下跪,致抱拳礼为曾国藩谢恩。

"那曾国藩有没有留下遗书说让谁来接替他的职务?"慈禧问道。

"曾大人从来不干预朝廷选派大员,估计也没留这方面的话。"恭亲王回答道。

"嗯,说的有道理,哎……"慈禧又陷入迷茫中,"当选谁来接任两江总督呢?这可是一个一等一的要职,得选个一等一的人才啊!"

"是啊,两江之地是国家经济命脉所在,不是德才兼备者很难胜任,臣等在现任督抚中,也没有找出合适的人选。"恭亲王说。

"你们看丁宝桢怎么样?"慈禧询问众人的意见。

慈禧这话一说出口,在场的众臣都惊呆了,可是他一手杀了慈禧的宠臣安德海,以前常听西太后谈到他,夸赞他为人刚正廉明,可堪大用,许多人以为慈禧只是挂在嘴上说说,以显示自己不计前嫌的气度,但今天慈禧第一个就想到丁宝桢,这番度量可不是一般,直叫那些作为男人的大臣也在心里敬服。

恭亲王在沉思中,只见宝鋆在袖口下向他摆手,这一小动作被有着鹰一般眼睛的慈禧看到了,便大声问:"宝鋆,有话直说无妨。"

"臣觉得,现在正值圣上大婚典礼,各地都要进贡,两江之地又是……"

"嗯,我知道了,你是怕丁宝桢不肯按例进贡。那你们说说到底谁最合适啊?"

第四章
慈禧如虎 同治如羊

接着,众臣谈到了沈葆桢、英翰,觉得都不合适,最后慈禧接受了恭亲王的意见,先让江西巡抚何璟暂时代理。

皇帝的婚典还正在筹备中,按照先例,聘礼是由内务府准备,黄金200两,白银10000两,金银茶筒、茶杯若干,贡缎1000匹,骏马20匹,另外赐给皇后祖父、父母、兄弟姐妹的金银衣物都随聘礼一齐送去。但是除此之外,等到九月十五日皇帝办完婚礼后,一合计才发现总开销达到几十万两白银。

九月十四日,同治身穿礼服,亲临太和殿,派惇亲王奕誴为正使、贝勒奕劻为副使,持节奉侧宝,带着浩浩荡荡的迎亲队伍来到皇后府邸,迎接阿鲁特氏入宫,并正式册封她为皇后。九月十五日,婚礼正式举行,阿鲁特氏在迎亲队伍的簇拥下,由府邸升凤舆,在仪仗队的引导下,爆竹声声、锣鼓喧天地从大清门进午门中门,再走御道直达乾清门,到乾清宫下轿。

当时迎亲队伍之热闹,迎亲场面之宏大不光引得京城万人空巷,就连外国人也赶来看看这盛大的皇家婚礼,英国画家威廉·辛普森在《伦敦新闻画报》的委派下,不远万里、昼夜兼程从英国伦敦赶到北京,见证了这次婚礼,而且迅速将所见所感快速写生,再寄到英国,以满足当时西方读者对这个神秘国度的好奇心。

皇帝和皇后在坤宁宫举行

同治皇帝载淳像

拜礼仪式，二人喝完交杯酒，进入洞房。在大婚之日，能够迎娶自己最喜爱的皇后，同治非常开心，喝得几分醉的时候，皇上突然开口："皇后出身状元之家，不知能不能吟诵几首诗仙李白的大作来听听？"

阿鲁特氏心领神会，樱唇微启，当即诵到一首《春思》：

燕草如碧丝，秦桑低绿枝。当君怀归日，是妾断肠时。春风不相似，何事入罗帏。

"好，不愧是状元家的千金，来首《子夜四时歌》怎样？"同治意犹未尽。

阿鲁特氏觉得皇帝有意考她，稍加回忆，开口就诵起来：

秦地罗敷女，采桑绿水边。素手青条上，红妆白日鲜。蚕饥妾欲去，五马莫留连。

镜湖三百里，菡萏发荷花。五月西施采，人看隘若耶。回舟不待月，归去越王家。

皇后一连背了两首，同治非常开心，手里端着镶金玛瑙杯，满上两杯葡萄美酒，递一杯给皇后，然后四目相对，情意绵绵地又喝了一次交杯酒。皇帝带着醉意，大呼："好！再来，还有《秋歌》，《冬歌》嘛！"

皇后没辙，新婚夜当然想好好表现，于是又吟诵起来：

长安一片月，万户捣衣声。秋风吹不尽，总是玉关情。何日平胡虏，良人罢远征。

明朝驿使发，一夜絮征袍。素手抽针冷，那堪把剪刀。裁缝寄远道，几日到临洮。

第四章
慈禧如虎　同治如羊

这下子，皇帝更加兴奋了，大赞道："皇后真是好诗才啊！"紧接着，干柴烈火的两人情绪高涨，一番云雨之欢，醒来后已是翌日清晨。

不过，同治和皇后恩恩爱爱的鱼水之欢都被慈禧记在心里。本来阿鲁特氏温柔娴静，大方得体，皇帝很敬重她，宫中的太监宫女都敬服她，只有慈禧总是感觉心中被什么堵上了似的，很不是滋味，每天皇后去拜见她，都没有得到过一个好脸色。然而每次慧妃拜见两宫太后时，慈禧总是有难得的温言软语，嘘寒问暖的。慧妃不多说话，只是默默流泪，好让慈禧知道自己到宫中受到过很大委屈。慈禧因此心里也很不好受，几乎隔几天就要训斥已经结婚成年的同治："你贵为皇上，不要老是待在中宫。慧妃贤惠，你也要多加眷顾，人家来了你都没怎么和人家亲热过。还有皇后年岁小，不太懂事，也不熟悉宫里的规矩，你要好好教她，记住不要老是待在中宫，妨碍政务。"

同治听得七窍生烟，心里在想，皇后都比他大两岁，而且知书达礼，哪里没有遵循宫中规矩，怎么待在中宫就会妨碍政务，不是现在你还没有让我亲政嘛。但同治只是在心里想想，生生闷气，没有敢同慈禧翻脸。

皇帝大婚以后的一段时间里，一直同皇后厮守在一起，慧妃倒是相当受冷落，慈禧觉得同治简直没有把她的话听进去，完全无视了自己这个当母后的，她又觉得自己中意的慧妃太受委屈，于是决定插手管管。

"皇上，你瘦了不少啊。"等到同治给慈禧请安的时候，她便这么冷冷地说着。

同治皇后阿鲁特氏

"是啊,母后,孩儿念书多,很晚才睡,可能就瘦了一些。"同治摸着自己的脸,小心翼翼地说着。

"哼哼,"慈禧连着冷笑道,"别蒙我了,你是每天晚上很晚才睡吧。"

"孩儿是读书读到很晚,用不着欺瞒皇额娘。"同治觉得话里有话,心里很不舒服,便大声回驳。

"你,你竟然这样同我说话?"慈禧站起身来,用手指着同治,说,"是不是翅膀长硬了?你根本就没有把皇额娘放在心上。你知不知道我这十几年来是怎么度过的,要不是我在前面给你遮风挡雨,你能有今天吗?才几天的工夫就不把我放在心上了。"

皇帝听得后背发凉,慈禧同他孤儿寡母走到今天的确不容易,于是他很快就跪下来,说:"孩儿不敢,孩儿谨记额娘教诲,只是额娘说出这样的话,叫孩儿以后怎样为君。"

"你这么说就是我冤枉你了,反倒是你受到委屈了,是不是?"慈禧咄咄逼人地追问。

"皇额娘,别生气了,是孩儿错了,是孩儿说错话了。"同治仍然不敢挑战慈禧的权威,不知怎么的,自幼就怕她这位严厉老辣又喜怒无常的母亲,这会儿他几乎是跪在地上抱着慈禧的双腿,祈求原谅,赔了好多不是,才把慈禧打发好。

同治挨骂后,心里难受,又是一个人回宫呆坐着,张文亮见他情绪稍微好转一些,便提醒他到慈安皇太后那里去。同治一听到慈安,便心情一下子豁然开朗,每次遇到不开心的时候,总会在那里得到抚慰,但没想到他今天也被慈安责备了。

"听说你跟你娘顶嘴了?"慈安本来是想说这句话的,但转念一想,这不是让同治觉得自己在监视他吗,于是就把快到口边的话改为:"是不是又跟你娘顶嘴了,我看你心情不大好。"

"哪有啊,"同治回答道,"也不是顶嘴,可我不知道为什么她动不动就生那么大的气。"

第四章

慈禧如虎　同治如羊

"哈哈，我看你总也有不对的地方，想想你娘这么多年来也不容易，你凡事多顺着你娘一些，多忍耐一些。"

"哎，我觉得我每次都够小心翼翼的了，可有时候还没弄明白我到底错在哪里了，她就一脸铁青地生气，我都不知道该如何是好，要是谁能教我一个法子让娘开心，我给他磕头都可以。"

慈安笑了起来，说："那好啊，你就给我磕头，我告诉你一个法子。"

同治不知这是个玩笑话，竟认真地跪下去磕头，还说："额娘，您就教我法子吧。"

慈安又一次忍不住笑起来："你娘啊，不像我，没事了，看看书，散散步，摸摸纸牌、绣绣花草鸟虫也能把一天的时光打发，你娘就闲不住了，要哄她开心，还是找些她喜欢做的事，那就风平浪静了。"

"对啊，法子倒是有一个，圆明园既然被洋鬼子给焚毁了，我们再建造一个，请您和额娘去颐养天年。"

"这个谈何容易，修园子比你完婚还要花费大得多，天下刚刚太平一些，你却大兴土木，这样真的很不好。"

"哎，婚礼的钱大部分落到别人口袋里，将来若是要修园子，可得好好管管。"

"等你亲政了再说吧。"慈安突然想起一件事，便交代，"对了，自从你皇阿玛下葬后，还没到陵上去祭拜，外面普通人家都很讲究这个的，何况我们是皇家。"

同治答应了，便去同慈禧商议，慈禧说自从先帝去世，大清朝少有太平日，现在安宁一些，可以去祖上皇陵和咸丰的定陵去祭拜，至于修筑园林的事当祭拜完后再议。

（二）修建园林与亲政风波

同治十二年，当时的那个小皇帝已经 18 岁了，按照清朝惯例，皇帝早就应该亲政了，在众位大臣的要求下，两宫太后总算下达懿旨，第一道懿旨是说皇帝登基已有十二载，先前东南各省未定，西北又起动乱，国用不足，时事方艰，现在由皇帝亲政，希望他克勤克俭、励精图治，其余王公大臣都得尽忠尽职、弘济时艰。第二道懿旨则要求同治皇帝恭阅本朝祖训，对国语满文要勤加练习，各位汉文和满文师傅应多加督促和教导，皇帝在办完公事后还需练习骑射等。

在懿旨下达的第二天，同治就正式举行亲政大典，率王公大臣、文武百官到慈宁门举行庆贺礼，然后同治到太和殿，接受诸王百官的朝贺；而且同治还发布亲政上谕，对慈安、慈禧两宫垂帘以来的政绩多加表彰，对朝内外的大臣都予以赞扬，还表明自己对两宫充满感激之情，日后定不辜负众人厚望。

亲政以后，同治果然还记得他要修筑园林一事，准备修复被焚毁的圆明园，但同治的师傅李鸿藻等人便大加反对，说不宜以有用之财，置无用之地，其实他们都不了解同治内心真正的想法。亲政以后，同治抱着一种凡事我说了算的心态，迫不及待地想要大兴土木，把当时谕旨上克勤克俭的忠告早就抛在九霄云外，其实这是有深层次原因的。

最首要的原因：同治虽然与慈禧多有冲突和顶撞，但这个皇帝心地毕竟比较善良，特别是对两宫太后他都充满感激，他认为两宫太后都不能在园林过着优游般的生活，他心里过意不去，准备在两年后慈禧 40 岁生日时，把园

第四章
慈禧如虎　同治如羊

林建好，以示感恩戴德、尽尽孝心。

他人的怂恿也是很重要的原因，内务府中的贵宝、文锡力劝同治大兴土木、修建园亭，是想在承包这皇家工程时，便于他们中饱私囊，好大大地贪一笔。身边的太监和侍读也觉得有机可乘，便也跟着劝说同治修园，可能刚开始，同治没有下定决心，但久而久之，也被说动了。

最为隐藏的原因就是同治真心想要"凡事我说了算"，修复圆明园，让两宫太后乐在其中，在那里颐养天年，以摆脱两宫尤其是慈禧的控制，以便自己皇权独揽。现在虽然举行了亲政大典，但慈禧仍然把大臣的奏折拿过去看，时不时又在朝政上指手画脚，让同治很难堪却又无可奈何。凡此种种原因促使同治必须修园，以达到自己真正亲政的目的。

主管内务府的户部侍郎桂清听到同治准备修园，据理力争，说一亲政就大兴土木，实在有负众望。同治当时已下定决心，便对桂清大发雷霆，说自己亲政了连个园林都不能修筑，干脆把他的职务给撤免了。

当年九月二十七日，同治派内务府司员到四代承办皇家园林宫城设计的雷思起家索取三园全图，第二天，同治就发布上谕，决心修园。在上谕里，同治所说的工程范围非常宏大，准备重修的部分约有3000余间，包括圆明园、万春园和长春园等三大园林的亭台楼阁。

同治亲政以后的第一道上谕一石激起千层浪，遭到了很多反对的声音。第一个"吃螃蟹"的是御史沈淮，他上疏请求缓修圆明园，同治得闻，十分震怒，立即召见，当面斥责；但不久御史游百川又上疏谏阻，结果被同治革除职务，以儆效尤。

军机大臣中也多有表示反对的，但鉴于皇帝怒威，都没有顶风而上，反倒是把劝阻的希望寄托在同治敬重的六叔恭亲王身上，但出人意料的是，恭亲王不但没有谏阻，反而贡献两万两白银来支持修园。于是，众位大臣只好把希望寄托在完全能够驾驭同治的慈禧身上，可慈禧也赞成修园，而且还特意在设计图中一展拳脚，亲手设计了"天地一家春"的园林景点。

"天地一家春"可是咸丰在位时慈禧的居所，这里曾经留下了二人把酒成

欢、琴瑟和鸣的美好时光，所以，慈禧对它自然别有一番深情，而万春园又是慈禧新近设计的庭园，所以这次重修，她把"天地一家春"当时的景致建筑移到万春园中，各种亭台楼阁的建造地点，以及建筑内部雕梁画栋的图样花纹都是慈禧亲自手绘。这次不顾群臣反对，同治其实是把握到了慈禧的心思，便开工修园，没有停下来的意思。

各种准备工作到位，同治十三年（1874年）一月十九日，圆明园重修工程正式启动，过了一两个月，重修工程初具规模，同治借到安佑宫行礼之机去视察修园进展情况，一直在那待了几天，又干脆在当月下旨驻跸圆明园。

大兴土木就不说了，亲政没多久竟然待在圆明园还一连几十天不回宫，王公大臣们觉得不能再沉默了，醇亲王奕𫍽领衔，带着伯彦讷谟祜、奕劻、景寿加上军机处众臣，联名上疏，谏阻同治一再巡幸圆明园。

但是，同治对他们的上疏毫不在意，依旧我行我素，多次到圆明园检阅修筑工程。政务松懈，学业上也不思进取，总师傅李鸿藻看不过去，就上疏劝谏："伏愿我皇上禀遵皇太后懿旨，每日办事之后，仍到书房学习，不要辜负皇太后谆谆训诫之至意。"可是，任凭老师傅怎样苦口婆心，同治仍是不依，即使是拿皇太后出来压制他，他也毫无惧意。

翰林院侍读学士南书房行走李文田上奏，明确提出停止修园的请求，还指出现在百姓穷困至极、灾荒四处、洋人虎视鹰扬地觊觎国土，作为皇上当考虑国计民生，富国强兵以抵御外侮。同治哪里听得进去，他依然固执任性地去圆明园巡视或者说是监工，还对亭台楼阁以及戏台的修筑指指点点的，乐此不疲。

由于园林建筑所需木料不敷使用，内务府通令两湖、两广、四川、福建、浙江等省，各自采办大件木料3000支，限时运到京城。就在同治广招木材时，有个叫李光昭的广州商人，他经营木材茶叶，趁着皇宫急需木材时，居然谎称自己从四川、湖北购得楠木、梓木、柏木等巨木价值10余万两，现在存放当地，愿意报效皇帝。

同治得闻此消息，大喜之下竟对李光昭授予候补知府衔。李光昭好不得

第四章
慈禧如虎　同治如羊

意,打着候补知府的衔章,四处招摇撞骗。其实李光昭在四川、湖北根本就没有储存什么巨木,只是想瞒天过海,敲诈一笔,但他知道欺君之罪是要杀头的,便南走香港,又打着奉旨办事的招牌,与洋商签订合同,但后来这件欺诈案告破,洋商直接告到天津李鸿章那儿,李鸿章查明案件后,将李光昭处斩。

李鸿章

李光昭案反响巨大,朝廷各大机构认为皇帝大兴土木,给小人以可乘之机,以至于民怨沸腾,纷纷上奏请求迅速停止修园。这次由恭亲王和醇亲王带头,率一班臣工联名上"敬陈先列请皇上及时定志用济艰危折"。在折子里,他们指出同治亲政一年多的时间内,只知监察修园事宜,而政务颇有荒怠,还希望同治能够畏天命、遵祖制、慎言动、纳谏章、勤学问、重库款等等。恭亲王奕䜣等人上报奏折后,怕同治根本没有时间或者故意不拆阅,便请求召见,同治竟然不允许,连自己平日里最仰仗、最敬重的六叔都不行了,搞得奕䜣差点哭了出来。

不过恭亲王并没有放弃,经过多次请见,总算见到了这个喜欢一意孤行的侄子,他们发现同治果然没有拆阅,心头不禁一冷,背后也有寒意袭来。在恭亲王等人的当面请求下,同治不耐烦地打开看了几行,竟然说道:"我停工行不行?我看你们还有什么好嚼舌根的?"

恭亲王还是抑制住心中的怒火,镇静地说:"臣等建议尚多,不止停工一条,容臣宣读。"紧接着,恭亲王便把奏折中所陈六条逐条说出来。

同治听得无名怒火涌上心头,便大吼道:"干脆把我这个位置让给你算了,这样总该行了吧。"说罢,还把皇冠朝地上猛力一摔。

军机大臣文祥听到如此不讲理的一句话,情急之下居然伏在地上痛哭起

来,被侍卫当即就扶了下去。醇亲王奕譞也是边哭边谏,说皇帝不能再这样大失民心、大失臣心,而且还指出同治的"微行",同治不服,便质问是谁说的,还说要追问责任,奕譞怕说漏嘴便不再说什么。

这种场面,自同治亲政以来还真没见过,估计从顺治入关以来也罕见,同治背着手,见到亲王大臣都痛哭起来,想想自己也有不对的地方,态度渐渐软了下来,只好对大伙说:"我也是为了皇太后有欢乐之所,不敢擅自宣布停工。"

诸大臣知道个所以然,便向皇太后那边去上奏。在慈禧明确表态前,同治也没有下诏停止修园,而且期间又去视察过。七月二十八日,同治召见醇亲王,恰好恭亲王在南苑看兵勇试验大炮,于是就一并将恭亲王也召见,当时同治追问微行一事到底是谁说的。恭亲王被逼无奈,便说是他的儿子载澄所说。

同治觉得隐私被暴露,便再次向两位叔叔大发雷霆,还在次日召见大臣,指责恭亲王无人臣礼,当重处,还下旨革去恭亲王所任军机大臣及一切差使,降为辅国公,交宗人府严行处理。诸位军机大臣退下后到军机处拟旨,上呈之后,同治不满意便没有发布,晚上又下一道谕旨,革除恭亲王及其子载澄的爵位。文祥等大臣不接旨,请求召见,以图能够让同治改变主意。但几次三番,同治态度坚决,没有半点妥协的意思。之后,同治发下谕旨:

> 传谕在廷诸王大臣等,朕自去岁正月二十六日亲政以来,每逢召对恭亲王时,言语之间,诸多失仪。著加恩改为革去亲王世袭罔替,降为郡王,仍在军机大臣上行走,并革去载澄贝勒郡王衔,以示惩儆。

看来,这次的谕旨比上次要判得稍微轻些,或许是稍微冷静后做出的决定,或许是军机大臣的劝诫起了作用,但后者的可能性很小,因为,同治立刻又颁布谕旨革去十位王大臣的职务,这十人分别是惇亲王、恭亲王、醇亲王、伯王、景寿、奕劻、文祥、宝鋆、沈桂芬、李鸿藻,罪名是朋比为奸图谋不轨。

两宫太后闻到以上信息,急忙来到弘德殿,流着眼泪最先安慰恭亲王,说:"十几年来,没有恭亲王哪有今天,皇帝少不更事,谕旨即刻撤销。"两宫太后觉得非常对不起恭亲王还有其他王公大臣,便下达懿旨,赏还诸位亲王爵位以及大臣官位。就在同一天,两宫太后又敦促同治下达上谕,停止修园,说是时值艰难,不忍重劳民力。

两宫太后出面协调,圆明园修复工程的风波总算平息,但三海(北海、中海、南海)的兴修仍在继续,同治就把兴趣转移到三海工程上去,而且常常莅临南海、北海,流连忘返,兴致很高,有时候直到晚膳开始后才回皇宫。

(三)少年天子"纵欲"而亡

经过修园风波,同治对慈禧很失望,对那些王公大臣也很失望,觉得自己夹在中间,虽然贵为皇帝还是亲政,却说话不算数还要两头受气,为此,他把每天的日程都安排得满满的,以排遣心中的苦闷和烦忧,不过他已经无意于国事了,由他们那些人去管就行了,反正自己若有若无都行。

自从载澄带同治去烟花柳巷去寻花问柳后,同治就玩得上了瘾,时不时带着太监偷偷溜出去,在北京各大青楼偎红倚翠。他不是有几个美丽贤淑的妻妾吗,作为堂堂一国之君,为何还要这样呢?因为他在宫中与皇后或其他妃嫔过多亲密,就会被慈禧认为是冷落了慧妃或者干脆说他是只顾儿女私情,不顾国家大事;而慧妃虽好,却偏偏是同治不喜欢的,年纪轻轻的他可是有些逆反心理,越是慈禧希望他做到的,他要是不喜欢就一定不会做到,即便明里听进去,但暗地里又是一套,作为皇帝他已经学会了阳奉阴违。还有一

个重要的原因，同治觉得在秦楼楚馆之地相对自由，而且又受到"家花不比野花香"的影响，所以就只好去"赢得青楼薄幸名"。

说到同治最初去青楼沾染酒色上瘾，就不得不提及恭亲王的儿子载澂贝勒，不知是恭亲王忙于政务疏于管教还是怎么回事，这小贝勒十四五岁就开始进赌场、逛窑子。那个时候，载澂还是同治的玩伴加伴读，不知什么时候给同治推荐了一本"好书"，同治一看，上面写的是《贞观政要》，以为又是枯燥的治国理论什么的，便皱着眉头说："这种书我都看腻了，有什么新鲜的。"

载澂一言不发，只是打开书页，递到同治跟前，让同治看仔细了。当时书本里面的页面居然是一幅幅春宫图画，是用工笔绘成，形态逼真，画的都是些男女搂抱交媾之图像，图像旁边还有蝇头小楷在为图像作注解。同治看得面红耳赤、心跳加快，便道："你小子也真有一套，竟然会明修栈道暗度陈仓了。"

"这可是一部奇书，我也不敢声张才想到这个计谋，写的、画的都是男女之事。嘿，还真是绝了，保管皇上会喜欢，以后就爱不释手咯。"

张文亮知道同治看这本书入神后，就也很好奇，觉得皇帝怎么突然之间对《贞观政要》这么下功夫了，后来一看自己就惊呆了，想到皇帝亲政不久，可别为此荒废政业，于是就劝谏："皇上，奴才斗胆禁言，这样的书可不能看啊，看多了会误事的。"

同治听张文亮这么一说，就把书放下，伸了一个懒腰，就说："张文亮，你可别多管闲事，朕不过随便看看，又不去做什么，别大惊小怪的，最好不要让别人知道，不然又小题大做说个没完没了了。"

"是，奴才遵命，皇上还是多休息一会儿吧，我看您都累了。"

"嗯，朕知道了，今天的事可千万别说出去。"说完，同治就睡了。

在以后的日子里，他就挑灯夜读，对于书中技巧花样多有铭记。等到机会一来，同治便同载澂溜到皇宫外面去夜夜笙箫、风流快活。时间一长，同治觉得身体虚弱，便偷偷开了鹿茸、人参来滋补身体。

第四章
慈禧如虎　同治如羊

当然，除了男女之事外，同治也时不时练练书法，兴致来的时候写写诗，在清明时节去皇陵扫墓时，这位只有19岁的皇帝又拿起纸笔一挥而就，写成《山光湖色共一楼》一首：

> 湖山佳胜处，中有最高楼。秀色千重入，波光一望收。
> 当窗痕滴翠，卷幔影寒秋。不尽登临兴，凭将妙句酬。

在回宫的路上，同治身感不适，坐在马上竟然直不起腰来，他爱怜地抚摸着伊犁将军进献的一匹西域千里马，想着众大臣将士先前跪伏在地上山呼万岁的情景，心情特别勇武豪迈。但现在他感觉下身又疼又痒，自己的后背都开始冒冷汗了，腰膝酸软得最后只好伏在马上。或许同治不曾想到过，这是他一生中最后一次郊游，也是最后一次舞文弄墨一展风雅。同治这次下身疼痛，在回宫后，变得越来越严重，经过御医的精心治疗，他的病情得到了暂时的控制。

在这一年的十月初十，是慈禧太后40岁生日，同治亲率王公大臣恭谒慈宁门，隆重地为慈禧举行生日大典，他还亲自给慈禧献花、敬酒、点戏，宣读万寿贺表，非常尽心尽力，让这位严厉的皇额娘终于露出罕见的满意笑容。但在这样歌舞升平又是万寿庆典的日子里，御医诚惶诚恐的，生怕皇帝病情恶化，突然爆发，那样就大煞风景了。这些御医再三交代，要按时服药，嘱咐他不要喝酒，不要吃辛辣食物，除了按时吃药是张文亮多次提醒外，其他的注意事项，皇帝早就忘到爪哇国去了。

那些御医可没有睡过几天安稳觉，每天担心害怕的，总是忙得一头大汗，千方百计地想要控制皇帝的病情，希望能够尽力稳定病象，能用药力消除病毒。可这位年轻皇帝每天不知疲倦地折腾着，什么都做，什么都吃。御医们担心病情哪一天来个总爆发，便向新来的总管太监李莲英每天都报告一次皇帝的病情，免得哪天突然出现什么意外，他们去找谁评理申冤。

但这一切哪里逃得过慈禧那双比鹰还要机敏精细的眼睛，在她生日后的

一天里,她就招来李莲英问:"万寿节这几天我看你不大高兴啊?"

"哪里哪里,我是每天高兴得睡不着觉。"李莲英强颜欢笑地回道。

"别瞒我了,有什么事就直说吧。"慈禧正声说道。

李莲英一下子就跪在地上哭起来,说:"回太后,奴才对皇上照顾不周,罪该万死!"

慈禧先是心里一惊,知道肯定有非常不好的消息,便提着身子深呼吸一下,然后平静地问道:"不要再哭了,有什么事但说无妨。"

"皇上,皇上他得了梅……梅……梅毒。"

"梅毒?这么脏的病啊,什么时候得的,怎么搞成这样了啊?"

李莲英一把鼻涕一把泪地说:"前不久才发现的,御医日夜调治,病情基本控制住了,可是皇上虽然吃药,却不听医嘱,尽吃些辛辣生发之物。哎,那些御医也非常为难啊……"

"御医们怎么了,他们可是要竭尽全力都要把这病治好。"慈禧问。

"御医们也都害怕,说这两天皇上的病情就会恶化。主管御医吓得吞金自尽,其余的御医病的病,逃的逃。"李莲英说得自己都汗水淋漓。

慈禧闭着眼,长长地呼了一口气,问:"这还有得治吗?"

"御医说,如果病情恶化,就没得治了,而且来得很快。"

正说话间,太监张得喜就惊慌失措地跑过来,一头栽倒在地上,大呼:"皇上倒了!"

慈禧狠狠地盯着前来的太监,大声说道:"谁倒了,拉下去给我狠狠地打!"然后又站起来在殿内走了几步,说,"将所有治病的御医全部处决。立即传谕,叫太医院使李德立、庄守和去找最好的医生来会诊。"

命令完,慈禧就往养心殿去。当时昏倒下去的同治被抬到养心殿东暖阁,而且御医早就到那里了,李德立、庄守和一头大汗地在给皇帝诊视。一会儿皇帝醒来,微睁着眼睛,看慈禧就在他跟前,便说:"儿臣没事了,真是劳驾母后了。"

慈禧见同治醒过来,心中很是欢喜,便用手抚摸着同治的头,说:"好好

第四章
慈禧如虎　同治如羊

养病，要听御医的，你很快就会好起来的。"安慰一阵后，又对身边的宫女和太监多作吩咐，慈禧就走了。

"皇上得的到底是什么病？"慈禧又专门召见李德立和庄守和，直截了当地问。

"回太后，是梅毒。"

"有得治吗？"

"如果三天内爆发，就没得治了。"

"如果三天内不爆发呢？"

问到这里，御医们就不说话了。慈禧明白不可能不爆发，于是就冷静地说："你们一定要好好负责，选最好的御医和最好的药材，尽力而为。治不好只得听天由命了，也赦你们无罪。"

"微臣会竭尽全力，力求能够治好皇上，谢太后隆恩。"两位御医跪在地上说道。

在临走时，慈禧还特意交代："如果爆发，就说是天花。"在回寝宫的路上，慈禧又吩咐身边的人说，"伺候皇上的全部都活埋了。"

但李莲英心有不忍，尽心劝道："太后，皇上患病，当求上天保佑，上天有好生之德，何必在这个时候杀人呢。请太后三思啊！"

慈禧不动声色地说："我让你全部活埋就活埋，废话这么多干什么。"

后来同治又在养心殿召见军机大臣，众臣见皇帝身体无恙，脸色红润，以为先前的病痊愈了，一直悬着的心就放了下来。但同治开口的第一句话就让众臣的神经绷紧："我病了。"

"伏请皇上精心调养好龙体，早日康复。"一旁的师傅李鸿藻跪伏着说道，然后一班军机大臣也都说了类似的话。

同治轻轻叹了一口气，摇摇头说："日后由朕的师傅代朕批答奏章。"

李鸿藻知道自己的分量不足以威慑群臣，只好慌忙说道："皇上，老臣恐难胜任。"

同治不置可否，当下就觉得不适，很快就退朝，宫内不久就传出消息，皇上患了天花。

朝廷为了给皇帝冲喜，祈求度过此次险关，命令要求：12天之内，内外大臣所上奏折，折面一律是黄面红里，王公大臣都要花衣花褂，手持如意，还要特意将红绢悬在胸前。

后来惇亲王上奏，请求由恭亲王批答上奏文件，一时之间恭亲王府前朝臣如云，购买军舰、水炮，大军西征所需饷银，户部、总理衙门各项重大事宜都得由恭亲王过目裁决。不过，这一切都让慈禧打听到了，她决定正式出山，不再二线遥控一个多病的皇帝了。两宫太后召见群臣时，没想到一向心直口快的端亲王居然问："传言皇上所患之病是梅毒，可御医说是天花，到底是梅毒还是天花啊？"

宫廷内，众臣心都提到嗓子眼儿去了，一片寂静，没人说话。惇亲王还自言自语地说："天花可以治好，梅毒就很不好说了。"

慈禧忍不住直接发作道："惇亲王！皇上病情如此严重，你倒还有心情幸灾乐祸？"

惇亲王被慈禧的气势和高亢的声音吓住了，便马上跪在地上说："回太后，小的不敢，小的也是心里着急，心直口快嘛，没有别的意思，只希望问清病情，找一个扁鹊或华佗般的神医……"

两宫太后面面相觑，忍不住当庭哭起来了。众大臣反复劝慰，说皇上正值年轻，不会有什么事的，一定要好心调养，找最好的医生为皇上诊治。

同治本人却对自己的病情并不以为然，或者说根本就没有什么心理准备，他只是觉得经过御医调养，很快就能康复，重掌大权。可是慈禧却等不及了，直接以同治的名义发布上谕，宣布自己准备第二次垂帘听政：

> 朕于本月遇有天花之喜，经惇亲王等合词吁恳，静心调摄。朕思万机至重，何敢稍涉安逸？惟朕躬现在尚难耐劳，自应俯从所请。但恐诸事无所秉承，深虞旷误，再三恳请两宫皇太后，俯念朕躬正

第四章

慈禧如虎 同治如羊

资调养，所有内外各衙门陈奏事件，呈请批览裁定，仰荷慈怀曲体，俯允权宜办事，朕心实深感幸。将此通谕中外知之。

显而易见，慈禧还是想重新亲政，慈安只是她的陪衬，现在病重的同治都不配当她的傀儡，她要自己单干。而且一从幕后走到台前，慈禧就接二连三发布5道谕旨，晋升妃嫔和王公大臣，让各位亲王、郡王、贝勒、驸马都领双俸，除此外还大赦天下，监狱罪犯都从轻发落。另外，慈禧还接着封赏：直隶总督李鸿章晋升为文华殿大学士，军机大臣文祥晋升武英殿大学士，军机大臣宝鋆晋升体仁阁大学士。

同治生命垂危，一个人在病床上与病魔苦苦斗争，而他的母亲却向天下展示自己的天恩浩荡。吃人的嘴软，拿人的手短，没办法，现在那些晋升、加薪的文武百官哪里还会管同治会不会好，哪里还会管慈禧该不该再度垂帘听政。

当然，真正关心同治身体的人还是不少，同治的各位师傅个个都忧心忡忡为这位风流成性的皇帝祈祷，尤其是翁同龢每天都祈祷，经常在日记中记录同治的病情。

恭亲王也是十分担心这位曾经顶撞他、让他当众难堪的侄子的病情，他一再指示太医院，一定要确诊出皇帝的病情，一定想办法治好。恭亲王还多次想到请西医诊治，哪怕是抱着一线生机也要试一试，但慈禧并没有给任何答复。

同治十三年十二月初五日（1875年1月12日）晚上六点左右，同治皇帝撒手人寰，享年19岁，在位13年，亲政不到两年。

临终前，同治神志比较清晰，算是回光返照，他特意召见了军机大臣兼师傅的李鸿藻。李鸿藻晋见时，皇后阿鲁特氏也在场，当时就要回避，同治阻止道："没什么好回避的。李大人是先帝老臣又是朕的师傅，你又是门生媳妇，没有必要回避，再说我还有要事要说。"

李鸿藻进去后，马上伏地跪拜，同治马上让皇后扶起李鸿藻，躺在床上

流泪说道:"我病了,好不了了!"

李鸿藻不知说什么为好,他在想这么年轻的一个皇帝居然就要离去,心里特难过,只在那里拂袖痛哭,皇后在一旁也哭了起来。

"这不是哭的时候,我是不行了,必须得立下嗣子,皇后你说说看,谁最合适?"

"国赖长君,我实在不愿意居太后之虚名,拥立幼子,干预朝政。"皇后郑重其事地说道。

"你能知此理,我就放心了。"同治说着会心一笑,然后又对李鸿藻说,"贝勒载澍入承大统,由你来拟诏。"

李鸿藻拟诏完毕,告辞同治后,他就立刻去找慈禧,认为事关重大,不能不经过这位掌权的实力人物。慈禧拿着遗诏,看了一眼便撕得粉碎,然后走到同治跟前,看着同治刚好交给皇后一张遗旨,马上抢过来,看了看后就冷笑一声,说:"你竟敢如此大胆。"

同治用尽最后的力气说:"这是我写的,不关皇后事,您不要为难她。"

同治一口气没有缓过来,就去世了,皇后号啕大哭。慈禧倒没有那么多的儿女情长,立即到养心殿西暖阁急召王公大臣,见着众人,慈禧便直截了当地说:"皇帝驾崩,国不可一日无君,你们说说谁最合适?"

众王公大臣不知慈禧到底演的是哪一出,心中没有底,便跪伏在地上,一声不吭。

慈禧看看最前边的恭亲王说:"恭亲王继位如何?"

恭亲王闻言大惊,直接趴倒在地上,让别人都以为是吓昏了。

"皇帝走得匆忙,没有子嗣,也没有确定谁当继大统,你们倒是说说,谁合适?"

"溥伦可以。"有人忍不住便说道。

"溥伦疏支,太远了,不行。"惇亲王立即反驳。

慈禧亮出自己的底牌:"'溥'字辈没有当立的,我看醇亲王长子不错,今年都4岁了,又是至亲,可继承大统。"

第四章
慈禧如虎　同治如羊

众人知道这才是慈禧真正的意图，便没有多言，然后慈禧当众宣布："醇亲王奕譞之子载湉，承继大统，立为皇帝。"宣布完毕，醇亲王当时碰头痛哭，昏倒在地。

慈禧为什么在这么多的贝勒中选择4岁的载湉，大致的原因无外乎这几条：皇帝年龄小，便于控制，方便她继续垂帘听政；再说选择"载"字辈下面的"溥"字辈，慈禧就是太皇太后了，不能名正言顺地垂帘，还有一层原因就是醇亲王奕譞的大福晋就是慈禧的亲妹妹，关系亲近，而且老实的醇亲王更容易驾驭。

同治去世，毫无疑问，作为皇后的阿鲁特氏是最悲痛的，她突然之间觉得皇宫这么大，天下这么大，却没有自己的立足之地，而且她的婆婆，那个一直不喜欢她的凶狠的婆婆马上就会来收拾她了，就在皇后哭得伤心欲绝时，慈禧突然召见，说了一句非常没有人性的话："皇后如此悲痛，干脆随大行皇帝去了算了。"

皇后大哭，坚决不同意，谁知慈禧一个巴掌打过来，冷嘲热讽地说："是你害死了皇上，皇上都去了，你还想当皇后！"

储秀宫

皇后并不想再理会这样蛮横不讲理的婆婆,但她很快就被慈禧软禁。觉得走投无路的时候,皇后别无选择,完全绝望,只好吞金自尽,但被及时发现,抢救过来。再后来,皇后绝食,最后惨死在她入宫的发迹之地储秀宫。

(四)第二次垂帘听政

慈禧太后的新宠太监李莲英必须详细说明一番,他们二人可以说在安德海去世的那段日子里相依为命,而且李莲英对于慈禧以及对于整个中国二三十年的历史都有重大的影响。

李莲英7岁就上私塾,对老师非常殷勤,深得老师的喜欢,当然老师也会为他额外开小灶,多为他讲解一些四书五经方面的内容。据说李莲英从小就能背诵《三字经》《百家姓》《千字文》,还喜欢写字画画,人又非常机灵,因此有个小名就叫机灵。

在咸丰七年十月(1857年11月),也就是后来八大辅臣之一的郑亲王端华将李莲英送进皇宫。那一年,李莲英11岁。同治三年(1864年),刚好太平天国被清廷剿灭,李莲英从景仁宫被调入长春宫,在慈禧身边服侍,也就是说安德海混得大红大紫的时候,李莲英就在慈禧身边。那个时候,由于李莲英的机灵、聪慧和善解人意的品质,使得他深受慈禧的器重,仅仅4年时间,就被封赏为八品顶戴。

安德海被诛杀那一年,李莲英也一度受到牵连,遭到处罚,俸禄都被削减,不过好在慈禧仍然让他继续留在长春宫服侍。他为人谨慎,不像安德海那么恃宠骄纵,便能独善其身,不至于被牵连受害。

慈禧在生活方面非常精致,要求又高,在她的宫室之内,特设掌案太监一职,官阶不高,但责重权高,凡是关系到太后日常饮食、医药、衣服等起

第四章

慈禧如虎 同治如羊

居用品的东西都由掌案太监负责监管。如果慈禧想进饮食，都必须得由掌案太监先尝，稍有味道不好或质量有问题都可以终止进膳，一直换到能够进入慈禧口中为止。

李莲英

安德海死后，李莲英有了前车之鉴，不光在慈禧面前小心谨慎，而且也不会在王公大臣面前显露出丝毫的怠慢或骄纵。李莲英后来对他的近侍说过："主人（慈禧）是个老虎，我受恩深重，不可一刻失慎。天恩愈大，性命愈险，吾人不可不慎！"

仅仅几年时间内，李莲英就做到了总领内侍的总管太监，由于慈禧的宠爱，竟然破例赏他二品顶戴。李莲英知道这是僭越清宫祖制规定的，便诚惶诚恐地谢恩不领，但慈禧不是一个按套路出牌的人，她还是那句话："在这里我就是祖制。"

李莲英没有办法，只好去恭亲王府找德高望重的六爷，见面就请六爷让太后收回成命，并求六爷放一条生路，说二品顶戴赏给一个太监是过制了，虽万死也不敢受命。

恭亲王想了想就说："主上天恩，有什么不敢承受的。好在太监之位，有职无权，只不过讨太后欢心而已，就不要再三推辞，免得犯怒天威。"

这就是李莲英的精明之处，他让举足轻重的恭亲王出面请求太后收回成命，就算专横的慈禧不收回成命，恭亲王以下的王公大臣也没有什么好说的了；万一喜怒无常的慈禧收回成命，李莲英本人也是心安理得，还会得到一个高风亮节的美名。

慈禧为什么偏偏选中李莲英呢，其实按理说，机灵的、善解人意的、细心谨慎的太监也不少啊。但李莲英有一手绝活，那就是梳头。慈禧这个女人非常爱美，而且把她的头发看得非常重要，李莲英给慈禧梳头时，非常细心、灵活，慈禧每次都让他梳上个把时辰，而且还非常享受梳头的过程。

至于李莲英梳头的功力有多厉害，我们就来看一看史官的记载吧：

> 李莲英貌虽不甚郦，而软媚有姿，能得人怜，风机便捷，举动比中太后意。
>
> 太后之头，须每日一变，形式名目，务极新巧，以故梳头者，最难称旨。
>
> 惟李莲英，能翻新出奇，或如天上云霞，或如水中波影，或百卉异态，或虫鸟殊名，随手拈来，都成妙谛，信口编出，即成佳名。
>
> 太后明知其无所依据，变幻取笑，而其心窍之玲珑大可激赏。
>
> 复善言语，每太后忧虑之际，彼出一语，辄为解颐，有如黍谷春回，赤地雨降，无不立沛生机。于是，不独太后怜爱，即宫中上下人等，非彼不喜欢矣！

如此心灵手巧又能说会道，就像春回大地的甘霖，让宫中每个人都欣喜不已，这就是李莲英的魅力。就因为这样，李莲英深受慈禧宠爱，毫不亚于

慈禧太后出行

第四章

慈禧如虎　同治如羊

先前的安德海，但李莲英很知进退，从不在别人面前耍威风，但越是这样，他就越会被慈禧安排重要职责。

现在，同治帝宾天，慈禧非常不喜欢的皇后也自尽，即将登位的载湉也只有4岁，来不及沉浸在丧子之痛中，慈禧心中最为挂念的还是最高权位。突然之间，一向沉稳的总管太监李莲英灰头土脸地跑进来，一进门就万分焦急地对慈禧说："太后，刚才听到密报，总管大太监黄承恩正在策动政变。"

说到政变这方面，慈禧可是一等一的高手，于是她便漫不经心地对李莲英说："坐吧，先坐下来再说，喝口茶。"

李莲英谢过太后，便一骨碌坐在椅子上，喝着太后让宫女端过来的茶，然后又补充说道："内侍有上百人，还有禁卫亲军，人数不详，估计也有百十来人。"

"噢？他们这是要干什么？"慈禧仍是漫不经心。

"好像是要清君侧，他们的口号就是这么喊的。"

"哼，"慈禧不以为然地冷笑一声，然后说，"谁是主谋，这个也太水了吧，就这些人也要搞政变？"

"好像是黄承恩带头，据说是要拥立恭亲王。"

任凭李莲英怎样把天说穿，慈禧只是慢条斯理地问："你有多少可信的人？"

看到慈禧如此临危不乱，李莲英觉得好像一切都在慈禧的掌控之中，便也镇静地回答说是有30多人可武装起来使用，50多人的壮汉可以备用。

慈禧不慌不忙地说："够了，让那些可信的护卫在寝宫周围，其余的护卫着内宫右门，不允许一个人在乾清门广场逗留，更不许进入后宫。从现在起，没有特旨，入宫内者杀无赦。"

"太后，这些人最多只能坚持一夜啊，必须得迅速调集亲军护驾。"李莲英说话时还是有些颤抖。

"侍卫亲军都参与叛乱，你说还能相信他们？"

"那我们怎么办？"

首都博物馆藏李莲英翠扳指

"当好你的差就行了,按我的吩咐去做。"

李莲英和他的亲信内侍在内廷值宿一夜,未曾合眼,等到他们战战兢兢地守卫到天亮时,发现内廷竟相安无事,只是远处宫殿不同的地方,听到了一些喧哗声,然后很快就归于平静。

等到清晨旭日东升,各个宫门都陆续打开,李莲英走到乾清门广场巡视时,才发现隆宗门外,黑乎乎的一片,全部是直隶总督李鸿章的淮军。后来李莲英才知道,直隶总督李鸿章在前一天就奉太后密旨,带着淮军精锐四千进京,在这几千人的精兵中,不管骑兵、步兵还是炮兵,他们全副武装,装备精良,日夜兼程从天津赶到北京,然后从永定门进入皇城,包围紫禁城,将各个大门前的叛乱侍卫全部缴械,然后按旨一一捉拿。

李莲英回去向慈禧禀告的时候,还没开口就见慈禧笑起来,还反问李莲英:"怎么样,是不是又有叛乱?"

李莲英竖起大拇指,然后又在太后肩上、背上捶捶揉揉,尽情地夸奖道:"回太后,奴才们都说了,太后真是英名盖世,真是菩萨下凡,谈笑之间就把一场叛乱给平定了,什么周郎、孔明也不能相比啊。奴才们对您敬佩得五体投地,甘心为太后赴汤蹈火。"

自从慈禧宣布由载湉继位的那一刻起,随着恭亲王的昏倒在地,醇亲王也跟他六哥一样当场昏倒,不过这些都无补于事。慈禧稳坐养心殿,着李莲英率一队侍卫亲兵,前往西城的醇亲王府,同时她让小载湉即皇帝位有至高无上合法性:

钦奉慈安端裕康庆皇太后、慈禧端佑康颐皇太后懿旨:

第四章
慈禧如虎　同治如羊

慈禧与李莲英扮戏像

皇帝龙驭上宾，未有储嗣，不得已，以醇亲王奕譞之子载湉，继承文宗显皇帝为子，入承大统为嗣皇帝。

俟皇帝生有皇子，即承继大行皇帝为嗣。特谕。

刚刚只有4岁的小载湉还正在睡梦之中，但很快就被一群大汉叫醒，然后在睡眼惺忪之间被穿上一件从未有过的黄色衣服，就这样被黄袍加身，随后就被一群媚笑包围着，在众人的簇拥下被一顶黄轿送往养心殿，扶到龙椅上，然后所有的人伏倒在地，齐呼万岁。

宫廷上上下下都在忙碌着同治的丧事和新皇帝的登基大典，然而慈禧却沉着冷静，在这个时候，她需要让王公大臣们再次拥戴她或者说是服服帖帖地承认她的再度垂帘听政。

很快，礼亲王世铎非常识相，这次他牵头上了一份奏折，奏折的内容是：皇帝尚在冲龄，一切大小政务，当由皇太后亲加裁决。庶臣所禀承，当有谕旨批复；再度垂帘章程，当悉心妥议具奏。

对于这份奏章，慈禧看得心花怒放，马上握起朱笔，在上面批复道：

览王大臣所奏，更觉悲痛莫释。

垂帘之举，本属一时权宜。

唯念嗣皇帝此时尚在冲龄，且时事多艰，王大臣等不能无所秉承，不得已，姑如所请。

一俟嗣皇帝典学有成，即行归政。钦此。

先前同治即位时，两宫太后垂帘听政的话语又用了上来，第一次垂帘早已打破了祖制，这次也没有太大障碍，而且那帮臣子很快就以小皇帝的名义，向两宫太后表示谢意：

祗承懿训，寅感实深。因思朕以薄德藐躬，欲承两宫皇太后懿旨，入承大统，诞膺景命。仰荷大行皇帝付托之重，遗大投艰，茕茕在疚。幸赖两宫皇太后，保护朕躬，亲裁大政，朕实有厚幸焉。

所有垂帘一切事宜，著该王大臣等妥议章程，详细具奏。将此通谕中外知之。

第二天，慈禧就发布圣谕，按例以第二年为光绪元年。两天后，慈禧将大臣潘祖荫、翁同龢奉命拟写的所谓同治遗诏公布天下：朕信赖两宫太后，所选新君，深合朕意。载湉仁孝聪明，必能钦承付托，并孝养两宫太后，仰慰慈怀。

现在一切都成定局，深知宫中险恶的醇亲王几次哭昏在地，他对慈禧这个女人太了解了，为了权力，连自己亲生儿子都不放过，她还能放过谁。醇亲王觉得自己不能再参与朝政，一来不能以父跪子，让小皇帝背负不孝之名；二来要是自己出言献策会使自己这位皇父有一种无意间形成的威信，搞不好还会惹怒慈禧，然后慈禧再迁怒于小皇帝，所以醇亲王上折请求退辞，

第四章
慈禧如虎　同治如羊

被慈禧批准。

光绪元年（1875年），以恭亲王奕䜣为首席的军机大臣班底，在光绪即位、两宫太后再度垂帘之后，基本上没有变化，仍然是由恭亲王奕䜣、武英殿大学士文祥、协办大学士宝鋆、协办大学士沈桂芬和工部尚书李鸿藻五人组成。这个相当于国家最高级参政议政的班子，威望颇高，而且在实干精明的恭亲王的带领下，办事效率也非常可观，运转起来也比较顺利，慈禧对这个班子也很满意。光绪即位第二年，文祥病故。

二度垂帘听政的慈禧需要稳定自己的政权，作为对她俯首效命的军机处，基本上保持原状不动，仅仅把正直的湖南巡抚王文韶充实进来。当然，权力欲极重的人都容易犯一个毛病，那就是多疑，慈禧也不例外，虽然她信任军机处五大臣，但仍然密切派人关注着他们的举动。军机大臣虽然负责军国大事的参议决议，但最终的裁决还在慈禧手上，所以军机五大臣也是听命于慈禧的。在以后的日子里，慈禧也就是依靠驾驭这五大臣来统管文武百官和军国大事。

第五章

光绪：慈禧的掌上玩物

（一）玩弄于股掌的儿皇帝

4岁的小皇帝光绪在哭闹了一天的情况下很快就入睡了，等到第二天醒来，揉揉睡眼的他发现自己到了一个先前完全没有印象的地方，在这里，枕巾、枕头、被单乃至床位都很气派，而且侧立在他身旁服侍他的大人们，一个个笑脸盈盈，对他的小要求百依百顺。但是这会儿，载湉看不到自己亲爱的母亲和非常疼爱他的父亲了，身边一个个全是陌生的面孔，虽然亲和欢笑，但总是显得不太真切。

正当小光绪不太能适应新环境而想哭时，眼前突然出现了一个清瘦的面孔，大眼睛、大嘴巴，右嘴角长着一颗鲜明的黑痣，只见他一边给小光绪穿衣服，一边笑容可掬地轻声说道："万岁爷啊，奴才是这里的总管太监李莲英，以后啊，就由奴才侍候您，您看您这身衣服，这就叫作龙袍，在普天之下想穿这衣服的多着去了，不过就只有您能够穿。皇上啊，您就是天，您就是这里的主子，没有人敢不听您的。"

小光绪看着李莲英和蔼友善的笑脸，还有他给自己穿衣服时的舒服周整，便用一副好奇又有几分好感的眼神望着他。李莲英见小光绪这样看着他，便把他抱到桌子前，拿起笔写了三个字：李莲英。他还一边写，一边说："皇上，您记住奴才的名字就行了，就是这三个字。"说着，还用手指着字，让小光绪去认，小光绪也是一字一顿地跟着念道："李——莲——英。"

李莲英马上微笑着说："谢皇上记住我啊。等会儿呢，就有两位额娘要拜会，她们以后就是你的亲额娘，以后要听她们的话哦，一定要记住了。"

小光绪很快就回应道："我要阿玛，我要额娘呢……"

第五章
光绪：慈禧的掌上玩物

"皇上，"李莲英严肃起来，"从今儿起，你的阿玛额娘都没有了，你只有两个皇太后的亲额娘，记好了。"

小光绪不知是怎么一回事，便一脸无辜地左顾右盼，看了一会儿没有发现他的阿玛、额娘，便一下子号啕大哭起来。

李莲英早就防备到这一出了，便很快就拿出一个精巧的红漆盒子，摇动了一下，里面发出清脆的声音，好像有许多鸟儿在欢叫。小光绪觉得新奇和有趣，便破涕为笑，目不转睛地看着红漆盒子。然后，李莲英趁热打铁地打开盒子，只见里面有一个小男孩左手牵着一只兔子，右手拿着一根竹竿，竹竿上站着的是一只喜鹊在转动在欢叫。而竹竿上方，闪放着万道金光，而且还有无数的蝙蝠在那里自由自在地飞来飞去。

李莲英看着小光绪喜笑颜开，他自己也高兴地笑道："我的万岁爷哦，这可是'万蝠朝阳'，看来这江山，万岁爷是坐定了。"说着，就让小光绪捧着精美的玩具，自己就把他抱去养心殿。

两位皇太后早就在那里恭候了，满面笑容地看着可爱俊俏的小皇帝，心里美滋滋的。先是慈安弯下腰，张开双臂，对小光绪说："多俊的万岁爷啊，来，快来让额娘抱一抱，亲一亲。"

李莲英看见小光绪还在醉心于刚才的玩具，便催促道："万岁爷，这是皇额娘，快叫啊，快叫。"

小光绪这才抬起头，看看慈眉善目的慈安，然后向她挥挥手，口齿不是很清楚地叫道："皇额娘。"

在场的众人听了，也是很欢喜地赞扬道："万岁爷真聪明啊！"

慈禧也露出微笑，弯着腰，张开双臂，说："小皇帝，快过来，让额娘抱抱。"

慈安放下小光绪，让他面对着慈禧，示意他走过去，但小光绪刚一转身，看到慈禧犀利的眼神，便像是被开水烫着一般地缩了回去。

"小家伙，快过来啊，"慈禧还是很耐心地说道，不过这会儿她笑得眯着眼睛，"快来啊，让额娘抱抱。"

李莲英看着小光绪不作声,便着急地说:"万岁爷,这是您的亲娘啊,快叫皇额娘啊!"

小光绪瘪着嘴,哭了起来,叫道:"皇……"

还没等小光绪叫完,慈禧就柔声地说:"我的皇儿啊,叫亲爸爸,以后都叫我亲爸爸。"

李莲英也跟着附和,然后拿出一个可爱的小布娃娃,逗着小光绪,让他叫慈禧亲爸爸,但小光绪见着慈禧那双眼睛,就惊恐得立刻甩开布娃娃,嘴巴张大却又不敢哭。

慈禧在想,不能第一次就搞不好关系,只好慢慢地耐着性子,柔声地说:"皇儿啊,快叫亲爸爸。"

小光绪还是忍不住了,哭着叫了一声亲爸爸。慈禧很得意,便把小光绪抱起来,说:"小皇上啊,以后就跟我住在一起吧,走,我先带你去观德殿给先皇梓宫叩头去,然后再去奉先殿拜见列祖列宗。"

当天夜里,慈禧刚把小皇帝抱到床上,天空就响起巨龙模样的闪电,紧接着就是一声炸雷,"哄"的一声巨响,把小皇帝吓得浑身发抖,身上一阵冷汗,而且肚脐眼一阵潮湿。慈禧见到小光绪把头往被子里钻,觉得太可爱了,便紧紧搂着他,拍他的后背,哄着他,还亲自用手帕为他擦汗,然后又把他放进被子里,看着他入睡。

第二天清晨,慈禧在吃早点,看见李莲英走上跟前,便问:"小莲子,你说说看,伺候小皇上谁最合适?皇上所有的近侍,选老成质朴的人,但凡年少轻佻的一概不要。"

"小猴子刚从西苑服刑回宫,让他看护万岁爷怎样啊?"李莲英回答道。

"小猴子?不就是那个尖嘴猴腮的范长禄?那简直就是一个贪财好利的家伙。"

"娘娘记性真好,我说的正是这个人,虽然有些贪财,却是个古灵精怪的人物,没有他不会的。让他照看万岁爷,保准让您放一万个心。"

"噢?那好啊,这可是你小莲子说的话啊。你叫小猴子用心点,看管得严

第五章

光绪：慈禧的掌上玩物

一点。另外，让小猴子一定要牢记住，绝不许皇上的家人来看他，所有的人都不允许，不然，我就拔净他的猴毛。"

"这个小的知道了，保证看得严严实实的，还得天天教万岁爷，他不是醇亲王、福晋的儿子，永远是您的儿子，唯一的儿子，您就是他的亲爸爸。"

"哈哈哈，我看你小莲子肯定比小猴子还要猴精，赏银一千两！"

"奴才叩谢娘娘厚恩！"

就这样，在以后的日子里，小光绪对自己亲生的阿玛和额娘的印象渐渐模糊，甚至慢慢失去。小光绪一直都在慈禧身边慢慢长大，但不知为什么，小光绪在慈禧身边总是显得很胆小，总感觉自己吃不饱而且还浑身不舒服。

在那些宫女、太监的眼里，光绪从小就瘦弱多病，经常头疼、感冒、腹痛，说话也是支支吾吾不知所云，让人觉得吐词不清，而且外面稍微一点大的动静就会害怕，尤其害怕闪电和雷声，每次电闪雷鸣的时候，他总是大哭大叫，吓得一身冷汗，肚脐眼又是一阵潮湿。就是这么弱小的一个万岁爷，不仅让人感觉不到天子那种高高在上的威严，反而让人觉得有种想要去疼惜的心态。

这样的日子过了一年多，李莲英还是一如既往地把小光绪的行动告诉慈

光绪幼时骑马照

禧,说:"皇上长大了一些,越来越不好管教了。"

慈禧冷着脸,就好奇地问:"不是你们一直在管教他吗,怎么就越来越不好管教了呢?"

"这皇上不知怎的,动不动就跑到御膳房去偷馍馍吃。伺候万岁爷的公公们整天地看着他,怕他吃了凉的,龙体欠安。可是,万岁爷就是爱偷吃,偷了就跑,边跑还边吃,等小的们赶上他,万岁爷就不顾身份,还跪在地上求饶,这时嘴里还含着馍,手上的馍也吃了大半了。"

慈禧听到最后捂着嘴笑了起来,这一笑不打紧,反倒是这个消息流传出去,让大臣们捏了一把汗。大臣瞿子玖最先进奏:听说皇上在宫中食不饱,竟至于偷食馍馍,微臣不敢相信,闻听之下,肝胆俱裂。

见到这样的奏折,慈禧淡然一笑,然后召见瞿子玖,当面就很耐心地说:"皇帝入承大统,他可是我的亲侄子。以外家言,又是我外甥,是我亲妹妹的儿子,我岂有不心疼他的意思?皇帝进宫时,不过4岁,气体不充实,肚脐间经常潮湿,我都是亲自为他擦拭。他每天都跟我在一起住,不分白天黑夜,嘘寒问暖,加衣减被,调理饮食,哪一样不是我亲自过问。皇帝在醇亲王府时,就胆小怕事,听到雷声都害怕,还是我亲自呵护他,抱着他,守护他。你都没有知道实情,道听途说就贸然上奏,还肝胆俱裂,你是不是真的想肝胆俱裂啊?"

就慈禧对瞿子玖的那一段话,让很多臣子都放心了,也没有去继续给慈禧"挑刺",所以往后也就没有人再去进奏了。

等到又一年新年元旦,宫里宫外张灯结彩,特别喜庆。看着李莲英向慈禧请安,小光绪也依葫芦画瓢地跟着来一句:"亲爸爸吉祥!"

慈禧欢喜地拿过一个龙纹香荷包,递给小光绪,还笑着问:"皇上你几岁了啊?"

小光绪瞪着眼睛,老实巴交地说:"我今年6岁啦。"

慈禧对小光绪说道:"该上学了啊。"

李莲英在一旁附和:"是啊,该上学了,只是皇上的师傅,太后觉得选谁

第五章

光绪：慈禧的掌上玩物

翁同龢书法

翁同龢

合适呢？"

慈禧思索片刻，便缓缓开口说："还是翁同龢吧。"

翁同龢，字叔平，江苏常熟人，当地翁家世代为常熟望族，又是典型的书香门第和官僚世家，声望显赫。

翁同龢之父翁心存，早年中进士，步入仕途，官至大学士，曾为同治帝师傅。

他还有两个哥哥，翁同书和翁同爵，都当过封疆大吏，前者官至安徽巡抚，后者历任陕西、湖北巡抚，最后官至湖广总督。

翁同龢本人也是博学通才，不管是经学还是史学，都能融会贯通。咸丰六年，翁同龢以一甲第一名高中状元，一鸣惊人，从此步入仕途，可谓平步青云。同治四年，其父翁心存去世后，慈禧让翁同龢子承父业，继续教同治汉文。

成为同治的老师,对于一个读书人来说是无上的荣耀,为帝王师可是很多儒者寄托了他们治国平天下的梦想。翁同龢接到这份差事,非常尽心尽职,不敢有些微的怠慢,同治帝天性聪慧,也的确能够跟这位老师学得不少本领,慈禧对此也非常高兴,不断嘉奖翁同龢,擢升他为署侍郎、内阁学士。

可想不到的是,这位背负着中兴责任与期望的皇帝,从亲政以来,与慈禧的矛盾越来越激烈,所学的治国方案全部付诸东流,血气方刚的同治生平志向不能伸展,非常委屈,还多次放声大哭,最后觉得离自己的梦想越来越遥远,索性跟着载澄去八大胡同寻花问柳,结果走上了一条不归路。

对于爱徒之死,翁同龢非常痛惜、非常悲伤,觉得这个可造之才再怎么受委屈也不应该这样糟蹋自己,对于最后凄凉的结局,翁同龢破天荒地豪饮狂歌,喝了就哭,哭过继续喝,在将醉之际,还大叫:"造化弄人,造化弄人啊!"

现在翁同龢又有机会为帝王师了,军机处官员过来宣旨:"恭喜,恭喜,翁大人,请接旨。"说着,军机大臣就宣读慈禧太后的懿旨:

> 皇帝冲龄践祚,亟宜乘时典学,日就月将,以裕养正之功,而端出治之本。
>
> 著钦天监于明年四月内,选择吉期,皇帝在毓庆宫入学读书。
>
> 著派署侍郎、内阁学士翁同龢,侍郎夏同善,授皇帝读书。其各朝夕纳诲,尽心讲贯,用收启沃之效。
>
> 皇帝读书课程,及在毓庆宫一切事宜,著醇亲王妥为照料。
>
> 至国语清文,系我朝根本,皇帝应行肄习。
>
> 蒙古语言文字及骑射等事,亦应兼肄。
>
> 著派御前大臣随时教习,并著醇亲王一体照料。

翁同龢趴在地上,悲喜交加,还是忍不住失声哭泣。翁同龢和他的父亲

第五章

光绪:慈禧的掌上玩物

都是同治的老师,那已是多少读书人梦寐以求的恩宠和荣耀了,可是他们父子在同治身上花了不少心血,一直以来孜孜不倦、兢兢业业,期望造就一代明君,可最后的结果是皇帝过世太早,竟然还是以那种方式去世的。如今再度成为帝师,这可是旷古以来都难有的荣光啊。

但思前顾后,翁同龢还是想要推辞,他明白慈禧是一个性情十分独特的人,权力欲极重,不达目的不罢休,"宁我负人,毋人负我"的那种。翁同龢鉴于同治一事,还是上折子力辞。

等到第二天,翁同龢的奏章就送到两宫太后御前。慈安一看就觉得很不解,便召见翁同龢,问:"两任帝师,这可是千年难得的殊荣,翁大人,您可想清楚了哦。"

慈禧却小声念叨着:"这就是他们读书人的把戏,故意在这里半推半就的。"

翁同龢见两宫太后没有立刻批准,就伏地跪拜:"启禀皇太后,微臣日夜惶恐,再加上身体大不如以前,还请皇太后另选贤能。"

慈禧直接拿起朱笔,批到:"禀遵前旨,毋许固辞。"就这样霸气十足地拒绝了翁同龢的请求。没办法,翁先生也只能老老实实效命。同小光绪相处了几天,翁先生发现这小皇帝老实乖巧,可以调教,有望成为一代明君。

最初一段时间,小光绪可能是觉得新鲜,每天上午都到书房,认真地识字、听书、读书、背书、写字,后来就有些不耐烦了,竟然终日静坐着发呆,闭着嘴就是不肯读书,有时候趁老师不注意,竟然悄悄地溜走逃学。

好在翁同龢还算有耐心,尽管顽皮的小皇帝令他很苦恼,但还是尽心尽意地循循善诱。几年后,小光绪懂事些了,一心一意地跟着老师学习,学业也是突飞猛进。这时的翁同龢便在日记中欣喜地大赞道:"读极佳,一切皆顺。读甚佳,膳前竟无片刻之停!功课大有益也。读甚勤奋!读甚奋发!"

久而久之,小光绪对翁老师也产生了依恋的情愫,闪电、打雷的时候,他就一个劲儿地往老师怀里钻;等他冷了或者热了的时候,只要老师嘘寒问暖,他就欢快地在屋里跑来跑去;如果小太监冷落他、欺负他,他就告诉老师,让老师去训斥他们。

有一次,翁同龢回老家修墓,一回到京城,小光绪亲自去迎接,见到面就眼泪流下来,还学着老师的口气文绉绉地说:"吾思汝久矣!"这着实让翁同龢吃了一惊,知道小皇帝惦记着他,高兴了好一阵子。

每逢春节,光绪总要用朱笔端端正正地写两个大字"福"、"寿",然后亲手送给老师。翁同龢又非常高兴地在日记上写道:"勤奋,爱民,仁厚,好学,真乃尧舜之君啊!"

每每放学之后,光绪总是要先跑到慈安那里逗留很久,然后再不太情愿地到慈禧那边问安,再不太情愿地向慈禧报告自己的学习情况。慈禧明显感到这个光绪还是对慈安要亲热得多,女人的妒意伴随着一股冷冷的寒意流遍全身,她在心里想:为什么自己的亲生儿子同治非常喜欢慈安,而这个侄子加外甥的光绪还是这样呢。于是她就迁怒于慈安,觉得慈安夺走了同治,现在又要夺走光绪,想着想着,慈禧用朱笔写道:东……东……东……

慈禧一直耿耿于怀的事情无外乎三件:为什么同治和光绪都像着魔一样喜欢慈安而不是她自己;同治选皇后竟然跟东太后一条心;宠臣安德海惨死济南而且连宫中她的亲信侍从差点被一网打尽。慈禧对这些咬牙切齿,觉得自己很多时候都小瞧这个貌似温顺柔弱的女子了。

(二)慈安神秘死亡

有时候你越气什么,就越容易来什么,用这句话来概括慈禧的心情是最好不过的了。两宫太后依照祖制前往东陵祭拜。皇家陵墓非常讲究,山环水绕,风光秀丽,说是风水宝地没有人会不相信。如此令人舒畅的景致映入眼帘,慈禧心情大好,但可能是心中还在留恋幽美的景色,慈禧竟不自觉地跟着东太后一起上前,祭拜祖宗,但没想到慈安却冷着脸,严肃地

第五章

光绪：慈禧的掌上玩物

对她说："先帝在时，都是帝后同祭，妃嫔不能并列，还请你退后，等一会儿再过来拜祭。"

慈禧刚才的好心情一下子全部烟消云散，浑身上下每个细胞都充满寒意和愤怒，因为这一二十年来，还真没有人敢跟她这么说话，于是她忍不住说道："你是太后，我也是太后，还分什么先后？"

"我比你先入宫先为皇后，这也是礼制，你怎么就不懂事了。"

自从慈安这句话一说出来，陵园的气氛突然凝结，庄严肃穆中还有一股怒气在慈禧的五脏六腑中碰撞，但她又一直强忍着，不能当着众臣的面丢了自己太后的威严，更不能在这种场合乱了方寸。

回到皇宫后，慈禧就一病不起，寝食难安，日复一日地腹泻。后来太医院遍招天下名医前来为46岁的太后会诊疑难杂症，才发现慈禧是积郁积劳，心脾受损，血气不足。

经过一个多月的调养，慈禧的病情有明显的好转，但各种流言蜚语在这个时候不断传到慈安的耳里：慈禧在后宫淫秽不堪，天天纵情声色，要是哪天不听淫戏、不看春宫画，绝对睡不着；而且有时候，还让御医给她讲情色故事；最不堪入耳的竟然是慈禧私蓄男宠，时常有年轻俊俏的男子打扮成太监模样，出入禁宫。

慈安对于种种流言都是半信半疑，但后来她亲眼看到，慈禧同一个年轻男子卿卿我我，当时慈安为了避嫌马上走开。

前几天慈安过来探病的时候，慈安说过咸丰给她的一道诏书，只要出示这道诏书就可以处死慈禧。

慈禧觉得应该示弱，最好不要把兔子惹急了，于是她快步走到钟粹宫，见到面就向慈安下跪："姐姐，是我一时糊涂，犯了大错，这么多年了，我一直都熬得住，可有时候实在是太那个了。姐姐啊，是妹妹的错，任凭姐姐你怎么处置。"慈禧一把鼻涕一把泪地说着。

慈安还是心软，苦口婆心好像在劝小孩子似的说："妹妹啊，你怎么能这么糊涂，这事要是传出去岂不是要身败名裂，咸丰帝对我们不薄，你怎么能

做出如此对不起他的事呢？"

"姐姐，我知错了，甘愿受罚，就算让我死也对不起九泉之下的咸丰帝。"

慈安拉着慈禧的手说："像咱们这样早年守寡，犯了这样的错，要是普通人家也就罢了，哎，可偏偏咱们是皇家，弄出这么一件事来。先帝爷还让我好好看管你，我可不想因此事坏了我这么多年的良苦用心，那个小白脸到哪里去了？"

"我给了他一些银两，让他远走高飞了。"

"嗯，好了，事情终归过去了，下不为例。我会藏在心里的，你放心好了。"

"谢谢姐姐，谢谢姐姐，妹妹一定会谨记教诲。"

在接下来的日子里，慈禧一连三天称病不去帘子后面听政，慈安还两次派人前来探望，说是让她静心修身，但不久慈安自己就病了。御医说是风寒之症，还给慈安开了清热解毒的方子。第二天，慈禧就同李莲英前来探望慈安，顺便还带了一个药碗。

见慈禧左臂上缠着纱布，慈安诧异地问："你这是怎么啦？"

李莲英抢着回答说："听闻东太后贵体欠安，主子日夜焦心，听说人血可以发挥药效，让病情迅速好起来，主子就割腕放血，这药碗中就有主子的血。"

慈安疑惑地看看药碗，见的确有几滴血浮在汤药上，便很感动地拉着慈禧的手说："我只不过是一点小病，妹妹何必如此呢？"

慈禧微笑地说："如果能够让姐姐的病快点痊愈，流点血又算什么呢。"

不知是心理作用，还是药效真的很快，喝过药后，慈安精神好了很多，便劝慈禧临朝听政，慈禧只是一味推托，说自己想要同姐姐好好聊聊天，不想那么累。

慈安见慈禧没有以前的霸道和专横了，反而变得温顺体贴起来，可能是因为丑事泄露，让她收敛起来了吧，于是她很诚恳地看着慈禧，说："妹妹啊，先帝遗诏的事以前一直都瞒着你，你不会怪我吧，我也是怕你伤心。"

慈禧目瞪口呆地问："瞧姐姐说的，这样也太见外了吧，姐姐对我一直都

第五章

光绪：慈禧的掌上玩物

照顾有加，我怎么会怪你呢。"

听慈禧这么说，慈安也觉得释然，便郑重其事地对慈禧说："妹妹，那份遗诏是先帝留下的，如今也没用了，再留着也不好，要是让他人知道，还以为我们姐妹不和，这样一来，不仅我们二人因此而又隔阂，反而辜负了先帝的一片苦心和善意。"

慈禧觉得慈安那里的杀手锏分量不是一般，便惴惴不安地说："姐姐，听你说得这么神秘，到底是什么样的遗诏啊？"

此时的慈安也完全没有了戒心，从袖子内掏出遗诏来，递给慈禧。慈禧打开一看，果然是先帝的手迹，不由得大惊失色，觉得天都要塌下来，她实在不敢相信，这就是当年与她恩恩爱爱的咸丰所写：

    抱子临朝，恐不可制。今谨防之。即有过，宣诏赐死，毋犹疑。

天啊！还是不敢相信这一切都是事实，原来自己深爱的丈夫对自己早就有防备心理了，而且还不惜让她受死，先前的甜言蜜语、山盟海誓都被这诏书给无情地摧毁。慈禧看了一遍又一遍，那的确是咸丰所写，顿时这个铁腕太后泪流满面，哭成泪人。

面对悲痛欲绝的慈禧，慈安觉得在情场上，她才是真正的胜利者，她才是能够笑到最后的人。她喜悦地笑了片刻，但还是掏出手帕，帮助慈禧擦泪，还一连安慰她。

慈禧哭着跪在地上，泣不成声地说："姐姐，先帝在时，常常在我面前夸你，说你善良得像个女圣人，像观世音菩萨。我先前只是吃你的醋，后来久而久之才发现姐姐真的是个女圣人，好姐姐，这些年你一直都是真心待我，我却太让你失望，太辜负你对我的好意了，姐姐，请你将我赐死吧！"

慈安一把将慈禧扶起来，然后又摸摸她的脸说："妹妹啊，你这是说的什么话，我们经历了这么多年的大风大浪，早已胜过亲姐妹了，你说这还有何用，烧掉好了。"说着，慈安就一把拿过遗诏，放在烛火上点燃了。然后，两

宫太后相拥而泣。

慈禧再次跪拜在地，带着哭腔说："姐姐的再造之恩，妹妹谨记在心，永世不忘。"

慈安扶起慈禧，认真地说："以后可要多注意点，别再听淫戏，也别再看春宫图了，实在闲的没法子，来姐姐这儿来，我们可以打牌玩，也可以去宫外游玩。"

慈禧点点头，很诚恳地说："我全听姐姐的，如果再让姐姐生气，天打雷劈不得好死。"

慈安抱住慈禧，说了好一阵贴心的话，直到半夜，二人才散开。

等到慈禧回到自己寝宫的时候，闷不作声，只是在纸上一直写"东"这个字，李莲英看在眼里，记在心里，他清楚他的主子就快要亮底牌了。

过了几天，慈禧派人给东宫送过去一盒饼饵，慈安吃得津津有味，一连吃了三块，等到她喝了一点蜂蜜的时候，突然疼痛得让她捂住肚子，眼睛瞪得大大的，很快不治而亡……

近侍宫女看得惊住了，不知道该说什么，也不知道该做什么，看见慈安十个手指全部变得紫黑，她们更是吓得面无血色，噤若寒蝉。年仅十岁的光绪前来请安，看到慈安的惨状，吓得失魂落魄。以后每天都木呆呆的，很多人以为他是吓傻了，但他又是每天都坐在皇额娘慈安的灵位前默哀致祭，就这样持续了一个月，翁同龢在日记上写道：太后去世一月，皇上尤分心，神倦气浮。在三个月后，光绪仍然是这样子，没有多大好转。翁同龢甚至还在心中埋怨，让这么小的孩子当什么皇帝，小小年纪就要面对宫廷的残酷与凄冷。

慈安的丧事办得很简单，完全不是大清一国皇太后应该享有的规制，丧事期间，皇宫里没有任何特别的祭奠活动，更没有一七到七七时候的沉痛哀悼，二十七天后，文武百官，侍女太监也都脱了孝衣，如果有大臣念及慈安的功德而继续穿戴素衣的，要么受到严厉的斥责，严重一点的被降级或是被免官。

第五章
光绪：慈禧的掌上玩物

慈禧太后生活照

从这一年开始（1881年），慈禧被称为老佛爷，正式开启了她一手遮天的时代。

（三）荒唐的中法战争

一般说来，女人与战争并无太多直接的联系，尤其是在中国，没有像古希腊神话那样特意为了某个女人而发动大规模战争的，尽管很多人打仗是为了权力、金钱和女人，可对他们来说女人往往只是战利品的附属而已。在光绪九年十一月到光绪十一年二月（1883年到1885年），清政府和法国之间发生了一场荒唐的战争，但战争的过程和结局都与清廷这个名副其实的大当家——老佛爷慈禧有着密切关系。

先来看看中法战争之间的一组数据资料，让我们了解一下这场战争到底

荒唐在哪里：

名称：中法战争

地点：越南及中国西南边境和南海一带

时间：1883年12月~1885年4月

参战方：中国VS法国

结果：中国不败而败，法国不胜而胜，签订《中法新约》最荒唐的战争结局

参战兵力：清军25000~60000人

法军5000~20000人

伤亡情况：10000人伤亡（清军）　2100人伤亡（法军）

主要指挥官：潘鼎新，刘铭传，刘永福，唐景崧（清军）

费里，孤拔，布里耶，米勒（法军）

英文名称：Sino-French War

领土变更：法国得到对越南的宗主权

慈安去世后，慈禧的身体也一直欠安，有时候不便于垂帘听政，要是在以前还有慈安太后顶替，现在她不放心，便将自己深为钦佩的帝师翁同龢提升为军机大臣，参与军政大事，也好通过老实巴交的翁同龢掌控朝政信息。翁同龢正值壮年，还有一腔男人的血性，他经常将国内的蝗灾、瘟疫和西洋列强侵占国土、害我同胞这样内忧外患的实情告诉已是翩翩少年的光绪。

在光绪12岁那年，法国侵略清朝藩属国越南，当然醉翁之意不在酒，因为法国窥伺云南、两广之地很久了。战事的消息传到朝廷来，大臣们纷纷进言，但大多为主和派，他们认为如果一开战端，法军必将舍越南而图大清，挥师远出，容易顾此失彼，防不胜防。

慈禧也认为越南远在千里之外，法国打越南，与我大清朝何干？于是，慈禧就任命心腹大臣李鸿章为全权大使，让他去同法国人斡旋。李鸿章这个

第五章
光绪：慈禧的掌上玩物

淮军创办人跟太平军、捻军打打内仗还行，要是真跟洋鬼子干起仗来，他的意图也跟慈禧一样，主张不可开战，只要法国不侵占中国边境，占不占领越南都可以一概不管。

但很快越南支撑不了便向清朝求救，一班文武大臣又一改先前态度，纷纷主战。李鸿章就不同了，他有慈禧老佛爷的"尚方宝剑"，反而与法国使者"眉来眼去"，希望尽快和解。法国人见李鸿章还未开战就来求和，便得寸进尺，向清廷提出了议和条件：越南以后置于法国的势力范围内，不再是清朝的藩属国；共同消灭刘永福的黑旗军；在云南越南边境地带开辟通商口岸。

这一段日子慈禧身体不好，心情也不好，对于堆积如山的奏章要交由她来裁夺，一向喜欢插手政务的女强人也觉得烦躁，于是只好召集军机大臣讨论是战是和。

光绪义愤填膺，坚决主张开战。全权大臣李鸿章还是慈禧先前的老调，力主议和。军机大臣兼任帝师的翁同龢的主张很调和，认为当迅速备战，但讲和也不要停下来，总之是做两手准备。还未等其他军机大臣发言，慈禧就急于拍板，支持李鸿章，妥协讲和。

法国新任公使与两江总督曾国荃谈判，一开始就提出：中国必须赔款，白银50万两。

光绪气得浑身发抖，在朝堂上咆哮道："仗都没打，赔什么款？要是真打，也不会怕他。"

慈禧不表态，默许李鸿章去议和，首席军机大臣恭亲王干脆装聋作哑，就托病请假而长期不上朝。

朝廷上战和不定，远方的清军只能按兵不动，就这样战机一误再误。法国方面倒是趁势逼近，悍然入侵台湾基隆港，并派出兵舰袭击福建马尾军港。主持马尾事务的左副都御史张佩纶是主战的，他也多次上奏与其老上级也是后来的岳父大人李鸿章唱反调，说中国战胜法国有三大理由：一、普法战争结束没有多长时间，法国战败后国力相当贫乏，打打越南这样的小国尚可，要是与大清作战就是以卵击石；二、法国劳师远征，此次远距离作战，后续

部队前来时间漫长,而且法军一时间能够调集的人数也并不多,可以趁其军力不整,迅速将其击败;三、法军占领越南后,施行暴政,只要派人在越人中进行号召,越南民众就会群起而响应,陷法军于四面包围之中。

由于张佩纶过于自信能击败法军,再加上忠实履行清廷不许先发制人的条令,居然坐视法国军舰开进闽江,结果眼睁睁看着法军在自己家门口,把马尾船厂福建水师的舰队悉数歼灭。

震惊了,哗然了,先是福建,然后是朝野,最后是全国。弹劾张佩纶的奏折如雪片纷纷呈上,后来慈禧却让创办福建水师的左宗棠查办张佩纶,然而她自己最后的目的却是对付恭亲王。

辛酉政变是慈禧登上政治舞台的转折点,多亏恭亲王帮他一把,但当政后的慈禧却倒打两耙,第一耙是同治四年,蔡寿祺弹劾恭亲王,慈禧接着落井下石,革去六爷议政王的头衔和一切职务,就这一耙让号称文武双全、精通权术的恭亲王措手不及,而且那时的他深感震惊:一个小女人竟然如此心狠手辣、冷酷无情,对自己曾经同舟共济的同道毫不念及旧情,而且这打击王公权臣的本领不是一般的高超。幸好拥护六爷的群臣纷纷上奏申辩和力争,才让慈禧不至于赶尽杀绝。第二耙则是同治十二年(1873年),关于修筑圆明园一事恭亲王觉得国事艰难,而且国防经费不能再被削减了,因此才上奏同治,阻止其为太后重修圆明园。那一次,恭亲王既得罪了同治又得罪了慈禧,本来是为国事操心,结果却两面不讨好。

当年那个意气风发的恭亲王六爷经过两次打击,再也没有先前的气魄和雄心了,只要是朝廷摊上大事,他总是哼哼哈哈打哈欠,不会表态:

光绪立嗣之争,他没有提出建议,反而被慈禧点名后当场昏过去。

慈安突然暴毙,他也没有据理力争,而是让母仪天下的太后草草安葬。

中法战争是战是和,他仍然是徐庶进曹营——一言不发,现在法国佬都把本是欣欣向荣的福建水师击溃,他作为首席军机大臣仍是一副麻木不仁的姿态,这都让大臣心急如焚了。

趁着这次马尾水战的惨败,慈禧也不顾大清朝是战胜还是战败,反倒给她

第五章

光绪：慈禧的掌上玩物

找到了一个向军机处发飙的机会，作为首席军机大臣的恭亲王自然首当其冲。出人意料的是，慈禧竟然将五名军机大臣一夜之间全部撤除，而且也没有商量的余地，当夜就颁布军机处新成员的名单：礼亲王世铎为首席军机大臣，内务大臣额勒和布、户部尚书阎敬铭、刑部尚书张之万、工部右侍郎孙毓汶为军机大臣，参与军国大事，而且还明确表示：军机处遇有紧急事件，会同醇亲王商办，也就是说醇亲王虽不在军机大臣之列，但却在无形之间影响着军机处的一举一动，算得上是幕后的首席大臣。这次军机处全盘翻新，在清朝设军机处以来都是少见，史书上称之为"甲申易枢"或"甲申朝局之变"。

尽管朝廷改弦更张，但中法战争仍在继续，这次的主要战场转移到了台湾沿岸一带以及广西一带。击溃福建水师后，法国远东舰队开始把魔爪伸向宝岛台湾，进犯基隆和淡水，福建巡抚、督办台湾军务的刘铭传从基隆撤军，集中力量固守淡水，挫败前来进攻的法军舰队，加上基隆一带流行瘟疫，法军也从基隆撤出，打消了进攻台湾的企图。

在陆地上，法军从越南派军进攻广西，以威逼清廷在西南边界开放通商口岸。这次迎战骄横法军的是两广总督张之洞重新起用的广西提督老将冯子材，先前没有遇到什么阻力的法军非常嚣张，竟然只派遣了900余人从谅山出发，叩击越南与广西的交界地带——镇南关。冯子材以66岁的年纪，骑着高头大马，抡起大刀，带领两个儿子到战场上与法军拼杀，经过两天激战，法军以伤亡93人的战绩而溃败，清军趁势进攻法军镇守的文渊城。

清军久攻不下，就放出带有火药的驴子去攻城，结果被法军的流霰弹炮吓得反而践踏清军阵地。对于流霰弹炮，清军毫无畏惧之意，只是一个劲儿地往前冲，结果留下1200余尸体，而法军7死24人伤，法军退守，清军趁势占领谅山等地。冯子材越战越勇，准备结集四万大军打到河内去。

任凭冯子材如何"烈士暮年，壮心不已"，慈禧还是派李鸿章与法国驻华公使巴德诺于天津举行会谈，会谈的结果是中法双方签订《中法新约》，主要内容有：清政府承认法国对越南的保护权，承认法国与越南订立的条约；中

越陆路交界开放贸易，中国边界内开辟两个通商口岸，"所运货物，进出云南、广西边界应纳各税，照现在通商税则较减"；日后中国在西南一带修筑铁路，"应向法国业者之人商办"；此约签字后六个月内，中法两国派员到中越边界会同勘定中越界限；法军退出台湾、澎湖。

中法缔结条约的消息传来，朝廷大臣又沸腾起来，湘军元老左宗棠挺身而出，带着浓浓的湖南辣子味对李鸿章大肆挞伐，他说："对中国而言，十个法国将军也比不上一个李鸿章能够坏事，李鸿章误尽苍生，必将落得个千古骂名。"湘军集团出身的大员也对淮军集团大员大肆攻讦，认为他们不仅作战不利，而且专门会奴颜婢膝地向洋人求和。谁知，淮军集团还反咬一口，说湘军集团站着说话不腰疼，于是湘淮两系朝臣掀起一场政争，最后以左宗棠去世，慈禧偏袒淮军而让淮军集团的大臣最后胜出。

这次中法战争几乎跟以前的中英鸦片战争、第二次鸦片战争如出一辙，前线不乏英勇将士浴血奋战，但朝廷中的权臣甚至是处于权力巅峰的皇帝（这次自然是慈禧）一直都是战和不定，朝廷内部不能够齐心协力，没有达成统一的战略部署，因此即使主战派一时占上风，在战争结束后，主和派还是要对主战派在朝廷上进行攻讦，认为一开始就应该议和，大清还不能跟洋人开战。

经过几次战败以及屈辱性的割地赔款，很多大臣都谈洋色变，生怕在战败后，签署更多的不平等条款，似乎还没开战就已知道战败是必定的了；当然还是有不少铁腕派，坚决主战，光绪作为年轻的皇帝，血气方刚，自然想与洋人好好一战，以重振大清声威，但他不是一个握有实权的皇帝，最后还是受制于对外妥协的"亲爸爸"慈禧。

关于这次战败，慈禧负有主要责任，她不顾国家利益，仅以巩固自己的权位、排斥政敌为主。战争刚一开始，她就派心腹大臣李鸿章去同法人和谈，显然最初她就没有与法人一战到底的决心和勇气，反而利用中法战争中福建水师的崩溃，来清除以恭亲王为首的军机处，然后全部换成她自己的心腹，

第五章
光绪：慈禧的掌上玩物

以此来完完全全地控制政局。

但也是通过这次中法战争，慈禧对时值少年的光绪产生了戒备心理，事情是这样的：

当时镇南关被法军占领，御前大臣纷纷商议如何御敌于国门之外，坐在龙椅前的光绪兴致非常高昂，听到诸位大臣的奏言，拍案而起，说："边防不安定，作为封疆大吏不思保家卫国，却明哲保身，指挥无方，只会被动挨打，先前竟然被法人堵在自家门口消灭个一干二净，还有人临阵脱逃，投降求和，我大清一直如此下去，岂有不亡之理。这仗一直要打下去，大家一条心，数十万人还打不过几万人的法兰西？"

慈禧在帘子后面冷笑了一声，然后对光绪说："皇上长大了啊，可以处理国家大事了。"

光绪得到认可，心中很是高兴，便很耿直地说："孩儿要学圣祖康熙爷的文治武功，再振我大清千秋雄风。"

"好啊，皇上志气可嘉啊，今天就此退朝吧。"慈禧有气无力地说着，然而心里却想光绪亲政后要是真的学康熙，那自己岂不成了阻碍他重振大清的鳌拜？这样自己可是第一个要被算账的啊。想到这里，慈禧不禁毛骨悚然，不管慈禧现在心里怎么想，十月初十那天，恰逢慈禧50岁生日，宫里宫外又是张灯结彩、喜气洋洋，完全一扫中法战争战败后的氛围。

（四）光绪亲政

古人认为男子年满15岁就是成年人，历代王朝的幼主在14岁左右都能亲政，就说清朝，顺治帝6岁登基，14岁左右就亲政，康熙也是8岁登基，14岁亲政；后来到同治帝，4岁登基，17岁才勉强亲政，那可是慈禧顶不住

各方面的压力,才把同治抬到台面上,不过军国大事各方面重要的政务都由皇太后裁决,亲政不到两年木偶皇帝同治便一命呜呼。现在光绪14岁了,在他登基时,慈禧就明确下旨表态,等到皇帝典学有成,即行归政。现在皇帝的品行、学业乃至气度都是大臣们交口称赞的,但鉴于同治的先例,没有王公大臣去捅这娄子。

中法战争中国向法国妥协后,海军衙门成立,而且总理海军衙门事务的正是光绪亲生父亲醇亲王奕譞。从光绪十二年(1886年)起,以在昆明湖筹建水师学堂的名义,给他母亲修筑的清漪园便更名为颐和园,在英法联军焚烧后的颐和园便得到重修。修筑园林向来都是一项大工程,更何况是具有一定规模的皇家园林,不过海军衙门总理奕譞为了讨好慈禧,竟然挪用海军军费,有人估算,从正式修筑颐和园开始,一直到光绪二十年(1894年)的甲午中日战争为止,颐和园工程共挪用海防经费860万两,当然这只是保守的估计。

除了颐和园外,三海工程也挪用了不少海军经费,据统计,从光绪十一年(1885年)到光绪二十一年(1895年)这十年间整个三海工程经费总额达到600万两,而在甲午中日战争爆发前的9年时间里,奕譞竟然没有购置过一艘新军舰。奕譞为什么花费巨额来办这两样工程呢?表面上老实巴交的奕譞实际上是老谋深算,他之所以这么做,一方面的原因固然是为了讨好慈禧欢心,以得到信任和恩宠,另一方面,他实际上是为了自己的儿子亲政做准备,他跟同治当年想的一样,是为了让慈禧早日在湖海园林内颐养天年而不再插手政事,但他没想到自己这个海军衙门总理大臣的这些举动,为后来中日海战的惨败埋下了祸根。

光绪十二年(1886年)光绪16岁,已超过亲政年龄了,按照清朝祖制以及臣民当时的心态,慈禧不得不考虑归政事宜,经过一番慎重思考,慈禧召集醇亲王奕譞及军机大臣等人商议此事,最后表示明年归政,还当即发下懿旨:

> 著钦天监于明年正月选择吉日,举行亲政典礼,所有应行事宜及应复旧制之处,着各该衙门敬谨查照成案,奏明办理,将此通谕

第五章
光绪：慈禧的掌上玩物

中外知之。

醇亲王奕譞一看这懿旨，就知道慈禧用这既不明朗也不诚恳的态度，多半是想引蛇出洞，对一些王公大臣进行试探而已，对此，奕譞竟然想到一个"训政"的主意来代替归政，他上奏慈禧说："王大臣等，审时度势，合词吁恳皇太后训政，敬祈体念时艰，俯允所禀承，日就月将，见闻密迩，俟及二旬，再议亲理庶务。"

奕譞的意思是让慈禧在这关键时刻，再训政两年，也就是延长两年垂帘听政的时间，不过被慈禧假惺惺地给拒绝了，慈禧再次欲擒故纵，说是皇帝的亲政典礼于明年正月举行。奕譞自知火候还不够，于是又让一班大臣联合上奏，恳请慈禧训政，这都在朝堂内形成一种呼声，一班男人气呼呼地恳求女主继续训政。慈禧见时间成熟，半推半就地答应了。

但口说无凭啊，得要让那班臣子们心服口服啊，于是慈禧就指示她的御用军机处让礼亲王世铎带头，拟定训政的章程，世铎二话没说，同奕譞商定后，就上奏"训政细则"：

一、中外臣工呈递皇太后、皇上安折，应请恭照现式预备，奏折也恭照现式书写。

二、近年各衙门该归验放验看开单请旨及暂停引见人员，拟请循照旧制，一律带领引见，仍恭候懿旨遵行，排单照现章预备。

三、乡试、会试及各项考试题目，向例恭候钦命者，拟请循照旧制。臣等进书恭候慈览，择

奕譞

定篇页,请皇上钦命题目,仍进呈慈览发下。

四、内外臣工奏折应行批示者,拟照旧制均请朱笔批示,恭呈慈览发下。

以上的细则中,意思说白了就是训政时期,光绪仍然只是一个摆设而已,全部大权还是掌握在老佛爷慈禧手中。即便如此,在光绪十三年正月十五日,慈禧还是为光绪举行了亲政大典,仍是如同治一样,光绪在慈宁门受王公大臣前来道贺,形式上光绪是亲政了。

这一年刚好是光绪17岁,也到了结婚的时候,不过光绪还不如先前的同治,能够自己选定皇后,而且还有慈安在一旁撑腰打气,现在他只能听老佛爷的话,准备在来年迎娶慈禧的亲弟弟桂祥之女,也就是慈禧和光绪母亲的侄女即叶赫那拉·静芬。静芬说起来是光绪舅舅的女儿,还是他的亲表姐。另外慈禧还帮光绪选好了两个嫔妃,即瑾嫔和珍嫔,也就是后来的瑾妃和珍妃。

在给光绪选后妃的过程中,慈禧又玩了一次把戏,她先是让光绪自己在选秀女中进行选择,光绪推辞道,当由亲爸爸为他的婚事做主。慈禧又使出以退为进的惯用伎俩,说:"皇帝自己去看,对谁中意就选谁。"光绪还真把慈禧的话听进去了,但就当光绪准备选德馨女儿为后时,慈禧大喊一声"皇

光绪皇帝与珍妃

第五章
光绪：慈禧的掌上玩物

上，可要选好了！"然后，慈禧就仰起头，用翘起的下巴指着她的侄女静芬。光绪慑于慈禧威权，便只好选了自己的表姐为后。

静芬最终如慈禧所愿而被册封为皇后，这个皇后也受到过良好的教育，性格温和、娴雅端庄、为人机敏，慈禧对她非常喜欢，而且还夸奖她，说："宫中只有皇后和她是真正懂得中国文学的。"其实，慈禧选择侄女，还有更深层次的目的，就是派她来监视皇帝的行动，免

瑾妃

得像上次同治选后那样，居然选出一个跟自己过意不去的皇后。就因为这样，光绪对这个皇后表姐总是不大喜欢，几乎视她如无物，两人的婚姻悲剧从一开始就注定了，而这一切的缔造者就是慈禧本人，当然了，她是为了权欲不择手段的人，大清朝的基业不当回事，自己儿子的幸福也都不当回事，更何况是光绪。

反而是光绪看上的珍嫔，长得国色天香、容貌出众，生性开朗、善解人意，而且还是一位接受西方思想的女子。在后来的日子，她与光绪一起醉心于琴棋书画中，非常恩爱，在光绪推动戊戌新政时，又极力支持，深得光绪宠爱，但就是因为这样，受到慈禧的忌恨，年纪轻轻就被心狠手辣的慈禧害死，当然这是后话了。

珍嫔的姐姐瑾嫔就不同了，为人长得非常平凡，甚至可以说有点丑，不过她比较安分守己，虽然常年独守后宫，但也不去争宠，所以没有惹得慈禧忌恨。瑾嫔虽是珍嫔同父异母的姐姐，但慈禧恨珍嫔也常常迁怒于她，好的是瑾嫔为人谦虚谨慎，不像珍嫔那样恃宠自傲，而且她还烧得一手好菜，宫中侍女、太监乃至慈禧都喜欢吃她做的菜，所以她在宫中最不得宠，却还是赢得了众人的喜欢。慈禧在后来害死了珍嫔，但对于人缘好又低调的瑾嫔还

是网开一面。

光绪十五年（1889年），皇帝正式大婚，迎娶一后二嫔。一拖好几年，现在光绪都19岁了，按照醇亲王和其他王公大臣的上奏，慈禧训政的时间也当终结。于是在光绪完婚后，在这一年的二月初三，举行亲政大典。慈禧在慈宁宫接受光绪及群臣的三跪九拜，然后光绪回宫，到中和殿接受执事官行礼，最后亲临太和殿，击鼓鸣乐放鞭炮，王公百官行礼，宣表颁诏，光绪亲政便正式开始。

在光绪完婚及亲政前后，慈禧故伎重演：以自己的名义遍赏王公大臣、封疆大吏，借机笼络人心，巩固自身地位。

慈禧听政、训政，再到归政，把最高权力逐步移交给光绪，而自己到颐和园去颐养天年去了。但这只是表面现象，实际上慈禧身虽在颐和园，但心随时都在紫禁城内，她的心腹、眼线总会在第一时间内，把国中军政大事通报给慈禧，然后请慈禧出面干预。

对于慈禧仍然在后台牢牢操控着最高政权不放，醇亲王非常为自己的儿子着急，他到恭王府找六哥寻求帮忙去了。当时去的时候，恭亲王正在同潘祖荫鉴赏古砚，一进园子，恭亲王就问："老七，快过来看看，这两块古砚哪块更好？"

"六哥，你也知道我不好笔墨纸砚，你还是同潘大人一起鉴赏吧。"醇亲王话一说出口，潘祖荫就自觉告辞。紧接着，醇亲王就道出自己所来目的，没料到这个六哥竟然冷冷地说："老七啊，我不问政事好多年了，现在什么局势我都不知道，实在不能再插手了，你要是为老哥我好，就自个儿回去商议，哎……我现在无官一身轻，当个逍遥王爷多好啊！"说完，恭亲王就直呼："送客！"

慈禧住在颐和园中，但宫中朝廷上的诸多大事还是有人转达给她，光绪遇到重要军国大事，也还得到颐和园同慈禧商量，然后才能降旨去办，不然被慈禧知道后又要对他进行训斥，还动不动就说"你这个皇帝都是我立的，别过河拆桥啊，我告诉你，康熙爷当年亲政后都还要同他的奶奶商议军国大

第五章
光绪：慈禧的掌上玩物

事呢"。光绪生在深宫之中，长在慈禧之手，从小就对淫威十足的慈禧从潜意识里感到害怕。

好在光绪也同时受到翁同龢的教育，还是一个有主见、想要有所作为的皇帝，所以他立志摆脱他的傀儡地位，想要掌握全部实权。为此，光绪也开始集聚自己的力量，形成自己的势力来同慈禧相抗衡，他的老师便是光绪帝党的第一人。

当时清廷已分成"南北派"，其中南派有翁同龢、潘祖荫、沈文定、王文勤，北派则有荣禄、李鸿藻、徐桐还有地方上的大员如李鸿章等人。南派大多是光绪的亲近侍臣，紧紧团结在光绪身边，为光绪掌控全权而积极效命，因此被称为"帝党"，另外又有"小孩班"的诨名。北派大多倾向于慈禧，多是慈禧亲手提拔上来的，一心拥护慈禧，因此被称为后党，又有"老母班"的诨号。

帝党骨干多为词馆清流、台谏要角，也就是一些大学士或谏议官之类的御史，他们自负清高，没有实权却一心希望帮助光绪真正掌握政权。而后党成员多是管理国库或是手握重兵的大臣，这两派实力之悬殊，可见分晓。

（五）甲午中日战争

就在清朝内部大臣的帝后两党明争暗斗的时候，东方一衣带水的邻邦日本却打起了中国的主意。日本自从1868年明治维新以来，又交叉进行了两次工业革命，国力蒸蒸日上，通过二十年的发展，居然在1887年制定了清国征讨策略，后来逐渐演化为以侵略清朝为中心、以称霸世界为目的的"大陆政策"。在这个政策中，第一步便是攻占台湾，第二步即吞并朝鲜，第三步是进军满蒙，第四步是灭亡清朝，第五步是征服亚洲，进而称霸世界，实现所谓

的"八纮一宇"。

可日本自身就是一个人多地狭的岛国,本土能够为其工业革命或侵略战争提供的资源非常有限,于是日本就把掠夺土地和资源的目光放在了大清国这块肥肉之上,蓄谋已久的日本急需发动一场战争来满足其自身需要。早在中法战争的时候,日本就派东乡平八郎和一些海军军舰舰长去观摩两国交战,对于清朝水陆军队的实力有了基本的了解,后来见到马尾船厂福建水师如此不堪一击,便更是下定了侵略清朝的决心,就差一个机会了。

然而机会很快就来了,光绪二十年(1894年),朝鲜爆发新学党起义,日本便诱使清朝出兵援助朝鲜王朝,谁知经过光绪同群臣商议,然后又由慈禧拍板,派出去朝鲜的兵员只有太原总兵聂士成的900名和直隶提督叶志超的700名,而日本先后在朝鲜结集8000多名官兵。如此敌强我弱之势,只要日本一有机会寻事,不光清兵危险,就连大清的藩属国朝鲜也会步越南的后尘,到时候西南有法国人敲骨吸髓,东北又有日本人蚕食鲸吞,真是雪上加霜。

然而,大清到了最危险的时候,这个国家名副其实的一把手老佛爷慈禧,仍然在颐和园风花雪月,以听淫戏和纵欲为乐,毫不关心远在千里之外的朝鲜局势。在李莲英的建议下,慈禧还规定王公百官都要进贡银两,以继续修筑颐和园和准备自己六十大寿的生日,当时清算合计,收到进贡的白银有120万又6900两。可是自从海军衙门成立后,不但没有购买新军舰,就连海军的枪炮弹药自1891年以来就没有购置,一些枪炮生锈了都没有进行清理。而另一边的日本皇室,为了捐助海军,连明治皇后都把自己的金银首饰和私房钱都捐出来了。

1894年7月25日,日本舰队在丰岛海面袭击中国运兵船高升号,全船一千多中国士兵宁死不降全部殉难,两国战争正式爆发。丰岛战事的消息传到光绪那里,这位年轻的皇帝发布上谕,对日宣战。

慈禧不知是看不惯光绪擅自做主,还是根本就没有做开战的准备,反对对日开战,朝廷上层又是一片讲和之声弥漫上空。作为当时炙手可热的封疆大吏和北洋水师的掌门人,李鸿章一开始就想借助外国的力量来进行调停,

第五章
光绪：慈禧的掌上玩物

因为高升号毕竟是英国的商船，现在既然慈禧主和，李鸿章便求之不得。加上前线总指挥叶志超的胆小怕事，和黄海军舰上的战士训练程度不够，大炮多有失灵，军舰老化、速度慢等一系列原因，还是以悲壮的惨败告终。

直到此时，慈禧感到事态严重，便下达懿旨："著由宫中节省项下发出内帑银300万两，交由户部陆续拨用，以收士饱马腾之效。"但对于她风风光光的六十岁大寿典礼，她还是念念不忘，下达懿旨说："所有庆典，仍在宫中举行，其颐和园受贺事宜，即行停办。"不过，慈禧现在的主基调仍是一味求和，这次她起用了被她打压下去的恭亲王奕䜣，因为慈禧觉得恭亲王熟悉洋务，便令他重新管理总理各国衙门事务，并总理海军衙门。这个时候的恭亲王已不是青壮年时期的六爷了，老年多病，锐气消沉，领略到慈禧淫威的他只能听命于老佛爷，主张求和。

尽管清朝掌握实权的上层人物诸如慈禧、奕䜣和李鸿章都希望对日本媾和，但日本的进攻并没有因此消停。11月22日，25000日军在舰队的掩护下，登陆旅顺，李鸿章为了保护旅顺港口，竟然没有在这里设防，眼睁睁地看着日军陆续在此登陆，当地的守军不战而逃，号称"东亚第一要塞"的旅顺沦陷，日军在这里进行了惨无人道的大屠杀，两万多居民被杀害。

北洋水师在威海卫一带还有主力军舰没被消灭，不过日军并没有忘记号

北洋水师旗舰——定远号

称"亚洲第一，世界第八"的北洋水师，他们很快在荣成登陆，水陆两面夹攻，将游弋在此的北洋舰队悉数消灭，水师提督丁汝昌拒降自杀，甲午中日战争便到此结束，中国惨败。

慈禧又派李鸿章出去与日本人谈判，最后签订了非常具有危害性和耻辱性的《马关条约》，其主要内容很有必要作一下说明：

1. 清朝承认日本对朝鲜的控制；
2. 清朝将辽东半岛、台湾及澎湖列岛割让给日本；
3. 清朝赔偿日本军费2亿两；
4. 开放沙市、重庆、苏州、杭州为通商口岸，日本船只可以在以上各口岸活动；

……

将近一个月的时间，《马关条约》才商定，等到光绪扫视完条约后，便一把将条约撕掉并甩在地上，怒吼道："倭寇欺人太甚！朕怎对得起列祖列宗和黎民百姓，这约万万不能执行。"

《马关条约》议定的消息在朝廷内外引起了极大的轰动，不亚于一场12级的政坛大地震，一时间王公大臣、督抚将军乃至平民百姓，无不群情激愤，坚决反对这一条约。两江总督刘坤一和湖广总督张之洞率先向主和派李鸿章等人发起声讨，并发言请求再战。张之洞的奏折更是字字激愤，句句血泪："宣示中外，皇太后西幸，命恭亲王留守京师，如战而不胜，赔款割地尚未为迟……如因迁守而贻误大局，请先诛微臣以谢天下。"

京城内也有一百多士子上书，要求光绪皇帝废约开战，但在一片请战声中，光绪踌躇不前，当然这是有原因的。慈禧听闻光绪对《马关条约》非常不满，便把他叫到颐和园，开口就问："为什么不同意签约？"

"亲爸爸，难道您没有看条约吗？简直是丧权辱国，丧权辱国啊！"光绪说到情至激动处，竟然热泪盈眶，"倭寇想割占我们的辽东半岛和台湾，赔款白银二万万两，我大清何时遭受过这样的奇耻大辱？孩儿觉得如果签约，上

第五章

光绪：慈禧的掌上玩物

对不起列祖列宗，下对不起黎民百姓，我等也将成为千古罪人啊！为今之计，只有重新开战，挽回败局。"

"哼，说得倒容易。"慈禧开口就对光绪泼冷水，"你拿什么跟日本打？打得过他们吗？保得住京师吗？"

"孩儿奉请亲爸爸西巡，让恭亲王留守京师，再集中兵力同倭寇血战到底！不然，往后列强更加无视我大清，到时候就会纷纷欺我大清。"光绪这会儿仍是说得热血沸腾。

"不要再啰嗦了，西行我是不会干的，如果你不签约，我就坐在这儿，等日本人来攻破京师，我说到做到。"慈禧不动声色，口气非常坚决。

光绪无话可说，只好悻悻然地回到宫中。四月初八是签约的最后期限，群臣齐聚太和殿，等待光绪作最后的决断。孙毓汶最先上奏："皇上，不要再犹豫了，如今也是迫不得已，暂忍一时……"

还没等孙毓汶说完，光绪正好发泄一肚子的火："你身居要职，不为朝廷分忧，却在此扰乱人心，到底是何居心？朕在此宣布，将孙毓汶逐出军机处，降三级留用以观后效。"

朝堂上鸦雀无声，光绪面对这条约稿件，一脸悲怆，含着眼泪，身子在发抖，良久才仰天长叹："朕是大清罪人啊！"挥笔签约时，泪水都滴在文稿上。李鸿章觐见时，光绪还没有从悲痛中解脱出来，他朝慈禧宠臣发飙，说他要遭到千古后人的诟骂。就这样一直骂了一个多时辰，光绪觉得累了，才让李鸿章退下。

自从这次甲午中日战争之后，光绪才彻底地认识到清朝内部的腐败无能，以及自己虽然亲政但仍然没有实权的现状，如此只会很多时候无力回天，日后必定要改变此番状态，以重振大清。

（六）第三次垂帘听政

甲午惨败，《马关条约》割地赔款弄得丧权辱国，光绪一直耿耿于怀、寝食难安，为此他还发出卧薪尝胆、奋发图强的上谕，同时接受了一帮开明官员的建议，下令修铁路、开矿山、造机械、创邮政等一系列措施来自富求强。当然，这只是表面上的工作，光绪日夜忧愤，渐渐明白中国必须像仇敌日本那样进行变法才能图强，不然社稷难保，瓜分豆剖和种族灭亡的危险迫在眉睫，为此光绪特意发布上谕，寻求能够推动变法的人才。

甲午中日战争失败以及《马关条约》的签订，让当年在京应试的举人激怒愤慨，台湾举人更是放声痛哭流涕，在广东举人康有为的联络和带领下，1300多举人发动"公车上书"的请愿，提出了他们关于救亡图存的四项主张：一、下诏鼓天下之气；二、迁都定天下之本；三、练兵强天下之势；四、

康有为和梁启超

第五章

光绪：慈禧的掌上玩物

变法成天下之治。这次轰轰烈烈的"公车上书"虽然被阻挠，但康有为、梁启超一帮热心变法图强的读书人开始创办学会，以宣传变法思想和培养变法人才。

康梁师徒声名鹊起，力主变法图强的翁同龢也特意造访他们，通过一番交谈，翁同龢非常惊喜，认为康有为的才华胜过他百倍，于是就把他推荐给光绪。其他一些倾向变法的官员也向皇上上疏推荐，光绪喜出望外，准备召见康有为，但被恭亲王奕䜣所阻："本朝成例，四品以下小官不能直接召见，可让大臣传语。"

很快，在慈禧懿旨的安排下，李鸿章、翁同龢、荣禄、廖寿恒、张荫桓五大臣在西花厅接见了康有为，这位广东举子慷慨陈词，对五大臣讲了西方各国法律、工矿、海军、陆军、学校等各种情况，还分析了日本的明治维新，同时还推荐了自己的《日本变政考》《俄大彼得变政记》。

五大臣接见康有为之后，光绪迫不及待地召集军机大臣和那五大臣，询问康有为的相关情况，翁同龢上奏了接见的全过程。光绪听到后非常激动，说自己总算找到一个可以推动变法的人才了，情绪高涨的他想要立刻召见康有为，但还是被奕䜣拦住了。奕䜣说先要看看康有为进呈的两篇著作，有可取之处，以后再找机会召见也不迟。

光绪读了《日本变政考》《俄大彼得变政记》，越发感到得立即着手准备变法，否则亡国灭种之事迫在眉睫。但光绪一平静下来，还是感到回天无力，因为他没有真正的实权，处处受慈禧掣肘，很难大展拳脚进行变法，不得已的情况下，他找到了庆亲王奕劻，赌气地说道："太后若不肯给我事权，我愿意退出皇位，实在不甘心做亡国之君啊！"

奕劻把光绪这话转呈给慈禧，慈禧一听便勃然大怒："他不想做，我还早就不愿让他做了。"奕劻耐心劝说，说光绪也是非常忧心于国事才说这样的气话。慈禧这才缓缓口气，说："由他去办吧，等办不成样子了再说。"

奕劻又把慈禧的话转达给光绪，光绪这会儿有底了，便去颐和园面见慈禧，慈禧便对光绪说："你们要施行新政可以，但万不要违背祖宗大法，也要

无损满洲权势,不然就不必施行了。"

慈禧同意变法,而且在这个时候,恭亲王奕䜣又病重不起,没了他们的阻力,光绪便经常与师傅翁同龢一起商讨变法事宜,这样也引得守旧派大臣的嫉恨,他们纷纷到慈禧那里告状,说只有翁同龢能够秉承皇上的一切旨意。如此风风火火地拥护光绪执行大权,这不是分明把她这位老佛爷不放在眼里嘛,于是慈禧咬牙切齿地说:"到时候,我自有办法。"

变法事宜筹谋准备了近三年,一转眼就是光绪二十四年四月十三日(1898年6月11日),在维新派大臣的一再奏请下,光绪命翁同龢拟旨发诏,宣布变法自强。

与此同时,慈禧与她的后党也在进行一系列的活动,而且她还偕同荣禄胁迫光绪连发四道谕旨:第一道就是罢黜翁同龢这位光绪身边的股肱之臣,当光绪得到这条上谕,便泪流满面,一整天都没有吃饭。等到第二天翁同龢在宫门口与光绪告别,光绪竟因悲痛过度而没有去;第二道谕旨便是重新收回二品以上大臣的任免权,被任命者都要向慈禧谢恩,以此来昭示天下,高层权力的任免权还在慈禧手上;第三道谕旨即慈禧准备秋天到天津阅兵,这就是向全国告示,兵权仍然掌握在我老佛爷手里;第四道谕旨便是提拔心腹荣禄,任命他为直隶总督、军机大臣、管理兵部,同时节制北洋海陆诸军。

荣禄被委以重任后,便对慈禧表忠心,拥护她再度垂帘听政,而且还邀请王公大臣联名恳请慈禧出山。慈禧感到现在光绪没有犯什么大错,没有必要直接垂帘,还是退到幕后操控为好。

光绪仍然如火如荼地推动着维新变法,在四月二十八日,康有为见到了光绪,二人都感到相见恨晚,非常激动地谈起变法事宜来,而且光绪还任命康有为为总理衙门章京上行走,并授予他专折直奏权,以后如有奏言不必由大臣转告。紧接着,光绪执行了变法中最为得罪官员的一条新法,就是裁汰冗官,礼部的六名堂官全部被撤职,其中包括礼部尚书兼管内务府的怀塔布。怀塔布的妻子、女儿经常进宫陪慈禧,很得慈禧的欢心,现在怀塔布被罢官,他的妻子便向慈禧哭诉申冤,怀塔布也是带着内务府数十名人员跪在慈禧前,

第五章
光绪：慈禧的掌上玩物

痛哭流涕，说皇上无道，不能就这么撤掉忠心耿耿的大臣。慈禧倒是没有被那阵势震慑住，只是冷冷地笑了一声，说："你们暂时忍耐忍耐，我看他们能够闹多久。"

光绪还真是能够"闹"，他直接把敬信和李鸿章的官职给撤掉，而且还将维新骨干杨锐、刘光第、林旭、谭嗣同都加四品官衔，在军机章京上行走，参与新政。用守旧派官员的话来说，光绪什么军国大事都直接同这四位四品官商议，凡有上谕都由这四位官员拟定，凡有奏章都由这四人阅览批答，俨然成了四位宰相。

这几天来，光绪罢免大臣、重用小官引得慈禧非常不满，等到光绪到颐和园向她请安时，慈禧便向光绪发火，责备道："朝廷重臣，没有大过，都不能任意弃用，你今天倒是好，重用疏远小臣，罢黜亲近重臣，这不是全部乱了祖法吗，你叫我如何向祖宗交代！"

光绪反驳道："要是祖宗今天还在世，他们也会变法的，我宁可坏祖宗之法，也不忍离弃祖宗之民、失祖宗之地，那样不是更让天下后世笑话嘛！"

见光绪说得斩钉截铁、头头是道，慈禧就没有跟他明里较劲，只好让光绪不要凡事做得太激进、太过分了。然而慈禧自己却与荣禄等后党铁杆成员想着要怎样给光绪和维新派人士布置天罗地网，准备一有机会就收拾他们。可接下来发生的几件事，加快了慈禧将光绪等变法人士一网打尽的步伐。

先是内务府大臣立山跪请慈禧训政，说再让光绪皇帝闹下去国将不国，慈禧仍是一张冷脸，没有答应。于是，立山居然对慈禧说皇上派太监往各大使馆去，说是让慈禧完全不干政，慈禧不知真假，便暗中咬牙切齿。再者，光绪与日本首相伊藤博文会晤，慈禧坐在屏风后面监听，虽然二人并没有谈论什么实质性的话题，但还是触动了慈禧敏感的神经，她以为是印证了立山给她说的话。最后一件很有火药味的事情就是后党官员放话，说慈禧秋天到天津阅兵之后，会对光绪怎样怎样。

维新派人士听到一些风声，就赶紧向光绪出谋划策，以摆脱困境，为此最着急的就是康有为，他连夜上奏折，提出了四条建议：

一、设参谋部，效仿日本设立最高军事领导机关，由皇上亲自掌控。

二、变更年号，将光绪二十四年改为维新元年，以新天下耳目。

三、变更服制，通过改易服装来展示维新的意志。

四、迁都上海，北京暮气太沉，迁都上海才有利于变法。

以上四条建议，光绪都同意，当时维新派又商议去找军中新秀袁世凯。袁世凯曾经驻兵朝鲜，比较了解世界局势，又积极参与北京强学会的活动，所以维新派认为手握兵权而又能解救皇上于水火的只有袁世凯一人。为此，康有为的弟子徐仁禄就去试探袁世凯，袁世凯夸赞康有为是有"悲天悯人之心，经天纬地之才"，而且还当着他们的面指责慈禧的心腹荣禄，说荣禄不肯让他这个汉人掌握大兵权。

徐仁禄把袁世凯的话都听进去了，还把他们的谈话告诉康有为和谭嗣同，他们一同上折子请光绪召见袁世凯。光绪认为对抗荣禄之辈，没有兵权是万万不行的，就算不真刀真枪地干一仗，至少也有威慑力。于是，光绪传见袁世凯，让他见机行事，帮助变法。袁世凯点头称好，说忠心为皇上效命。

荣禄见袁世凯被光绪召见，便紧急调兵遣将，让聂士成率大军守卫天津以断袁世凯入京之路，调董福祥军秘密进入京师，以防备万一。而在帝党这边，康有为等人还是把最后的筹码押在袁世凯这边，谭嗣同还亲自密会袁世凯，让他拥护光绪，灭掉慈禧的头号爪牙荣禄。袁世凯继续发挥演技优势，说："我三代受皇恩，断不至丧心病狂，贻误大事，只要有利于君国，万死不辞。"

在天津小站编练新军的工部右侍郎袁世凯，一时之间成了举足轻重的人物。回到府中，袁世凯彻夜未眠，他深知自己已经如履薄冰，稍有不慎就会身败名裂。经过一番分析，袁世凯觉得帝党和后党的这次明争暗斗，优势还是在后党一方，于是决定把性命和前途全部押在手握实权的慈禧身上。

光绪不知袁世凯已经偏向于慈禧，仍然三番五次召见他。袁世凯进言："古今各国变法都不容易，不是因为内忧就是因为外患，局势都非常复杂，还请皇上忍耐等待，步步为营，不能操之过急，不然会生出很多流弊来。"

第五章

光绪：慈禧的掌上玩物

袁世凯退下后，便急忙回天津，到直隶总督署去谒见荣禄，把帝党之间准备拿他开刀的事全部告诉他了。荣禄很快打电报告诉慈禧，慈禧遏制不住胸中的怒火，次日一大清早就返回宫中，见到光绪的面就怒斥道："我抚养你二十多年，你为什么听小人的话来谋害我呢？"

光绪吓得浑身战栗，片刻都说不出话来，最后才嘀咕道："亲爸爸，我没有这个意思，我再怎么也不会做出如此大逆不道的事。"

慈禧还是不依不饶地呵斥："还没有，不是说要派兵围住颐和园来捉拿我吗？你可记好了，今天要是没有了我，明天也会没有你。"

当天，慈禧又在御前召集王公大臣，当着众臣的面训斥光绪，说天下是祖宗的天下，必须以祖法来安定天下；而且诸臣是我多年挑选来给你辅政，你竟敢全部罢斥而用康有为之辈在朝中妖言惑众；康有为之法能够胜过祖宗之法吗？你竟然昏聩至此，真是不肖。

光绪和众大臣全都战栗不安，默默地听着慈禧在那里训斥。可能是光绪实在是受不了慈禧的冷嘲热讽，便挺身反驳："是洋人逼迫太紧，我也想保存国脉，通用西法来图强。"

囚禁光绪的瀛台

慈禧听到光绪申辩,更是气不打一处来,越发愤怒,用冷厉的口吻说:"难道祖宗之法就不如西法,难道祖宗在你心中还不如洋鬼子?康有为之辈图谋加害于我,你不知道,还反而替他辩护!"

见光绪不再反驳,慈禧当时就以光绪名义发布谕旨,通示中外,说自己两次垂帘听政弘济时艰,无不尽善尽美,现在因天下危急,朝臣再三恳请,所以慈禧再次训政。除此之外,慈禧还颁布谕旨,捉拿康有为、康广仁两兄弟。几天之后,又下令缉捕维新党人张荫桓、徐致靖、杨深秀、杨锐、林旭、谭嗣同、刘光第等人。最毒的一招,慈禧也使出来了,就是再三逼问光绪为什么要围园弑母,最后直接将光绪囚禁在南海瀛台。光绪除了每天被拉去上早朝外,就完全失去了人身自由,早上与慈禧并排而坐,并且不允许讲话,只有慈禧示意让他讲的时候,他才勉强说几句。这一年是戊戌年,所以慈禧打击变法派、囚禁光绪的政变称之为"戊戌政变"。

从光绪二十四年百日维新失败到光绪三十四年去世,整整十年,光绪都被囚禁在瀛台,而且有二十几名慈禧的心腹太监监视看守着他。

囚禁光绪也就算了,而慈禧还广泛散布光绪患病的消息,而且还诬陷是康有为等人进献红丸给光绪,才让光绪身患重病。其实这一切都只是慈禧为了打压维新派、谋害光绪而制造的舆论,用心之狠毒卑鄙不是一般。

当时民众听信了,非常同情光绪,上海一位商人还联合海外侨民,公电慈禧,请她一定要保护好圣上龙体。而且光绪病重的消息被英法两国得知,还推荐西医给光绪看病。总署大臣将外国公使推荐西医给光绪看病的消息上奏给慈禧,上奏几次慈禧都不同意,结果,英法两国公使直接说是奉本国政府之命而行。慈禧口口声声说我大清皇上有病,他们外国岂能干预,而且西洋人不配给皇上看病。说是这么说,慈禧由于当年与咸丰"北狩"热河时,深切体会到洋鬼子的厉害,又不敢真正得罪英法两国,最后只好同意了。

慈禧恨透了这个不太听话的光绪,很想废掉他甚至是置他于死地,但见英法如此关心光绪,一时之间没有下手,但在李莲英和荣禄的建议下,慈禧居然选起了大阿哥,作为同治的继承人,其可与光绪平起平坐,如此一来光

第五章

光绪：慈禧的掌上玩物

绪帝位随时都可以废掉。选来选去，慈禧选中了端郡王载漪之子溥儁，但后来由于溥儁自己不争气，加上疆臣的力谏和列强的干预，只好将其废黜。

（七）八国联军侵华与慈禧西行

英法联军入侵北京，让慈禧与咸丰的鸳鸯美梦很快化为陈迹；中法战争的失败让她暗自对法国人充满仇恨；甲午中日战争，蕞尔小国居然把堂堂大清打得惨败，慈禧震惊又气愤；戊戌变法后，她想废掉光绪，遭到各国驻京公使的干预，就连她下令逮捕康有为、梁启超，二人都在洋人的庇护下逃走了，连在自己国内发号施令都有人阻挠和干涉，习惯我行我素的慈禧对洋人痛恨得咬牙切齿，而且这么多年的痛恨加在一起越积越深，她还在用餐的时候，将玉壶摔得粉碎，还挥舞着拳头说："与洋人之仇非报不可。"

恰好在戊戌政变前后，义和团运动兴起于山东、河南。义和团以反对西方教会势力为号召先后打出"助清灭洋""保清灭洋""扶清灭洋"的旗号，并以星星之火的态势逐渐燎原到京津一带。

慈禧看到义和团拳民士气高涨，而且又有极端的排外心理，便想利用一下所谓的民心。在义和团发展的最初阶段，没有形成强大的势头，慈禧没有太注意，甚至默许民团发展，但等到义和团运动逐渐发展到直隶乃至京师一带时，慈禧有些慌了，便发布上谕，说那些拳民以闹教为名，结党横行，欺压良善，还指

袁世凯

责山东巡抚毓贤对他们多有偏袒,便将其撤职。很快,慈禧让袁世凯出任山东巡抚一职,让他派新建陆军去镇压。袁世凯号称袁剃头,对待义和团非常血腥,没多久就把山东的义和团基本扑灭。

但义和团运动是东边不亮西边亮,直隶一带的拳民反倒风起云涌,慈禧在这个时候对义和团的态度发生了微妙的变化,她还在光绪二十六年(1900年)五月初十发布上谕:

> 谕内阁。西人传教,历年所有,该教士无非劝人为善,而教民等亦从无恃教滋事,故尔民教均克相安,各行其道。近来各省教堂林立,教民繁多,遂有不逞之徒,混迹其间,教士亦难便查其优劣。而该匪徒借入教为名,欺压平民,武断乡里,谅亦非教士所愿。至义和拳,在嘉庆年间,亦曾例禁。近因其练艺保身,守护乡里,并未滋生事端,是以屡降谕旨,饬令各地方官,妥为弹压。无论其会不会,但论其匪不匪。如有借端生事,即应严拿惩办。是教民、拳民,均为国家赤子,朝廷一视同仁,不分教、会。

慈禧的意思是不管是信西方宗教的教民还是义和团的拳民,只要不借端滋事不当土匪横行乡里就行,言外之意就是只要义和团安分守己并与教民相安无事,可以自行发展。义和团拳民知道慈禧的上谕,有点欣喜若狂,殊不知他们即将被这个喜怒无常又蛮横霸道的老女人利用。

对洋人的积怨积恨已经够多了,是时候爆发了,慈禧准备利用风起云涌的拳民来对付洋人,不过刚开始她还是想摸摸义和团的底,于是她三番五次派刑部尚书赵舒翘和大学士刚毅到京畿、保定去暗查拳民。赵舒翘本来认为拳民都是一些市井无赖和乞丐穷民,没有什么好利用的,不过在回京途中,他同刚毅相遇,二人便一商量,互相猜测慈禧的意图,最后二人觉得慈禧想要利用拳民,于是在向慈禧报告的时候,他们不但隐瞒实情,还振振有词地说拳民对大清没有二心,可以一用。

第五章

光绪：慈禧的掌上玩物

听到这样的消息，慈禧暗自欢喜，心中便想，是时候找洋人报仇了，几十年的仇恨是该发泄发泄了，为此她还召开四次御前会议商议怎样利用义和团对洋人宣战，一雪多次前耻。

第一次御前会议开始时，光绪一改往日木偶的姿态，首先发话，责备众臣不要弹压乱民。可谁把他的话当回事，一个被囚禁的傀儡皇帝没什么好怕的，侍读学士刘永亨第一个上奏：“臣认为以应当让董福祥驱逐乱民……"话还没说完，极力主张对外强硬的端郡王载漪就高声叫道：“好啊，这可是失民心的第一法则。"刘永亨吓了一跳，不敢吱声。

义和团拳民

慈禧高高在上，先不表态，默默地听着群臣是怎样的想法。太常寺卿袁昶高声呼道：“臣袁昶有话要奏。"得到许可后，袁昶继续高声说道，"暂时不能挑衅洋人，再说也不能纵容乱民。以后要是内讧外患接踵而至，国将不堪啊！而且拳匪不能依靠，就只有些邪术而已，装神弄鬼尚可，拖到前线去打仗，肯定不行啊！"

慈禧见这个袁昶说得一点都不合自己的心意，便质问道："邪术，你怎么知道是邪术？现在能够依靠的是人心不是法术，今日大清积弱已久，不靠人心怎么立国？"说着，慈禧还提高嗓音说，"现在京城混乱，洋人说是还要调兵前来，你们说该怎么应付，你们倒是有本事你们去应付啊！"

众臣纷纷进言，有说应该剿杀义和团，有说应该招抚义和团，还有说应该阻止洋人调兵，也有说下令制止义和团焚烧教堂、驱赶教民……总之是众说纷纭，莫衷一是。

在第二次御前会议开始后，慈禧最先发话，她觉得再让众臣辩论下去，不知何时才是尽头，于是她直接抛出自己的观点：一、指明一地，让皇上居

住,名为战乱时刻好保护皇上,实际上是把皇上完全晾在一旁,她自己来操控一切;二、各省应迅速筹措钱粮,做好作战准备;三、自己先代掌天下兵权。而且慈禧还义正词严地说:"即使今日不宣战,洋人也会找借口与我开战,如果不战,就算是死我怎么面对列圣!等着被打可能会亡,主动开战可能会亡,何不先发制人呢!"

群臣纷纷说道:"臣等愿意效命,虽肝脑涂地,万死不辞!"

慈禧的情绪高涨,便起身走到群臣之间,高声地说道:"我为江山社稷,不得不宣战。我们对洋人已经够忍耐了,但他们得陇望蜀,人心不足蛇吞象,现在不思开战岂不是要断送祖宗三百年天下。"

群臣又齐心说道:"臣等同心报国,万死不辞!"

文武百官的情绪被调动起来,慈禧又开了两次御前会议,最后决定开战。

光绪二十六年(1900年)五月二十五日,慈禧正式向各国宣战,在宣战诏书上慷慨陈词,说大清立国两百几十年,深仁厚泽,对于远道而来的洋人多是怀柔。而洋人恩将仇报,屡屡欺凌我国家、侵犯我土地、践踏我人民、勒索我国家,现在君臣军民一心,同仇敌忾,或冲锋陷阵或仗义捐资来向洋人开战。

进入五月,北京上空开始弥漫着紧张的情绪,留居在北京东交民巷使馆界的洋人也日益感到形势岌岌可危。各国政府的公使便商议决定在天津成立联军,其中以英国海军西摩尔中将为统帅,其中包括英军736名,德军450名,美军100名,俄军315名,法军158名,奥(奥匈帝国)军25名,意军40名,日军52名,共计1876名。这是一支由各国海军组成的陆战队,他们从天津向北京进发,一来以解使馆界之围,二来以兵临城下来震慑清朝。

但这八国联军一路上遭到清军及拳民的顽强抵抗,北京一带的外国侨民翘首企盼的西摩尔联军迟迟没有抵达北京,但各国政府的军舰从四面八方在向大沽口集结,也就是说战争的规模正在扩大。而在这个时候,集聚在北京的清军和义和团集中力量从北面和东面进攻使馆界。使馆界的工事还正在修筑之中,所以北京的洋人急切等着还在天津的联军去增援他们,于是

第五章

光绪：慈禧的掌上玩物

急电联军前来北京解围。西摩尔带着联军抢占火车站，然后从天津赶到北京，等他们到了北京的时候，董福祥的甘军和荣禄的武卫中军仍在猛烈地进攻使馆。

到七月二十日的时候，八国联军已经攻入北京，一连进攻两个月都没攻下使馆界的清军和义和团干脆停止进攻，准备掩护慈禧西逃。

次日一大清早，在隆隆炮声中一夜未睡的慈禧看到李莲英跑进来，便开口问："情况怎样了？洋人现在打到什么地方了？"

八国联军首领西摩尔

"回老佛爷，洋鬼子已经攻到东华门了。"李莲英气都没有喘匀。

"什么，都打到北京来了，那些将士们是干什么的？"慈禧愤然说道。

"老佛爷，将士们很拼命了，聂士成将军身中七弹，肚破肠流，仍然坚持作战，最后英勇牺牲，董福祥率兵在老龙头火车站与洋人厮杀得难舍难分，已经抵抗很久了。"

"算了，算了，哎，事已至此，我留着这条老命也没有用了，还不如死了算了。"说完，慈禧就往外走。

李莲英见慈禧要寻短见，便跟上去跪在前面，拉着慈禧的衣襟说："老佛爷，留得青山在不愁没柴烧，我们还是暂时避避，以图后计。"

"废话，哪有天子弃国都的，宋明几代都是天子守国门，我们怎能说走就走。"慈禧想了想，底气不是很足地说道，当年的霸气也变得颤抖。

"我的老佛爷啊，唐明皇还奔蜀呢，最后还不是延续了一百多年的大唐江山。"

正在这个时候，外面有太监传报，说是皇上、皇后还有一帮王公贵族全部都过来了。慈禧便整理好衣服，坐在那里等着他们来见。光绪、皇后静芬

八国联军登陆

还有奕劻、载泽、载漪、载勋、溥泽、溥兴、大阿哥溥儁等几辈亲王、郡王、贝勒都来了；另外还有刚毅、赵舒翘、英年等大臣也尾随而来，他们纷纷众口一词，说是请求避难。

"哎，"慈禧看见众人的眼神如同寻找救命稻草一般地看着她，便说道，"好吧，小莲子，你快去多备些车马。"

李莲英安排好，便在慈禧耳边说道："奴才已经把所有人的车驾都准备好了，现在就剩下珍妃，病情好像很严重。"

光绪在前面听到李莲英的话，心生寒意，便扑通一下跪在慈禧面前说："亲爸爸，孩儿求求您，别把珍妃一个人丢下，反正也不多她一个人，我求求您了，亲爸爸。"

"嗯，把她带来，我倒想会会她。"慈禧阴阳怪气地说道。

很快，珍妃就被带过来，可能是很久不见天日，珍妃脸色煞白，衣服又破又脏，慈禧一见到她心中就有一股无名怒火，便向珍妃发泄道："这个天下都被你搅乱了，现在倒是好了。你不是素有谋略吗？那我问你，洋人现在要杀进宫来，你说该怎么办？"

珍妃低声说道："如今之计是找几个懂洋务的人，去跟外国人讲和，一定可以转危为安的。"

第五章
光绪：慈禧的掌上玩物

"好，好！"慈禧不怀好意地鼓鼓掌，然后厉声说道，"你平时不是喜欢大讲维新，大讲康有为、梁启超这帮人吗？那好，那你就留下来同洋人去谈吧。"

"老佛爷，来不及了。"李莲英提醒道，"快请移驾上车，珍妃的事就交给奴才去办吧。"

"嗯，"慈禧由宫女搀扶着上了车，然后转身对站在那里深情款款看着珍妃的光绪大声吼道，"愣什么，还不快上车！"

李莲英一个眼色，旁边的几个太监一把将光绪扶到车上，然后马不停蹄地穿过德胜门往西飞驰。等光绪的车马离开人们的视线，李莲英便吩咐崔玉贵，说："洋人快打到宫里来，珍妃又不能出宫，要是死在乱军之中有失大清尊严，珍妃贞烈，投井而亡。"崔玉贵心领神会，带着几个太监，将珍妃用绳子一绑，然后推倒在乐寿堂后院的一口枯井中。其间，任凭珍妃怎样求饶或者威吓，都没有引起崔玉贵的恻隐之心，这位苦命的皇上爱妃就这样凄惨地死去。

"最是仓皇辞庙日，教坊犹奏离别歌"，昔日君临天下的富贵之躯，到今天这个背井离乡的逃难日子里，慈禧显得特别狼狈，一身粗布蓝衣，头发还未来得及梳理，活像民间逃难的老妇人。

慈禧西行的人马有一大队，浩浩荡荡地像条长龙，在前面开道的是拿着洋枪的骑兵和步兵，王公大臣和文武百官也在他们当中，中间则是慈禧以及后妃、福晋、格格的车马和轿子，最后又是一大堆断后的兵马。

珍妃

珍妃井

走到张家口怀来县的时候,县令吴永赶来接驾。从后面赶来的崔玉贵知道县令来了,已经饿得前胸贴后背的他喊道:"谁是知县,老佛爷这头叫你。"

慈禧见到吴永,便叨家常似的问起吴永的家世,得知他是曾国藩的孙女婿时,不禁潸然泪下:"想不到曾国藩身后还有这样忠心为国之人,真是疾风知劲草,板荡识诚臣。哎,现在国运不兴,再也很难找出像曾文正公那样能为朝廷分忧的人了。"感叹归感叹,这一路走来,他们都滴水未进,慈禧话锋一转,谈到更为实际的话题,"这一路走来,兵荒马乱的,到处都是逃难的人,我等两天都没有吃喝了,你可有所准备?"

"回太后,微臣已准备好菜肴,可惜被那溃兵抢去了,一连煮了三锅绿豆小米粥,两锅也被抢了,现在只剩一锅,不知道您会不会嫌弃。"

"有小米粥?"慈禧一听还有粥,很惊喜地说道,"有就行了,哪来什么嫌弃不嫌弃。"

吴永将自己准备的象牙筷子和银质勺子献给慈禧,其他人就只好以树枝当筷子,狼吞虎咽地喝着小米粥。吴永实在看不惯众人的吃相,便退了出来,谁知李莲英跟着他过来,问:"你准备的小米粥,老佛爷很喜欢,不知道你这里还有没有鸡蛋,老佛爷现在很想吃鸡蛋。"

"现在这样的情况也难找到,我带人去找找看,让太后等一会儿,就一会儿。"吴永小心翼翼地说道。

"嗯,很好,你用心伺候,将来肯定会有你的好处。"

吴永带着一帮人四下寻找,终于在一户人家的鸡窝里找到了5个鸡蛋,当地就劈柴生火,用开水把鸡蛋煮熟了,就急匆匆地去进献给慈禧,之后,他又到自己家中把妻子的衣服拿了几件献给慈禧。

第五章

光绪：慈禧的掌上玩物

等到太原的时候，慈禧一行就不像当初逃难时那样寒酸了，从山东调到山西的巡抚毓贤亲率大小官吏出迎20余里，进献金银财物，然后又大开宴席，让那些达官贵人大开吃戒。本来慈禧不想再往西走了，听说德法联军已经过了石家庄，而且还继续往西追来，便只得启程，继续向西安进发。

慈禧在向西流亡的时候，委派77岁的老臣李鸿章为全权代表，负责与列强的议和事宜，吩咐他"量中华之物力，结与国之欢心"，尽可能与洋人谈好。除此之外，她还迁怒于义和团，对那些拳民非常狠心地下了剿杀令。

在西安的时候，由于一路颠簸，65岁的慈禧得了一场重病，一病就是三个月，在这期间，大阿哥溥儁居然在避难之日还有心情追逐调戏宫女，这让慈禧怒不可遏，直接命太监砍了十几个宫女，但经过此事，她对大阿哥是彻底死心，这明明是给自己脸上抹黑，慈禧当时就想废除溥儁大阿哥的名头。

正在气头上的慈禧听到李莲英的报告，说荣大人来电了。慈禧一听是荣禄，精神为之一振，便问："议和有消息了？"等到她看到电报中各国要求惩办战乱祸首的时候，她长长嘘了一口气，还双手合十，念念有词："望祖上保佑！"

载漪、载勋这样的主战派赫然在列，而且当时欺骗慈禧的刚毅同赵舒翘的名字也在上面，慈禧便说："这些人实在是可恶，要不是当初他们谣言误我，也不至于今日这番局面。"

李莲英见慈禧又在撂担子，又想迁怒于别人，他便奉承道："是啊，老佛爷，这帮人吃着皇粮，不思为国为民却在这误国误事，的确该严惩不贷。"

"就是这刚毅和这个姓赵的，当初派他们去调查义和团，没想到竟然连我都敢骗。哎，义和团在北京攻打使馆和教堂时，他们就抢的抢，杀的杀，连正阳门也给烧了，我总觉得不是那么一回事。这两人回来却信誓旦旦地说义和团可以一用，这两人真是该杀。"

"老佛爷圣明，这时候该怎么办就怎么办吧，只要洋人的要求不是太过分，能够答应的就答应呗，没办法，谁叫这是城下之盟呢。"李莲英帮忙出着主意。

"嗯，你说的有道理啊，"慈禧接着埋怨，"大阿哥到处胡闹，真叫我寒

心，当初不知怎么就选中他了。"

"老佛爷啊，这不能怪您，当初这大阿哥还挺本分的，谁知道今天就是这个样子了，日久见人心啊，趁现在他还没有当皇上，依我说啊，您就赶紧废了他，也省得您老是为他操心。奴才斗胆说这样的话也是为您着想，还请您三思。"

"我也有这个打算，可他毕竟是我立的，不能说撤就撤，要不然这不是我自己打自己的嘴巴吗？"

"老佛爷，这好说，"李莲英转动一下眼珠子，接着劝道，"这次拳匪之乱、引狼入室，载漪可是祸首，祸首的儿子怎能成为储君呢？"

"对啊，还是小莲子有办法，我还一时没有想到呢。"慈禧喜出望外，便下定决心废掉大阿哥溥儁，而且还就是按照李莲英的主意拟定的诏书。接着，慈禧便命人再次发电重申"量中华之物力，结与国之欢心"这一议和主旨，希望李鸿章和荣禄等人尽快与洋人完成议和事宜。

在慈禧大框架的指示下，年迈多病的李鸿章还是勉强起来，为这位也是六十多岁的老太婆办最后的差事。光绪二十六年七月，战争还没有结束，李鸿章就被指使，去同洋人求和。那年冬天，八国联军再加上荷兰、西班牙、比利时十一个国家向清政府提出了《议和大纲》，这十一个国家在世界范围内争夺殖民地，曾一度打得你死我活，但在对待中国战事和议和方面，却显得非常团结，完全打破了李鸿章"以夷制夷"的外交企图。直到光绪二十七年八月（1901年9月），十一国全权代表在北京与清政府签订《辛丑条约》，主要的内容有：

1. 清政府向各国共赔款4.5亿两，以关税、盐税和常关税作担保，分39年还清，年息4厘，本息共9.8亿两。

2. 划定北京东交民巷为使馆界，允许各国驻军保护，不准中国人在内驻军或在内居住。

3. 拆除大沽炮台和北京至海通道的各炮台；在天津周围20里内不得驻扎中国军队，列强可以在北京驻扎防守使馆的卫队，并在京榆铁路沿线包括山海关在内的12个要地驻扎军队；至少两年内禁止中国进口军火和制造军火的

第五章
光绪：慈禧的掌上玩物

材料。

4. 永远禁止中国人成立或参加"与诸国仇敌"的相关组织，违者处死；各省官吏必须保护外国人的安全，否则即行革职，永不叙用；惩办赞助过义和团运动的"首祸诸臣"，在外国人"遇害被虐"的地方，"停止文武各等考试五年"。

5. 对德、日两国"谢罪"。清政府分派亲王、大臣赴德、日两国表示郑重的歉意，在德国公使克林德被杀之处建立牌坊。

6. 中国将总理各国事务衙门改为外务部，并列在六部之上，必须指定皇族亲贵担任外务大臣。

议和商定后，慈禧略微看了看和约内容，觉得对自己和满洲权势没有太大的影响，也便同意这些条款，至于如此多的赔款而且还是对四万万五千万子民的侮辱，至于让外国军队在自己的国都驻军等等奇耻大辱与重大损害，都可以被慈禧忽略掉，因为她最在意的是能不能继续在这个"洋人的朝廷"里尊享荣华富贵，能不能在这两百数十年的大清朝中号令天下。

等到当年八月五日，各国联军退出北京，慈禧在西安逗留近二十天后，也开始启程回京。这一路上比西行的时候要风光得多得多，行走的大道上还铺满黄土，有些地方就是直接铺地毯，护驾的御林军威风八面，手持24道龙

辛丑条约签订现场

旗，浩浩荡荡地出发。沿途设立仪仗队的有陕军、甘军、川军和毅军，这么盛大的欢迎队伍，又让慈禧恢复了先前的好心情。当回銮队伍走到临潼时，慈禧还特意到杨贵妃洗浴过的华清池洗温泉浴；后来又到华阴县，慈禧还特意住在华阴庙里，之后又到华山山麓的玉泉院里烧香拜佛。

慈禧一行到河南的时候，乡绅民众都竞相前来恭迎，而且还有人进献奇珍异宝、鲜花果品、当地特产等等作为贡品，热闹非凡，后来众人才知道这都是河南巡抚松寿一手打理的。慈禧非常开心，记住了松寿这个人的名字，一再给他升官，不到几天就让他当上了闽浙总督。当地的百姓热情如此高涨，无非是想看看皇太后、皇上和皇后的模样，山呼万岁，还进献自家的物品。慈禧一时兴起，还让李莲英把各地官员进献的金银财宝抛向路边，好让百姓去哄抢。接下来的日子里，慈禧一行无论是在洛阳还是在开封，都要去当地名胜古迹去游览一番，不过远比旅游团的兴致要高，因为不慌不忙也不愁没钱，而且当地官员和百姓都非常热情。

再后来到直隶，总督袁世凯带着他装备精良、威武雄壮的新军迎驾，吹号打鼓奏军乐，鸣枪鸣炮放爆竹，这些西式花样更是让慈禧耳目一新。最后抵达北京城，不光是达官贵人，还有各国公使、外国侨民和中国百姓都到车站去观看掌控大清实权数十年的慈禧太后。当时还有外国记者用闪光灯给慈禧照相，一闪一闪的让慈禧很不习惯，不过她看着如此热闹风光，仍是心情大好地等待别人的欢迎与膜拜。

第六章
慈禧的最后岁月

（一）慈禧也来变法

终于回到了阔别已久的北京城，慈禧又以大清第一号掌权人的身份虎视天下，但她没能忘记西行时的凄凉与痛苦，痛定思痛，这位老佛爷终于肯变法了。在回京的路上，慈禧一连下达几份罪己诏，说明自己负罪深重，现在要躬省自身，关心民生。而且慈禧还明确地下达谕旨，大致勾画出变法的基本蓝图：

慈训谓：取外国之长，乃可补中国之短。惩前事之事，乃可作后事之师。欲求振作，当议更张。着军机大臣、大学士、六部、九卿、各直省督抚、驻扎各国使臣，各就现在情形，参酌中西政要，举凡朝章国政、吏治民生、学校科举、兵政财政等，有因有革，有省有并，各举所知，限两个月内详悉以闻。

现在没有固执己见地谈祖宗之法了，也没有像先前那样训斥光绪、珍妃崇洋媚外的口气，而是要以外国之长补中国之短，看来慈禧并不是一味地盲目守旧，还是能够与时俱进，在政务上作改进革新。后来有学者分析，如果康有为、梁启超这样的维新变法人士当年拥护的是慈禧而不是没有实权的光绪来推行变法，说不定就事半功倍，因为根据当时以及后来慈禧颁布的一系列的新政措施，人们不难发现其实有些内容同百日维新时颁布的新政简直就是如出一辙。

说到慈禧突然动心想要搞新政变法，不得不提一下她与盛宣怀一次著名

第六章
慈禧的最后岁月

的精彩对话,这次对话的全部内容被盛宣怀记录下来,对人们了解慈禧从镇压变法到施行变法的心路历程有非常重要的作用。

其时为光绪二十五年(1879年)九月一日,是戊戌变法失败的后一年,也是向八国联军宣战的前一年。盛宣怀当时是督办铁路大臣、大理寺少卿,先前屡试不中,受到李鸿章的赏识而被提拔帮办洋务,之后成为经办洋务企业的大实业家,他一生督办过轮船招商局、电报局总办、纺织局、铁路总公司、中国通商银行、汉阳铁厂等等。慈禧曾说过盛宣怀是不可多得的人物,盛宣怀本人对得到慈禧的接见也非常重视,以下就是慈禧与盛宣怀的对话:

慈禧:你从保定坐火车来?

盛宣怀:臣赴保定验收完工程,又料理铺轨,大约明年四月正定线就可以通车。

慈禧:卢汉(线)什么时候开工?

慈禧太后逃亡结束回宫

盛宣怀：汉口到孝感已办好，明年秋后，到信阳都可以通车，两头同时修，据工程师说再用两年可以全完。

慈禧：卢汉铁路是借哪一国的银子？

盛宣怀：是借比利时四百五十万镑，五厘九扣，实收四百零五万镑，约合中国银子三千万两。原估需银子四千三百万两，奏请户部拨款一千三百万两，合并算来可以够用。现今部款艰难，大约三百万一时难筹，而且银子到内地换钱又吃亏，工程司恐怕不够。黄河桥估价五百万两，暂时只可缓造，将来再说。

慈禧：黄河活沙如何造桥？

盛宣怀：虽是活沙总可以打老土，至多亦不过数十丈。听闻外国亦有此种河道造桥，亦甚坚固，但是工本实在是贵。

慈禧：实事艰难，外国人欺我太甚，该如何是好？

盛宣怀直接滔滔不绝地分析了甲午中日战败后，俄国、德国、英国、法国窥伺侵略我国疆土，然后又说出对此必须自强，不能过多祈求"以夷制夷"的外交方式，他们一丘之貉，必须在自强上做打算。

慈禧：你说得很有道理，必须做到自强，可是外国欺我太甚，对此我十分焦急。

盛宣怀：朝内外都说太后宵旰焦劳，但不能操之过急。现在局势一天比一天困难，然而我中华物华天宝、人杰地灵，日本蕞尔岛国都能自强，岂有我中国不能自强之理。更何况同治年间出了曾国藩、左宗棠、胡林翼、李鸿章这样的人物，其他方面的人才也不少。现在要练兵筹饷，总要先讲究得人，才能办事。

慈禧：现在的毛病是上下不能一心，各省督抚都是喜欢敷衍了事，就算是州县官员案件都不能说真话（可能指的是她亲自干预的杨乃武与小白菜一案），外国人能上下一心，这正是他们厉害的地方。

第六章
慈禧的最后岁月

盛宣怀：各大臣受恩深重，不是没有忠君爱国之心，只是见识各有不同，大概总结起来就有六个字的毛病。

慈禧：哪六个字的毛病？

盛宣怀：办不动，来不及。

慈禧与盛宣怀聊得很开，就如同自己非常亲信的心腹大臣一样，于是慈禧就直接问：督抚中亦有几个好的，总不能个个好。你看北洋练的兵可靠得住？

盛宣怀：他们按照德国操法，大家都说好，只可惜人太少。

慈禧：多练兵总要多筹饷，你说如何是好。

盛宣怀：天下之利无外乎三种。第一种是天地自然之利，如开矿等各地所出之产。第二种是中外通商之利，进口货要比出口货少，而且关税要考究。近年做茶丝贸易太多，将来恐怕不可靠。第三种是取商民税厘之利，这是最容易的，不过损下益上，也是格外值得考究的。

慈禧：商务的确需要考究，去年所办的叫什么农工商务，到如今毫无益处。有人说要设商务大臣才办得来。

盛宣怀：中国并非无钱，只是向来于商看得太轻。士农工商，商在最后。还有一种坏处，有钱的人只讲究谋私利，绝不肯做有益于公家的事。臣多次经手所办铁路、矿务、轮船、电线、铁厂、银行以及学堂，多要详细奏明，就怕没工夫来不及说。

慈禧：什么样的学堂好？

盛宣怀：教习洋务学堂，曾经在天津、上海两处开办。

慈禧：矿务办得如何？

盛宣怀：臣以前是办湖北铁矿的，现在可以出铁、炼钢。卢汉铁路用的钢轨都是自己所炼，同外国的一样好。现在枪炮也是用自己所炼的精钢，比造轨之钢还要多加工。

慈禧：开矿的确是天生的自然之利。

盛宣怀：开矿不能全部与外国人合作。

慈禧：你可能通外国语言文字？是不是出过洋？

盛宣怀：臣不曾学过外国语言文字，也没有出过洋。

慈禧：你办洋务还要用翻译？近来汉奸甚多，你可要留意啊。

盛宣怀：臣用的翻译都是正派人。臣也非常谨慎，所以用一个翻译总是不放心，总要用两个不相识的翻译，便不敢蒙蔽。

慈禧：这个法子甚好，我晓得你办事很认真。国中艰难，还要你认真好好办。

盛宣怀：臣蒙恩典，总是遵旨认真办事。但臣所办之事总是非常艰难的事，别人不知道还百般诋毁，若不是忍辱负重，早已做不成样子了。这班闹的人叫清议，只会耍嘴皮子，就是不做实事。

慈禧：不错，这就是清议，都是这班人闹坏了，不然皇上不会这么急。你不要管他们，只是认真做好自己的事就好了。

盛宣怀：臣竭尽心力做好。

以上就是盛宣怀所追忆写下来的奏对全文，这可以说是了解慈禧最为真实的第一手资料。从谈话可以看出，慈禧对国内各事不仅非常关心，而且反复声明"外国人欺我太甚，必须要做到自强"，可见把她说成是卖国贼非常不理性不合适，慈禧在后来积极推行变法新政和改革官制。

在上一章节中，我们看到的好像是到处旅游、到处受追捧、受欢迎的慈禧，其实除了这些之外，作为一个女人，她也有很多细心独到的地方：比如这次她召见地方官员，从与他们的交谈中，除了表示对地方官的重视外，当然还有调查民情与探讨新政这一层的意思。回到北京，她发现北京到处都是残垣断壁，无数村镇沦为废墟，民众向她反映联军在当地烧杀淫掠的兽行，所以，这次慈禧再三下罪己诏不是没有来头的，她也有她的恻隐之心。古语云："穷则变，变则通，通则久。"慈禧对于这些道理还是能够理解的，要不然她凭什么能够执掌大清政权长达近半个世纪。

第六章
慈禧的最后岁月

光绪二十六年十二月初十日（1901年1月30日），为了挽救大清朝颓势，为了防止亡国灭种危机的到来，当然也是为了牢牢稳固自身的权力，迫于形势的慈禧终于正式颁布了变法诏书，这次她又是以光绪的名义来发布上谕，开篇就引经据典，借助《易经》里的名言说"世有万古不易之常经。无一成不变之治法，穷变通久，见于大《易》"；然后又说变法是为了"强国利民"，但很快就为自己镇压维新派变法作辩护，说康梁诸人不是变法而是乱法，她发动的戊戌政变只是为了"剪除叛逆"；而且在诏书中，她还表明要"母子一心"、"一意振兴"；最后，她又进一步分析了中国贫弱的原因，着重指出学习西方的新政不仅要学"西艺之皮毛"，而且要学"西政之本源"，还谕令王公大臣等应"参酌中西政要"，"举凡朝章国政，吏治民生，学校科举，军政财政"都要"各举新知，各抒所见"，而且限期两月，条议上奏。

对于慈禧雄心勃勃的新政计划，朝廷内外臣工的反应却非常冷淡，他们不知道慈禧到底在玩什么把戏，三年前将戊戌新政贬斥得一文不值、悉数废除，现在吃了败仗，受了惊吓和旅途的劳累，这才突然想起新政，这不是故作姿态嘛，所以臣工们大多持观望态度。

十二月二十五日，见臣工们反应相当冷淡，慈禧又以光绪的名义颁布罪己诏，而且还进一步强调初十那天的变法谕旨为"国脉之转机"，而且还下令让内外臣工迅速议奏，努力奉行。可是落花有意流水无情，内外臣工对这道上谕仍然保持沉默，尤其是那些东南一带的封疆大吏以及信息灵通、视野开阔的驻外使节更是一言不发，可以见得慈禧或者说清廷中央的向心力骤减不少。

慈禧有点慌了，执掌最高政权这么久，这是第一次遇到臣下对她的谕旨反应得如此冷漠的情形，而且一连两次都是这样，不行，慈禧得想想办法了。在光绪二十七年三月初三，慈禧下令成立督办政务处，以便推动变法。当时，慈禧钦点军机处中的荣禄、王文韶和鹿传霖加入督办政务处，当时世铎已病逝，瞿鸿禨还未正式到任，所以军机处三人全部被慈禧看中。当然，还有大学士李鸿章、昆岗、孙家鼐都被选进督办政务处，当然还有两位重要的疆臣

张之洞和刘坤一也被慈禧任命为督办政务处遥为参与。

如此重大的人事安排，看来慈禧是要动真格了，两江总督刘坤一和湖广总督张之洞觉得慈禧是真的想要变法，便认真准备商议一番，先后联名上奏，史称《江楚会奏变法三折》。就是刘、张二人的这三道奏折成为慈禧新政的核心内容，慈禧很快下达上谕和懿旨，肯定他们的奏折，并确定"据刘坤一、张之洞会奏整顿中法，仿行西法各条，事多可行，即当按照所陈，随时设法，择要举办。各省疆吏应一律通筹切实举行，大要不外言归于实，用得其人"。

从光绪二十七年三月（1901年4月）成立督办政务处起，到光绪三十一年十一月（1905年12月）成立学部为止，在这5年间，慈禧颁布了一系列除旧布新的政令，大体内容共有25项，可以说是对清朝的各项制度进行了比较全面的改革：

  1. 设立督办政务处，作为推动新政变法的核心首脑机构。

  2. 改设总理各国事务衙门为外务部，外务部为六部之首。

  3. 设立商部，将路况总局裁并。

  4. 设立练兵处，奕劻为练兵事务，袁世凯为会办。

  5. 设立巡警部，徐世昌为尚书。

  6. 设立学部，以国子监归学部。

  7. 裁汰各衙门胥吏差役。

  8. 停止捐纳买官。

  9. 裁撤河东河道总督，当地一切事务归河南巡抚兼管。

  10. 将詹事府归并入翰林院。

  11. 裁撤湖北、云南两省巡抚，当地一切事务由湖广总督、云贵总督兼管。

  12. 裁撤广东巡抚，以两广总督兼管当地一切事务。

  13. 各省绿营防勇，限于本年内裁除十分之二三。

  14. 命各省筹办武备学堂。

15. 命铁良会同袁世凯办理京旗练兵事宜。

16. 命出事大臣访察游学生咨送回毕，听候录用。

17. 命自明年始，乡会试等均试策论，不准用八股文程式。

18. 命各省所有书院于省城设大学堂，各府及直隶州改设中学堂，各县设小学堂。

19. 命各省选派留学生出洋留学。

20. 颁布学堂章程，也就是相关的教育法规。

21. 颁布《商会简明章程》，也就是商会成立的一系列程序和手续。

22. 颁布《大清商律》，规定内外通商法则。

23. 颁布《公司注册章程》，鼓励中外商人成立公司、开办企业。

24. 颁布《矿务章程》，规定开矿设厂的法则。

25. 修改《大清律例》，适应当代政治、社会的发展。

以上25项变法新政的措施，其实与维新变法时期所颁布的内容差不多，但当年康梁诸人没有太把慈禧放在眼里，甚至有谋害慈禧的嫌疑，所以被这位一心维护自己威权的老佛爷给杀掉。现在这些章程是具有划时代意义的新政措施，对中国当时乃至整个近现代都有着深远的影响，比如以上的行政体制改革、军事体制改革、教育体制改革和法律体制改革等等无不对晚清最后近十年乃至民国甚至是现当代都产生了巨大的影响，可以说在推动中国近代化进程中，这些新政措施是功不可没的。

在列强疯狂侵略瓜分中国的时候，就连刘坤一、张之洞这样的封疆大吏在八国联军入侵北京之日，竟然单方面与洋人在上海签订《东南互保章程》，也就是说东南疆臣不理会你们洋人在国度北京发动侵略战争，你们洋人也不要趁机侵略东南各省。东南各省对清廷中央的离心力都这样了，所以慈禧对刘坤一、张之洞的《江楚会奏变法三折》还是非常看重的，现在大变特变也是为了凝聚人心，保住由自己掌控的清王朝。

不过,对于慈禧风风火火的新政变法,时人也有很不领情的,《中外日报》就指责新政"既内恐舆论之反侧,又外惧强邻之责言,乃取戊戌两年初举之而复废之之政,陆续施行,以表明国家实有维新之意"。也就是说慈禧畏惧国内舆论和列强的指责,从而恢复戊戌变法时的内容,只是表面上有维新之意,敷衍内外各方而已。著名的开明之士黄遵宪说得更为直接:"今回銮将近一年,所用之人,所治之事,所搜刮之款,所娱乐之具,所敷衍之策,比前又甚焉,辗转迁延,卒归于绝望,然后乃知变法之诏,第为避祸全生,徒以之媚外人而骗吾民也。"

当年的有识之士看出了慈禧粉饰门面的把戏,认为慈禧只不过变更了一些细枝末节而已,治标不治本,根本没有触及最根本的问题,那就是变更国体、准备立宪。当时也有一些开明大臣看出了这一点,便给慈禧上奏,让大清预备立宪,以挽救走向衰落的大清。

(二)预备立宪与改革官制

1905年爆发日俄战争,日本以君主立宪小国战胜俄国那样的君主专制大国,这一消息的传来给清廷上下造成巨大的震动,不少开明有远见的大臣甚至直接上奏,日本战胜俄国不是小国能够战胜大国,而是立宪能够战胜专制。

蕞尔岛国的日本竟然在十年间两次分别战胜庞大的中国和俄国,这不仅在朝野引起巨大震动,而且还引起了不少反思。从光绪二十九年(1903年)年底开始,就有不少视野开阔有远见的封疆大吏和驻外使臣如丁振铎(云贵总督)、林绍年(云南巡抚)、袁世凯(直隶总督)、张之洞(湖广总督)、周馥(署理两江总督)、孙宝琦(驻法使臣)、胡惟德(驻俄使臣)、张德彝(驻英使臣)、杨兆鋆(驻比使臣)等人陆续向慈禧进言,劝慈禧应当派遣大臣出

第六章
慈禧的最后岁月

洋考察各国政务，预备立宪，以挽救危亡的局势。

向慈禧进言的都是重臣，为了不失去他们的支持与拥护，慈禧经过再三考虑，于光绪三十一年六月十四日（1905年7月16日），以光绪名义发布上谕，派镇国公载泽、户部侍郎戴鸿慈、兵部侍郎徐世昌、湖南巡抚端方和后来的商部右丞绍英五大臣出洋考察各国政治。当年八月二十六日，五大臣在正阳门乘坐火车出京，正准备开行时，突然听得"哐"的一声巨响，五大臣中的载泽、绍英均受伤，而投掷自制炸弹的革命党人吴樾重伤身亡。

原来就在那一年，向李鸿章上书请求变革的孙中山没有获得认可，便在东京联络兴中会、华兴会和光复会等革命团体的革命党人组建同盟会，以"驱除鞑虏，恢复中华，创立民国，平均地权"为宗旨，在中国进行一系列的革命活动，这次暗杀出洋考察的五大臣，也表明革命党人与清朝政府彻底决裂，他们准备以革命手段而不是维新变法或预备立宪来改变积贫积弱的中国。

这次革命党人以这种自杀式的恐怖手段来袭击出洋考察五大臣，在当时朝野内外产生了极大的震动，不过倔强的慈禧并没有因此而打消出洋考察的计划，更没有被革命党人的恐怖活动给吓坏，等过了差不多一个月的时间，载泽的伤养好，她还是继续派遣载泽、戴鸿慈、端方和山东布政使尚其亨、顺天府丞李盛铎前往各国进行考察。

慈禧在五大臣出洋时，还专门说过："立宪一事，可使我满洲大清朝根基永固，而在外也可因此而名正言顺地消灭革命党。"看来，慈禧心中对立宪抱有的态度是真诚的，而且有自己很强的目的性，但终究是为了继续维护由自己掌控的清政权，并消灭革命党人。

五大臣分两路出发，其中戴鸿慈、端方为一路，载泽、尚其亨、李盛铎为一路。前一路人从上海访美起，到来年（1906年）从意大利返国，在这半年的时间里，他们先后考察了美国、英国、法国、德国、丹麦、瑞典、挪威、奥地利、俄国、荷兰、瑞士、意大利等十多个国家。后一路人用七个月的时间先后共考察了日本、美国、英国、法国、比利时五国。在他们考察各国期间，外国的政界要员对他们都待以极好的礼遇，而且让他们考察到了各国的

政治制度、工业、交通、军备、文化、教育等情况,让他们视野大开,心灵也为之震动,好比井底之蛙看到了井口以外的天空。

出洋考察五大臣除了李盛铎被任命为驻比利时使臣外,其余四大臣回到中国,受到了清政府的隆重接待,慈禧也是迫不及待并接二连三地召见他们,询问他们在各国考察的心得体会与切身见解。四大臣把自己在各国的新奇见闻和感受,都滔滔不绝地对这位年过七十的老佛爷作了详细耐心的讲解,反正人到了这个年纪非常害怕孤独并渴望与人交流,所以慈禧也是听得津津有味,最后得出的结论是,立宪对中国有利,不立宪绝对有害。

慈禧与出洋考察大臣谈得兴致勃勃,但朝中仍然有顽固守旧的大臣,他们群情激奋地说,立宪会妨碍君权,立宪只是有利于汉族而不是有利于满族,还说四大臣是一派胡言、混淆视听。

对于反对派的声音,慈禧倒是不慌不忙,而是让四大臣直接把所见所闻所感详细地写成折子,条理清晰地分析出立宪的理由和益处。四大臣心领神会,以载泽打头阵先上了一折子,畅谈今日国势民情非立宪不可,而且载泽还在折子上谈到"凡国之内政外交,军备财政,赏罚黜陟,生杀予夺,以及操纵议会,君主皆有权统治之。"载泽这一条,就足以驳斥顽固派说立宪妨碍君权、利汉不利满的传言。

端方也紧接着连上三折:第一折敷陈各国宪法如何利国利民、利于千秋万代永世兴盛;第二折强调大清必须立宪,立宪才可以聚民心、用民力,才可以民富国强;第三折请求皇太后和皇上详定官制,以改变冗官的局面,提高行政办事效率。慈禧看到端方的折子后大为感动,便把端方连同载泽的折子传抄数十份,发给那些顽固派官员看,除此之外,慈禧让所有王公大臣在朝堂上召开会议,让开明派和守旧派自由辩论,最后才让守旧派官员无言以对,明白了大清必须实行宪政。

不愧是老谋深算,慈禧这样连出几招,让守旧派官员落得下风,算是为立宪铺好了道路,于是等出洋考察四大臣回国一个月之后,慈禧就颁发了《宣示预备立宪谕》,表示准备立宪。

第六章
慈禧的最后岁月

为了给预备立宪做准备，慈禧以光绪名义发布上谕，厘定官制，特意任命载泽、世续、那桐、荣庆、载振、铁良、张百熙、奎俊、戴鸿慈、葛宝华、徐世昌、袁世凯、陆润庠、寿耆等14人为编纂官制大臣，也就是让他们全权负责拟定官制机构名称和人员数额，另外，又由奕劻、孙家鼐、瞿鸿禨为总司核定大臣。编纂官制大臣原本想采用西方责任内阁制，但被慈禧否定，仍然恢复了参与军国大事的军机处。

经过14位编纂官制大臣的磋商和慈禧的最后拍板，革新后的中央各个官制机构为十一部四院一府，其中十一部：外务部、吏部、民政部、度支部、礼部、学部、陆海军部、法部、农工商部、邮传部、理藩部；四院：资政院、审计院、都察院、大理院；一府：军咨府。这些中央官制机构，大多是裁并旧机构或者为了推动新政而开设的新机构，这样的改革能够充分考虑到实际需要而做出重大调整和更改，也算得上与时俱进了。

中央官制机构进行改革后，地方官制机构也相应进行了改革，管制编纂大臣们综合各方面反映，在光绪三十三年五月（1907年6月）编制成了一个限期通行15年的《各省官制通则》，当天慈禧就批准了这份文件，旨令改各省按察使为提法使，增设巡警劝业道，裁撤分守分巡各道，酌留兵备道，分设审判厅，增易佐治员，由东三省先试行，直隶、江苏也择地试办。其余各省，体察情形，分年分地办理，但统统限定15年内一律通行。

此外，中央又修订了法律，如先后编纂《大清刑事民事诉讼法》《大清新刑律草案》。原来慈禧批准在中央设立考察政治馆，后经奕劻奏请，将考察政治馆改为宪政编查馆，慈禧视此馆为"宪政之枢纽"。在载泽的反复劝说与建议之下，慈禧将预备立宪的筹备期拟定为九年，也就是从光绪三十四年到光绪四十二年（1908年到1916年）为止，后来又改为十几年，这样一拖再拖无非是慈禧想牢牢控制住君权而不肯放。当然后来的革命党人以及立宪党人也没有给他们机会，1912年中华民国成立，大清政权就宣告退出历史政治舞台，这是后话，不再多说。

（三）光绪驾崩与慈禧归天

作为清朝倒数第二任皇帝，光绪不偏不倚地就恰巧死在了慈禧去世的前一天，这就让后世很多人对此产生了众多的猜测和联想。对此，大多数人认为光绪的死跟慈禧有关，而且就是因为慈禧觉得自己行将就木才让光绪先走一步，自己好安排身后事，她不想就此让光绪继续心安理得地当皇帝；而且不想让光绪一上台就否定自己生前的功德和政治措施，她知道自从囚禁光绪并害死珍妃后，光绪对她就恨之入骨了；最后她还想阴魂不散地左右甚至控制大清以后的政治走向，也就是说到快死的时候依然这样迷恋权威。

光绪帝在光绪三十四年十月二十一日（1908年11月14日），崩逝于中南海瀛台的涵元殿，从1898年戊戌政变后，光绪足足过了十年的幽禁生活，在这十年里也成了慈禧一个十足的木偶。每每上朝时，光绪就是一个木偶，只能陪坐在慈禧身边，而且没有发言权，只有在慈禧让他说话的时候，他才说上几句无关痛痒的话，而且声音很低，有时候需要慈禧重复说出，众臣们才听得见。不过到生命的最后一刻，这种耻辱苦难的日子总算走到了尽头。光绪到底是怎样死的呢？到底与慈禧有没有关系，我们来一探究竟。

当然，慈禧在生命里最后几年的日子也很不好过，肝病、胃病和消化不良的毛病总是困扰着她。在光绪三十四年，御医诊断出她的病情，说是还在恶化，脾胃欠和在加剧，体内干湿和阴阳非常不调，而且气虚痰生，精神萎靡，口干舌燥，消化不良，形势危急。

慈禧得到御医的诊断，便最先问李莲英，说："我现在病重，皇上在干什么呢？"

第六章
慈禧的最后岁月

李莲英恭恭敬敬地回答,说:"回老佛爷,皇上在看书。"说完之后,李莲英不知有意还是无意,不知好意还是歹意,竟然加了一句,"面带喜色。"

慈禧听到光绪在看书时就面容不悦,听到光绪还面带喜色时就咬牙切齿地说:"还面带喜色,哼,小莲子你记好了,我不能走在他前面。"

于是,从这开始,人们纷纷猜测就是李莲英害死了光绪,而且这不是空穴来风,是有一定依据的。李莲英深得慈禧宠信,对慈禧言听计从,而且还帮助慈禧发动过政变,害死了光绪最为宠爱的珍妃,李莲英害怕慈禧去世后,光绪会对自己下手,所以才故意挑拨光绪与慈禧之间的关系,然后与慈禧密谋害死光绪。最后,李莲英安排在光绪的饮食中下毒将其害死——持这种说法的是慈禧御前女官德龄,她在《瀛台泣血记》里就认定光绪是李莲英害死的。

另外,与李莲英害死光绪动机相类似的还有袁世凯。袁世凯在戊戌政变中,很多人都认为是他向荣禄告密,才使得维新变法失败,戊戌六君子被杀害和光绪被囚禁在瀛台,等到慈禧一去世,光绪就会立刻对他进行报复。戊戌政变后,慈禧和荣禄是非常欣赏袁世凯的,等到李鸿章去世,便让袁世凯出任直隶总督兼北洋大臣,但掌握北洋六镇新军近九万人的袁世凯也遭到了满洲王公贵族的猜忌,可慈禧还是让他继续掌握兵权,只是让他另外当上外务部尚书和军机大臣。光绪是非常痛恨袁世凯的,而且据记载,光绪与太监游戏的时候,就把制作好的纸人写上袁世凯的名字,然后再用小竹弓射击,最后还把那纸人撕得粉碎。后来清朝末代皇帝溥仪在《我的前半生》一书中写道:"我还听见一个叫李长安的老太监说起光绪之死的疑案。照他说,光绪在死的前一天还是好好的,只是因为用了一剂药就坏了,后来才知道这剂药是袁世凯使人送来的。"

还有一种说法是崔玉贵害死了光绪。慈禧在西逃时,命令李莲英、崔玉贵将珍妃从软禁之地找出来,然后又是崔玉贵直接将珍妃推到井里。珍妃可是光绪的爱妃,而崔玉贵就是最直接的刽子手,所以回銮后慈禧为了取悦西方列强,便想着改变自己的形象说是崔玉贵误听懿旨,把珍妃赶到宫外去了,

并没有害死珍妃。但光绪再也找不到珍妃,等他亲政了,肯定会找崔玉贵报仇,所以崔玉贵先发制人,趁着慈禧还未去世时,便找机会将光绪害死。

最后一种说法就是慈禧本人害死了光绪。据恽毓鼎在《崇陵传信录》记载,说慈禧病泻一连几天,有人对慈禧挑拨,称光绪闻道太后病重有喜色,太后就大怒,说:"我不能先尔死。"于是就在自己快不行的时候,派人将光绪害死。

但以上种种证据都并不确切可靠,说李莲英害死了光绪只是女官德龄和后人的臆测,李莲英虽然得宠,但一直都是谨小慎微,在光绪被囚禁后,李莲英也并没有对光绪很苛刻,而且在这之后,李莲英离宫时,皇家主政者也给了他很高的待遇,每个月60两白银作为退休安置费。

至于袁世凯害死光绪,更是溥仪的道听途说,并没有直接确切的证据,而且在戊戌政变时,袁世凯到底有没有告密都是一个谜,再说当时袁世凯只有在天津的七千多新军,根本就无法对抗荣禄在京津一带的数万武卫军,就算袁世凯真的偏向帝党也只是飞蛾扑火而已。

说崔玉贵害死光绪,更是没有人拿得出像样的证据。退一万步讲,当时谋刺皇上可是诛灭九族的大罪,除了以暗杀起家的革命党人外,朝廷中的人谁敢冒这个险,退一万步讲,如果真要谋害光绪,没有慈禧认可,谁敢动手。但如果是慈禧害死了光绪,更是没有直接的证据,《崇陵传信录》里记载的本来很多就是传说,很多地方真假难辨。

不管怎么说,慈禧灭掉光绪的传言流传最广,也被认为是最有可能性。可是种种迹象表明,慈禧虽然痛恨光绪亲政后不是很听自己的话,但经历八国联军侵华战争以及仓皇西逃、顺利回銮这样的大起大落后,再加上被囚禁的光绪比木偶还要听话,所以他们二人的关系得到了不少缓和,慈禧在生命的最后,还经常劝勉光绪要振作精神,对光绪的病情也非常照顾和体恤。

那么排除光绪被谋杀的原因,我们再来抽丝剥茧,从光绪自身的病情来看看光绪崩逝的实际情况。

光绪4岁入宫,照顾他的不是亲生父母,而是慈禧和太监、宫女,我们

第六章
慈禧的最后岁月

可以了解，慈禧是个个性非常强，而且有自己坚定意志和兴趣爱好的人，她不可能全心全意地去照顾这个亲侄子、亲外甥，不然就不能尽情地享受她美好的宫廷生活。太监和宫女对光绪的照料，肯定不会比他的亲生父母要细心体贴。而且，光绪自幼体弱多病，生性胆小，在慈禧严格苛刻的教育下，身心都受到了无可弥补的伤害，也就是说光绪这个人自幼就埋下了病根，而且从小体质就很不好。

在光绪二十四年（1898年）九月，法国驻京使馆内的医官多德福曾赴瀛台为光绪治病，当时光绪还把自己亲自写的病历《病源说略》交给了多德福。在这本书里，光绪承认自己有病，而且还是由来已久。多德福看了光绪的病历之后，又对光绪进行了诊断，认为光绪是"腰败"，同时又指出光绪有遗精之症，而且还提出诊治的方案："少腹皮肉既虚弱而且无力，不克阻精之妄遗。宜先设法治腰，然后止遗精。"

但法国医生没能治好光绪的病，等到光绪三十三年（1907年），光绪在自己写的书中《病原》谈到"遗精之病将近二十年，前数年每月必发十数次，近数年每月不过两三次，且有无梦不举即遗精之故，起初由于昼间一闻锣鼓声即觉心动而自泄，夜间梦寐亦然……腿膝足踝永远发凉……稍感风凉则必头疼体酸，夜间盖被须极严格……其耳鸣脑响亦将近十年。其耳鸣之声，如风雨金鼓嘈杂之音，有觉远之时，有觉近之时。且近年来耳窍不灵，听话总不真切，盖亦由于下元虚弱，以致虚热时常上溢也。腰腿间背酸沉，每日须令人按捺……此病亦有十二三年矣……行路之时，步履欠实，若稍一旁观，或手中持物，则觉足下倾则荡摇。"

以上的详细病情都是出自光绪之手，是他自己记录的，由此我们可以看出，38岁的光绪几乎从头到脚全身是病。一到光绪三十四年（1908年），光绪的病情就更为严重，宫中御医都无计可施，只得征召江苏名医陈秉钧和曹元恒入京诊视。可惜的是，经过多方调治，效果仍然不明显。四月初四时，两位名医在会诊的病历中写道："皇上脉弦数较减，轻取重按皆虚弱无力。审察病由，耳响作堵，有增无减，足跟作痛，有减无增。现在腰痛不止，上连

背部,下及胯间。考腰为肾府,封藏有亏,肝木上升,脾湿下陷。偏于右者,以左属血、右属气,气血不能流贯,风湿两邪,窜经入络。"

病情如此严重,年迈的慈禧都顾不上自己的身体,直接为光绪而再次向全国征求名医,可能年纪大了,计较的不多了,觉得自己对这个侄子、外甥有亏欠吧,慈禧还通过军机处向各地封疆大吏发出急电,请于当地寻求名医,速速来京为光绪治病。

慈禧向各地发出急电后,各地名医中如杜钟骏、吕用宾、周景涛、张鹏年、施焕都纷纷应召前来。其中细心的江苏名医杜钟骏著有《德宗请脉记》一书,较为详细地记述了他为光绪治病的经过。

当年七月十六日,杜钟骏首次在仁寿殿给皇帝请脉,为了以示关怀,慈禧也前往探访,可见那时的她对光绪非常重视。皇上见有名医前来问诊,开口就问:"你们瞧瞧我的脉怎样?"

杜钟骏前去把脉,片刻就说:"皇上之脉左尺脉弱,右关脉弦。左尺脉弱先天肾水不足,右关脉弦后天脾土失调。"

"我的病两三年都没有治愈,这是什么原因?"

"冰冻三尺非一日之寒啊,皇上,您的病不是一朝一夕所成,由来已久。"杜钟骏感叹道。

就在同一天,光绪就在《病原》里写道:"腰胯筋络酸跳,疼痛增重,牵及小腹两旁皆作跳痛。早晨洗面手不能举,腰不能俯,所有上下阶及行动坐立卧起,咳嗽用力时皆牵震作痛,早间初起时尤重,甚至呼吸皆觉费力。屡用补肾除湿之药,非但无效,且近来每晚间睡时偶有心跳惊醒之候,宜另设法医治。"此时的光绪全身剧痛,俯仰之间都觉得艰难,病情到了这个地步,可谓病入膏肓无药可治。

等到这年十月份的时候,光绪的病情可谓险象环生。杜钟骏在《德宗请脉记》一文中有详细记载,如果看到这些实实在在的文字资料,就不会主观臆断是谁害死光绪的了:

十月某日夜间,内务府派人来说:"皇上病重,堂官叫来请你上去请脉。"

第六章
慈禧的最后岁月

我还来不及洗脸,就匆匆上车,走到前门,有人飞快地骑马前来,说:"速去!速去!"行未久,又来一骑马的人,皆内务府三堂官派来催促者也。走到内务公所时,周景涛已经请脉下来。说:"皇上病重。"我没有坐多久,内务府大臣曾崇引我到瀛台,只见皇上坐在炕的右边,一只手托着腮帮,一只手平放在桌子上,我就给他诊脉。过了一会儿,皇上喘气很急,还带着哭腔说:"头一次给我开的药我服了无效,问他他又没有说出很肯定的话,你有没有法子救我?"我说:"臣两月未请脉,皇上大便如何?"皇上说:"九天没有解手,痰多气急心空。"诊脉之后又看舌头,我就问:"皇上还有别的话吩咐吗?"皇上挥挥手表示没有别的话好说了。我等退出房外,皇上又拉着我们说了说先前的病状,然后我们又退到军机处拟开药方。我在写药方的时候,心中没底,总怕写得不好。当时就有大臣问:"你这样写,不担心皇上会害怕吗?"我说:"这病不出四天,必有危险。我这次来没能尽技为皇上看好病,本来就非常惭愧了。但病情到这样,我要是不说实话,更是不好。"

以上都是名医杜钟骏所写,不是道听途说,作为医生更不会主观臆断,而且《德宗请脉记》可以与光绪的《病原》、御医曹元恒和陈秉钧写的《脉案》相互印证,所以他的记载相当具有可靠性。

对于光绪驾崩当天的情况,杜钟骏《德宗请脉记》里也有细致的记载。文中说杜钟骏和周景涛、施焕、吕用宾等名医被传去请脉,但见皇上脉息如丝欲绝。四肢发冷,气息微弱,两眼上翻,神志不清,牙关紧闭,已是奄奄一息,去世的时间为光绪三十四年十月二十一日(1908年11月14日)傍晚。

早在十月十四日,过完74岁大寿的慈禧,病情明显加剧。名医吕用宾入诊,在《脉案》中写道:"皇太后六脉均见数象,寸口微孚。头痛目倦,心中辛辣难受,烦躁不安,口渴舌干,经常咳嗽,而且又发热怕冷,种种病情,都是由于胃气不降,表感不清,湿热蕴结所致。"光绪崩逝,对慈禧的病情造成很大冲击,张仲元、戴家瑜就说:"皇太后脉息左寸关至数不匀,右部仍躁。肝气冲遂,胃燥不清,以致时作咳嗽,顿引胸肋窜痛。口渴舌干,精神异常委顿,小关防多,胃纳太少。"十二月二十二日时,慈禧六脉已绝,未刻

（下午 1 点到 3 点），慈禧就宾天，一代无冕女皇就此寿终正寝。

（四）无可奈何花落去

在慈禧 74 岁大寿之际，皇宫内仍是灯火辉煌、莺歌燕舞，热闹非凡。当时西藏达赖喇嘛特意向慈禧祝贺，信奉佛教的慈禧喜形于色，还特意颁布懿旨，赐居雍和宫，加封达赖为诚顺赞化西天大善自在佛。白天，慈禧兴致勃勃地参观为她举行的祝寿大典，晚上还兴高采烈地在西苑颐年殿看戏看到半夜，直到散场，她才回到仪鸾殿就寝。

可能在弥留之际，慈禧就隐隐感到应该尽快选立储君，毕竟她也觉察到光绪的时日不多了。为此，她还专门召见军机大臣世续和直言敢谏的老臣张之洞，征询为光绪立嗣一事。世续和张之洞在见慈禧的前一刻就商议，如果再立一个小孩子当皇帝，又将造成君主羸弱、太后垂帘的局面，于国不利。于是他们合奏道："国有长君，此乃社稷之福，不如直接册立载沣。"

其实慈禧心中早就有数，只是想探探大臣们的口风，听见两位大臣说是要立载沣，慈禧不是很满意，但心中也并不失意，毕竟载沣也是醇亲王奕譞的儿子（奕譞已去世，载沣承袭醇亲王王位），光绪的弟弟，当年 25 岁，已被立为军机大臣。

慈禧悲悲切切地说："卿等所言极是。但是不为穆宗（同治）立后，怎么对得起他？我是想立溥仪，让载沣主持国政，这样于公于私都没有遗憾了。"

张之洞当时 71 岁，但头脑非常清晰，反应也很敏捷，他知道慈禧决定的事是很难改变的，便顺水推舟地补充说："应该给主政一个名号，名不正则言不顺啊！"

"那照你这种说法，名号这东西是不是古时就有？"慈禧问道。

第六章
慈禧的最后岁月

张之洞说:"当然了,前明有监国之号,国初有摄政王之名,都可以援引为例。"

"那好,那就让载沣为监国摄政王。"慈禧欣然地下此决定。

张之洞又进一言,说:"光绪帝临御三十多年,不可使无后。古有兼祧之制,可以仿行。"

兼祧就是一个皇帝同时作两位先帝的继承人,古人很讲究子孙立嗣一说,张之洞的意思是让溥仪既做同治帝的继承人,也做光绪帝的继承人。慈禧想了一想,默不作声,看了一下张之洞,最后还是同意了。

事不宜迟,在十月二十日慈禧就连发三道谕旨来立储君和摄政王:

第一道:"上不豫。谕内阁。朕钦奉慈禧端佑康颐昭豫庄诚寿恭钦献崇熙皇太后懿旨:醇亲王载沣之子溥仪著在宫内教养,并在上书房读书。"从这道谕旨可以看出慈禧徽号之长在当时就有了,而且谕旨中说得大致很明了,溥仪就是未来的国君。

第二道:"又谕。朕钦奉皇太后懿旨:醇亲王载沣授为摄政王。"

第三道:"谕军机大臣等。朝会大典、常朝班次,摄政王著在诸王之前。"

事情发生得很突然,三道谕旨一经下发,第二天光绪就崩逝。慈禧也行将就木,不过思维还算清晰,她立刻又连发三道懿旨:

第一道:"钦奉皇太后懿旨:摄政王载沣之子溥仪入承大统为嗣皇帝。"

第二道:"又钦奉皇太后懿旨:前因穆宗毅皇帝未有储贰,曾于同治十三年十二月初五日降旨,大行皇帝生有皇子,即承祧穆宗毅皇帝为嗣。现在大行皇帝龙驭上宾,亦未有储贰,不得已以摄政王载沣之子溥仪承继毅皇帝为嗣,并兼承大行皇帝之祧。"

第三道:"又钦奉皇太后懿旨:现值时事多艰,嗣皇帝尚在冲龄,正宜专心典学。著摄政王载沣为监国。所有军国政事,悉秉承予之训示,裁度施行。俟嗣皇帝年岁渐长,学业有成,再由嗣皇帝亲裁政事。"这道懿旨说明慈禧虽然立定国君和摄政王,但军国大事还得经过她的训示才能裁度施行,可见她是多么迷恋权势,也可见她自认为还能活得更久一些,所以说慈禧就想让光

绪死在自己前面的说法是不成立的。

光绪去世后,慈禧的病情也迅速加剧,在病危之际,慈禧发布了她生命中的最后两道懿旨:

第一道:"朕钦奉皇太后懿旨:现命摄政王载沣监国,所有应行礼节,著内阁各部院会议具奏。"

第二道:"钦奉皇太后懿旨:昨经降旨,特命摄政王为监国。所有军国政事,悉秉予之训示,裁度施行。现予病势危笃,恐将不起,嗣后军国政事,均由摄政王裁定。遇有重大事件,必须请皇太后懿旨。由摄政王随时面请施行。"

慈禧在即将步入西方极乐世界时,才说军国政事由摄政王裁定,不过也要请皇太后(隆裕太后,也就是慈禧为光绪选的皇后)的懿旨,慈禧在懿旨中没有提及垂帘听政,而且还为自己辩护:"我几次垂帘,不知内情的人,多是认为我贪图权势。可实际情况是形势迫使我不得不这么做。"话虽这样说,但明眼人一看就知道她是言不由衷地为自己作掩饰。下达完懿旨的慈禧病势沉重,进入弥留状态。御医们手忙脚乱地开了一剂益气生津之方,想妙手回春,但已经无力回天了,一个时辰后,慈禧就命归西天。

临终时,慈禧居然说了一句很是值得玩味的遗言:"此后,女人不可与闻国政。此与本朝家法相违,必须严加限制。尤须严防,不得令太监擅权。明末之事,可为殷鉴!"

溥仪在光绪去世后,被隆重迎入宫中,很快就被册立为皇帝,年号宣统。在众多的皇室子弟成员中,慈禧为什么偏偏选中只有3岁的溥仪呢。溥仪是奕譞的嫡孙,是光绪的亲侄子,而且他的亲生母亲瓜尔佳氏是宠臣荣禄的女儿。瓜尔家氏从小就

溥仪

第六章
慈禧的最后岁月

长在宫里,深得慈禧宠爱,而且她与载沣的婚事也是慈禧钦定的。载沣是慈禧的侄儿兼外甥,溥仪既有爱新觉罗的血统,也有叶赫那拉的血统,皇权也算没有旁落到这两姓血统之外,这也可以看得出慈禧虽然去世,但在之前她还是深刻地影响着皇室乃至整个大清朝的局势。

慈禧太后去世后,清廷向朝野内外发布她事先拟定好的遗诏:

予以薄德,只承文宗显皇帝(咸丰)册命,备为宫闱。

迨穆宗毅皇帝冲龄嗣统,适当寇乱未平,讨伐方殷之际。时则发捻交讧,回苗交扰,海疆多故,民生凋敝,满目疮痍。予与孝贞显皇后同心抚训,夙夜忧劳。秉承文宗显皇帝遗谟,策励内外臣工及各路统兵大臣,指授机宜,勤求治理,任贤纳谏,救灾恤民。遂得仰承天庥,削平大难,转危为安。

及穆宗毅皇帝即逝,今大行皇帝入嗣大统,时事愈艰,民生愈困。内忧外患,纷至沓来,不得不再行训政。前年,宣布预备立宪诏书,本年颁示预备立宪年限,万机待理,心力俱惮。

幸予体心素强,尚可支柱。不期本年夏秋以来,时有不适。政务殷繁,无从静摄。眠食失宜,迁延日久,精力渐惫,犹未敢一日暇逸。本月二十一日,复遭大行皇帝之丧,悲从中来,不能自克,以

慈禧出殡

致病势增剧，遂至弥留。

回念五十年来，忧患迭经，兢业之心，无时或释，今举行新政，渐有端倪。

嗣皇帝放在冲龄，正资启迪。摄政王及内外诸臣，尚其协力翊赞，固我邦基。

嗣皇帝以国事为重，尤宜缅节哀思，孜孜典学。他日光大前谟，有望厚焉。

丧服二十七而除，布告天下，咸使闻知。

以上遗诏大致描绘出慈禧的生平梗概，不过也表示慈禧对未来的国君乃至整个大清给予无限希望。

溥仪即位后，载沣遵旨为监国摄政王，成为大清王朝实际上的最高执政者，上台后的他遵行慈禧的遗志，继续慈禧新政，不过他极力加强皇室地位，排斥汉族大员，削除袁世凯等人的兵权，使得一些本无才能的皇室内部成员自立门户，把持政柄，结党营私，搞得朝廷一片混乱。在宣统三年（1911年）四月，迫于国内外紧迫的形势，勉强成立责任内阁，不过内阁成员皇族占多半，这就让更多人们对清朝的内阁立宪寒心。当年公历10月10日，武昌起义，南方各省纷纷独立，清朝分崩离析，载沣也推掉摄政王，让一个孤儿和一个寡母在内外打击下，最终宣布清朝结束，清帝退位。

慈禧去世后三年，大清就在她钦选的接班人手里葬送，统治中国267年的清王朝宣告结束！

第七章
慈禧的生活剪影

(一)慈禧的兴趣爱好

(1)听戏

慈禧这一生非常喜欢看戏,特别是看淫戏。安德海在世时,慈禧大约一年之中有 5 个月的时间留在西苑,安德海投其所好,在西苑建造了一座精巧绝伦的大戏楼,而且还专门召集了一班一流的梨园子弟,排演各种慈禧喜欢的戏剧,尤其是在淫戏方面大下功夫,供慈禧享乐。而安德海扮相好,嗓子更好,特别是他唱那首令人心旌摇动的性爱浪曲《姐如花》时,总要唱得慈禧销魂酥骨。

淫戏的内容表面隐晦,其实稍微一联想就能听懂,慈禧当时听得兴起,同安德海又一起干柴烈火地缠绵在一起了。当然,这只是慈禧听淫戏的某一个片断,当然还有普通戏,每逢佳节或生日,慈禧总是一连听个几天几夜,非常有兴致。

(2)吸烟

说来也奇怪,清宫里的皇帝或皇太后都有不少喜欢吸烟的。史料有明文记载,当了最长时间皇帝的康熙吸烟,健康长寿的乾隆也吸烟,而一生讲究养颜美容的慈禧也适度吸烟。

中国的烟草还是明末从吕宋传过来的,当时称之为金丝熏。康熙时期有盛世之称,大臣之间都开始风行吸烟,还互相津津乐道地推荐自己喜欢的品种。有一位大臣向康熙推荐一种烟草,康熙也是好奇地吸了吸,觉得冰凉凉

第七章
慈禧的生活剪影

有些奇怪，吸了几回没上瘾就没有继续吸了。

乾隆年轻的时候很有好奇心，也想尝试一下吸烟，一吸就上瘾了，而且几十年离不开吸烟，只有到晚年的时候，觉得吸烟对身体无益便戒掉了。

对于慈禧来说，吸烟可是日常生活中必不可少的一项内容，就像吃饭喝水一样了，她几乎每天都要吸烟，就连在身边伺候她吸烟的宫女何荣儿都是她最为宠爱的宫女之一。

何荣儿就专门负责伺候慈禧吸烟，每当看到慈禧优哉游哉地吸烟，看着烟雾袅袅升起，她就会觉得很有成就感。当时的女官对宫女的管理都很严，一个被她称为姑姑的女官就曾对她严肃地交代："伺候太后娘娘，可不是一件容易的事。敬烟其实比什么差事都难。敬烟可是跟火神爷打交道的事，你要是掉太后身上一点火星儿，砍你的脑袋。你要是在太后屋里撒一点火星儿，你祖宗三代都玩儿完。"

饭后一根烟，赛过活神仙。慈禧也是在饭后吸她最喜欢的水烟。给慈禧上烟，先要准备好六样东西：火石、蒲绒、火镰、火纸、烟丝、烟袋，然后不管是上烟、点烟、还是换烟每一道程序都得非常小心，不能出一点意外。每次吸烟时，慈禧特别享受，还笑眯眯地对宫女说："这会儿该劳驾您了！"

（3）听故事和笑话

慈禧很爱听故事和笑话，为此还专门让学问大、医道高而且非常善于讲故事和笑话的人在太医院值班。这些人中有一个叫李崇光的，机智敏捷、诙谐幽默，常令慈禧捧腹大笑，为此慈禧都称他为李宝贝。

慈禧随口说道："跛子。"

李崇光应声道："世路尽羊肠，行行又止；先生移鹤趾，飘飘欲仙。"

"好好，我再说一个，驼子。"慈禧听得哈哈大笑。

"哀哉驼背翁，行走甚龙钟。遇客先施礼，无人亦鞠躬。"李崇光反应敏捷。

"好，很好。"慈禧哈哈大笑，还鼓掌说，"赏银一百两。秃子。"

"顶上无毛一秃鹜,天然润泽似揩油。曲词唤作光光乍,却异花丛众滑头。"

李崇光见慈禧面带笑意,似乎在慢慢品味,便继续来一首更易理解的:"圆光顶上秃如鹜,枉费许多生发油。若叫此人做和尚,不需披剃自来头。"

慈禧故意笑眯眯地说道:"李宝贝啊,还不是很过瘾。"

李崇光提神大声说:"老佛爷要更过瘾,好!"然后李崇光不顾节操地诵道,"七分昏来八分命,五花肠子六花心。打虎还是真兄弟,骑驴撞见娘家人。龟头有志终有运,朝里无人莫作声。"

慈禧笑盈盈地点点头说:"嗯,还有那么一点意思。新婚。"

李崇光起身迈开步子,用扇子打着节拍,放声吟道:"水流花谢,时闻鸟声;柳荫路曲,湿有真迹。芳草萋萋,兔起鹘落,残花点点,燕舞莺歌。"

慈禧先是一笑,然后又摇头说:"还是一般。"

李崇光知道慈禧喜欢一些黄段子,便笑道:"老佛爷见多识广,还有一样没见过真章。"

慈禧说:"哦,那到底是什么,你就别卖关子了。"

李崇光说:"秋海棠!"

慈禧说:"奶奶的,不光见过,我还让人养过。"

李崇光说:"老佛爷啊,这可不是一般的秋海棠。有一个长相非常美丽的妇人,生性好淫,人称秋海棠。"

慈禧听到这里就迫不及待了,便说:"接着说下去啊。"

李崇光知道终于把慈禧的胃口吊起来,便绘声绘色地继续讲:"就因为这个美丽秋海棠,多少男子陷入其中,多少男人为了她弄得妻离子散。由于一场情杀案,她被关进牢里,两个狱卒见到她也动了念头。"

"于是这两个狱卒开始要对联,说对不上就请喝酒,狱卒甲看了一眼牢房里的秋海棠,张口就来:秋海棠。狱卒乙看了半天秋海棠都对不上来,谁知秋海棠脱口而出:夏山药。"

"甲知道秋海棠终于上钩了,便笑眯眯地说,咱们对上几联,如果你都对上了，咱就舍命放你走，如果对不上，今晚就陪咱哥俩好好玩一晚上。秋海棠很痛快地答应了。我现在说的就是正题，老佛爷可要仔细听了。"

慈禧兴致老高："说，好，说得好有赏。"

李崇光用说相声的语调，一口气把长长的对联给说完，把慈禧逗得笑着歪倒在一旁，还把大腿一拍，说："你这个小宝贝真是个开心果，赏银一千两。"

（4）洗澡

慈禧喜欢干净，也爱享受，洗澡也是她的爱好之一。她洗澡可是不拘格套，因时间、季节、环境、气氛和心情而定。夏天天气炎热，容易出汗，她就多洗，几乎天天都洗，或者一天洗两三次；冬天就当然不同了，北京天寒地冻的，容易风寒，不宜经常洗，但也要隔两三天洗一次。

在宫里洗澡的时间，一般是在晚上，当然也不是固定的，一般在慈禧晚饭散步后直到宫门上锁前。太监们就抬浴盆，挑洗澡水，还要准备毛巾、香皂、爽身粉、特制香水等等洗澡用品。等太监们把这些重活都做完后，四个帮助太后洗澡的宫女就向慈禧请安。四个帮助洗澡的宫女都换的是新鞋、新袜，衣着打扮都很干净清爽。

慈禧在洗澡时有两件是必备的：洗澡时坐的矮脚椅子和银质浴盆。这个特制的矮脚椅子大约一尺来高，椅子是用特殊的上等木材精心制作而成，四条椅子腿出奇的粗壮，每只椅子脚上分别有两条浮雕小龙，一条朝上，一条朝下，栩栩如生，非常惹人眼球。银质的浴盆设计的是斗状，中间的檐子是凹进去的，像个很大的银元宝，别出心裁。

慈禧洗澡的专用托盘内，整齐地摆放着干净整洁的毛巾，叠放得非常整齐，每一堆毛巾都是25条，一共4堆，共100条。令人惊奇的是，每一条毛巾都用黄丝线精心绘绣而成，而且图案中的龙凤姿态万千，让人目不暇接。

给这位老佛爷洗澡可不是一件容易的活，每一道程序都要特别精细、熟练和灵巧，不容得半点疏忽和怠慢。四个宫女分四面站开，由一个宫女领头，

另外三个宫女看着领头的眼色行事。第一步就是把毛巾用热水沾湿,然后分别由这几位宫女给慈禧擦胸、擦背,手臂、胳肢窝和腿部等都要细心地擦拭,擦拭六七次,让全身的毛孔放开,让全身都觉得舒适。

第二步就是擦香皂,这些香皂通常都是宫里精致的玫瑰香皂,把香皂打匀,然后用丝柔的毛巾轻轻地搓动。第三步就是把身子擦干净,而且也要特别轻柔,不然老佛爷不开心就会随时发飙了,轻则泼你一脸水,重则拖出去大打几十大板再驱逐出宫。第四部就是洒香水,夏天一般用耐冬花露水,其他的几个季节就用玫瑰花露,用量都特别大。

洗澡洗到最后,四个宫女,每人一条干毛巾,把慈禧身体的各个部位,上上下下都要擦一遍,然后给老佛爷穿上白绸子衫,外面再罩一件绣花睡衣。

值得一提的是,慈禧的洗澡水非常特别:宣木瓜、薏米、桑枝、桑叶、青皮、净蝉衣、甘菊花各一两,黄连四钱,茵陈六钱,全部合起来熬成慈禧的洗澡水。

(5)读书、写字、绘画

慈禧当年在储秀宫中得以脱颖而出,除了她国色天香的容颜和那双能够镇得住所有男人心魄的眼睛外,还有她的知书达礼和"腹有诗书气自华"也是非常加分的。慈禧从小受父亲影响,非常喜爱读《诗经》,除此之外,她也非常喜欢阅读古典名著,如《封神演义》《水浒传》《红楼梦》《三国演义》等等,闲暇之时也作批注。辛丑西行之后,慈禧还开始看《海国图志》《瀛环志略》等书,大概是想了解外面世界。除了读书外,她也很喜欢听书,也喜欢评书,听到讲西汉时,慈禧还说吕后糊涂,当时的大将都是刘邦的人,她封诸吕为王不仅违背刘邦"异姓不王"的誓言,而且简直就是为吕氏家族自掘坟墓,看来慈禧也能够从中品味、借鉴历史。

慈禧悟性好,记忆力也很不错,在练字方面,她还特意让善于书法绘画的缪嘉蕙给她当老师。出身于书香世家的缪嘉蕙被选进宫中时年三十四岁,擅长书法,又工于绘画,弹琴方面也很不错,非常受慈禧的赏识。慈禧特赐免跪,让蕙质兰心的缪嘉蕙当她的书法、绘画老师。慈禧很有耐心,又能够孜孜不倦,终于能够大有长进,她常写"福""寿"二字,并经常赏赐给达官贵人,能得到慈禧赐"福"字的大多是二品以上的官员,能够受赐"寿"的则是 50 岁以上的大员。

慈禧在绘画时,也是一丝不苟,有时在画仙鹤或者凤凰时,有不足之处,都是缪嘉蕙予以指正或者直接在慈禧原画的基础上加以修饰,当然慈禧觉得画得很好的时候,往往都是加上她的御印章。现在还能够看到传世的慈禧绘画的一副《凤凰图》和一副《九秋图》。

(6)赏花、养宠物

慈禧对花有一种天生的偏爱,在她的寝宫或是常去的殿堂,总是有很多随季节而更换的花种。在慈禧寝宫最东边的一间静房里,摆着一大盆郁郁葱葱的南天竹;而在西头卧室,则通常摆放着一盆茂盛的春兰花,慈禧被册封为兰贵妃,对此花也有特别的情结,再三嘱咐宫女或太监要把这盆花养好。在外面廊子下摆放着两盆海棠,中间配上两盆金黄色的连翘。海棠花可是伴随着慈禧成长的吉祥花,而这种花一到春天就长满花朵,使人看了心旷神怡。慈禧散步的时候,总喜欢围着有花的回廊走动赏花,有时干脆坐在那里静静地看花。

慈禧也喜欢在身边养一些宠物,她有一条小狗,名叫"水獭",长得十分惹人喜爱,不管慈禧到哪里,总喜欢把它也带上。还有一只雪白的猫,被慈禧取名叫"玉狮子",有时候慈禧睡觉都要带着它。除了这一猫一狗外,慈禧还特别喜欢一个小墨猴,浑身油亮油亮,长得非常小巧,而且胆子也特别小,只有让慈禧抱着的时候才不会害怕,平时慈禧都专门让两位太监喂养它。

(7)照相

慈禧看到的第一张照片是御前女官德龄在法国拍摄的。当时看到德龄照片的时候,慈禧就完全惊讶了,觉得这简直不可思议,世界上竟然会有如此

慈禧太后像

高明的技术,能够把人的相貌完全真实地映在一张塑料纸片上。当慈禧问清楚德龄这到底是怎么回事后,她就对此产生了浓厚的兴趣,德龄也把自己深谙照相技术的哥哥介绍给她。从此以后,慈禧就爱上了照相,她有数十张照片现在都藏在故宫博物院内。现在我们通常能够看到慈禧的照片,上方都写着"大清国慈禧皇太后"的字样,而且当中的慈禧正襟危坐,双手手指尖尖细长,而且在无名指和小指上都有如鹰爪般的金银护指,有时候她的手拿着团扇,有时候握着帕子,有时候直接放在椅靠上。不过照片上的慈禧都是六七十岁的慈禧,没能让人们直观地一睹慈禧年轻时风华绝代的芳容。

(二)养生之道与美颜养容

慈禧以 74 岁高龄去世,在那个时代绝对算得上是长寿的了,当然这与她非常注重的养生之道分不开。当年废除恭亲王奕䜣议政王的头衔后,慈禧就很高兴地说:"现在就想洗个人乳澡,然后再好好睡上三天觉。"

在一旁的慈安听到后不禁哈哈大笑:"睡三天觉不大可能吧,至于洗人乳澡,还有用人乳洗澡的?"

第七章
慈禧的生活剪影

慈禧都有一点不相信自己刚才随口说的话，便改口道："宫里每天都只供应牛乳，我刚才说过要用人乳洗澡了吗，那是我说错了吧。"

等慈安走了，慈禧便问太监小荣到底有没有人用人乳洗澡。小荣为了讨好慈禧，便说："人乳洗澡不仅光滑润肤，而且还有益于皮肤的美白柔嫩呢，要是每天喝一碗，对养颜美容极好，即使年纪大了，皮肤也能像少女一样光泽嫩滑有弹性。"

既然是这样，慈禧从当时就养成一个喝人乳的习惯，而且碰上开心的大好事她就洗人乳澡。而且慈禧还坚信，人乳是不可多得的健身美容良药，每天必定要喝上大半碗。

除了一些阿哥、贝勒要喝人乳，慈禧也要喝人乳，清宫每年都要选择健康状况优良、相貌端庄、秉性又温和的良家产妇，每天挤出足够的乳汁，经过精挑细选之后再供应给宫中。当然对于这些奶妈，宫廷每天都要供给8盒米，4两肉，而且每年都要分送各种日用品、礼物给她们。

慈禧喜欢喝人乳，每天都有3名奶妈专门提供充足健康的奶，并只提供给慈禧。对于给自己供应乳汁的奶妈，慈禧的要求非常严格：

1. 奶妈要从满族中选出，而且是八旗子弟之妻；
2. 要详细查看产妇新生孩子的健康状况，并且要交给敬事房查验；
3. 奶妈的乳头也要检查，除了乳汁充足外还要另行检查；
4. 入选的奶妈，要体形丰腴，身体干净、相貌端庄、奶水充盈；
5. 年龄要在15到20岁之间，特别好的可在30岁左右。

从史书上记载，慈禧26岁掌权后，就开始在宫里喝人乳，直到去世都没有改变过这个习惯，她每天固定的奶妈有3位，最多时达到11人。除了人乳之外，清宫给皇帝、后妃都配给固定的乳牛定额，皇帝的乳牛配给是100头，皇太后是24头，皇后是25头，其他妃嫔是2头到6头不等。慈禧每天所用的牛乳大概为100斤以上，包括各种各样的乳制品如奶茶、奶酪、奶油、糕点等等。

常言道"银耳是穷人的燕窝",其实作为富贵的皇室成员,慈禧也非常喜欢吃银耳汤,每天早上,太监给慈禧送上起床后的第一道美容养颜汤料就是银耳汤。银耳含有很多对人体很有益的成分,特别是蛋白质和脂肪,总的来说银耳能够帮助人补肾强体、活络血脉、润肺止咳、补气补脑、滋阴养颜,对女性养颜美容有着特殊的疗效。对于老年女性体虚畏寒、气喘咳嗽、身热口渴都能得到很快的调理和滋补,而且能够提高造血功能,增强免疫力。

起床就能够喝到银耳汤,新开始的一天里就精神焕发,除此之外,宫女们还要为慈禧进献一盆热水。侍女们用热手巾先把慈禧的手包起来,放在银盆的热水里浸泡,等到水温渐渐变凉后,再换一盆热水,如此换水温手三次,把手背、手掌和手指头都泡得白里透红、柔软细嫩的。很多年轻的宫女都非常羡慕慈禧的那双手,倒不是因为这双手掌握着大清最高权柄,而是羡慕这双手细腻柔软,非常饱满圆润,充满光泽,几十年如一日的呵护与保养,直让人羡慕喜爱。

除了敷手之外,慈禧还喜欢敷脸。敷手之后,侍女们就用特制的银盆装满洒了香料的热水,再以细腻柔软的纯棉毛巾浸透热水,然后按照慈禧的脸形细心地敷。长年累月地做热敷,也难怪慈禧脸上基本没有皱纹,而且总是保持得光鲜亮丽、白皙润滑。

慈禧起床后的第四件事就是往脸上敷一点胭脂水粉,这些胭脂水粉可不是进贡的贡品,而是慈禧这位爱美的美容专家亲自研制而成的,对于贡品,即使再好,偶尔也尝试着用一用,不过日后就不再问津了。紧接着就是梳头,这当然是以靠梳头"起家"的李莲英为首。慈禧非常注意自己的形象,发型是第一关,宫里人都知道梳头是慈禧每天早晨最重要的事情之一,甚至比谈论军国大事还要重要。虽然慈禧在40岁时就开始脱发,渐渐地变得稀疏,几乎都快秃顶了,但她自始至终都非常注重自己的发型。

当面部快要做好时,侍女们就给慈禧画眉毛、点唇膏,等到一切妆容都整理完毕,在慈禧照镜子打量自己的时候,在一旁服侍的侍女和太监都要夸

第七章
慈禧的生活剪影

奖几句，哄老佛爷开心，然后再给慈禧端上人乳或者牛乳。

每天早上，慈禧都做这些事，几乎都成习惯或定制了，天天如此，月月如此，年年如此，直到去世的那一天。

每天早上梳洗完毕，同治或后来的光绪总要准时请安，然后陪慈禧用早膳。用完早膳后，慈禧出养性殿，然后到各处散步半个小时，回到寝宫，慈禧就踢毽子，或者打坐念佛，或者研习书画，然后就是抽水烟、喝茶。

每天用过午膳，在十二点之后，慈禧就要午睡。午睡醒来之后，慈禧仍然抽水烟、喝茶，到殿外去散步，这叫绕大圈子。下午五六点的时候用过晚膳，慈禧又照例出殿绕一个小圈子。从慈禧一天的生活习惯来看，散步是她不变的爱好，早中晚饭之后总要去溜达几圈。民间有言："饭后百步走，活到九十九。"连中医也说：散步，畅神志，益五脏；人在闲适之中漫步，四肢自然摆动，血液协调运行，全身的关节和筋骨都得到了舒展，能够令人心平气稳、经络通达、气血流畅。

据史记载，乾隆也很喜欢饭后在圆明园散步，慈禧一生追慕乾隆，在养生方面也一样。在皇家园林里，雕梁画栋、亭廊楼榭、花花草草、莺歌燕舞、湖光山色、竹林掩映，如此惬意的景色，在这样的环境中当然让人心旷神怡。而且慈禧散步，也是很讲排场的，宫女太监，提炉子的，打伞的，捧着烟袋的应有尽有。园子里一年四季，花香四溢，赏心悦目，长久以来，不延年益寿才怪。

在慈禧看来，宫里头最要紧的就是睡觉，而且睡觉在一天的日程安排中处于非常重要的地位。按照清廷宫里的祖制，绝不许晚上熬夜贪玩，也不许早上赖床不起。宫中几千人，不管是谁，每天都要早起，一般五六点就起床了，不管春夏秋冬都是这个时候，七点以前都已经洗漱完毕。慈禧每天都要睡午觉，都是十一点到下午一点的样子，按照慈禧的说法这就是天地阴阳之正气，是健康长寿的秘诀。

从辛酉政变后，慈禧掌权，就养成了一个睡觉的习惯，就是在入睡前，

得让别人在床前讲笑话或说书。最初给慈禧讲故事的是太后宫中司房首领太监马双禄和单承泰二人，这两个人都是秀才出身，博览群书，肚子里装着不少笑话和故事，慈禧发现他们都还有这一手，便让他们二人在自己的寝宫里说书，快入睡之前，就让他们二人开讲。除了两个太监之外，还有庆亲王的四女儿，人称四格格；还有一位就是垣大奶奶，是慈禧的内侄媳妇，这二人都是早年守寡，奉旨居住在宫中，也为慈禧睡觉之前说书。她们端庄贤淑、知书达礼，嗓音清脆悦耳，深得慈禧喜欢，几乎每天都让她们坐更（在慈禧入睡前值班）说书、讲故事、说趣事、讲楹联等等。

话说慈禧在入睡之前听人说讲，只要能让这位老佛爷大笑不止便是为她消除肝气，除了说书以外，还有人专门为她捏腰捶背做按摩，这都是让慈禧能够在入睡后有很好的睡眠质量。

民以食为天，养生方面，怎么能不谈饮食呢。据一名叫张德福的老太监回忆："老太后的思虑比山高比海深。我自从由烟波致爽殿（热河行宫）服侍老太后以来，前后一共四十多年，可到现在都不知道她老人家到底喜欢吃什么。今天爱好吃各地督抚进贡的菜，明天就偏爱吃御膳房菜谱上的菜，后天说不定突然想吃某种时鲜。在进食方面，就可以充分表现出天意难测来。"老太监的回忆无非说明慈禧在吃的方面花样百出，不偏食也没有常规。

先来看看慈禧的私人厨房——西膳房。西膳房下设五局：1. 荤菜局：用各种厨艺来制作山珍海味、鸡鸭鱼肉这样的荤菜。2. 素菜局：用豆腐、面筋、时鲜来制作各种炒菜、炸菜、溜菜。3. 主食局：专门制作米饭、馒头、粥、烙饼、花卷、面条等等各种各样的主食。4. 点心局：专做早点或午后点心以及夜宵的各种点心。5. 饽饽局：专门制作酥皮饽饽、酥盒子、沙琪玛等饽饽类的点心。

西膳房雇佣多位名震京师的高级厨师，他们一共能做出400多种点心，4000多种菜品。来盘点一下慈禧爱吃的几种主要食物，有小窝头、饭卷子、油炸糕、烧卖、黄蛋糕、炸三角，这些食物虽然听起来很普通，但这些糕点

第七章
慈禧的生活剪影

都是精工细作，绝对算得上是色香味俱全，不仅能够大饱口福，连让人闻着香味就口水直流，看到这些食物就忍不住想要去吃，当然这些只能让老佛爷先来品尝，等她吃的不吃了，再打赏给自己宠爱的格格、宫女或太监。

慈禧很爱喝粥，在她看来，粥是养生最基本的食物。慈禧所爱喝的粥有很多品类，如荷叶粥、绿豆粥、瘦肉粥、藕粥、粳米粥、大麦米粥、薏仁米粥等等。慈禧身体欠安的时候，就通常喜欢吃老米稀饭。

慈禧爱吃的还有几样特色菜：1.菜包鸽松，就是用豆腐渣和着羊油、黄酱炒熟，然后把碾成碎末的鸽子肉和炒熟的麻豆腐拌在饭里，最后用洗净的白菜心的菜叶将拌好的料包好，连着菜叶一起吃。2.和尚跳墙，用酥肉和剥皮的四枚熟鸡蛋放在一个蒸笼上蒸熟，由于鸡蛋光滑，一半露在肉外有些像秃头，慈禧还特意为这道菜起了个名字叫"和尚跳墙"。

慈禧每天都有固定的用膳时间，一般早饭是七点，中饭是十点半，晚饭是下午五点。午饭后还有加餐约在两点，晚饭后的加餐约在七点，这很符合少吃多餐的健康养生理念。慈禧每次吃饭时都要上120道菜，按照祖宗的家法，每道菜"不许过三匙"，说这样做是谨慎小心免遭毒害，实际上不然，因为每次皇帝、皇后或太后等吃饭之前都要先有人试吃，实际上120道菜根本就来不及吃完几道，一道菜就算吃三匙都可以吃得很饱了。

（三）到底有多少男宠

慈禧26岁就开始守寡，作为一个多欲望的性情中人，她哪能同慈安那样清心寡欲、安分守己，在咸丰去世后，慈禧对于巫山云雨之事没有少下功夫。根据相关的史料记载和宫中乃至民间的传闻，慈禧一生中至少有8位男宠，现在就让我们一一盘点一下，看看慈禧在男女之事上的种种。

（1）恭亲王奕䜣

恭亲王奕䜣，以上几章都讲到过，他是道光皇帝的六子，咸丰皇帝的异母弟，是咸丰、同治、光绪三朝的名王重臣，也是洋务运动的实际最高领导者，为中国近代化工业和近代化教育的进步与发展做出了突出贡献。奕䜣也是晚清新式外交的开拓者，建议并创办了中国第一个正式的外交机关——总理各国事务衙门，并担任总理大臣，使清朝外交开始步入正轨并打开新局面。他积极出谋献策，多次上奏请求重用曾国藩、胡林翼、左宗棠等汉族大臣，在镇压太平天国起义，挽救清朝的危局，迎来同治中兴方面，奕䜣可谓功勋卓著。不过奕䜣仕途在后来很不顺利，他本来支持和配合慈禧太后发动辛酉政变，得到了委以重任的报答，但随即而至的是慈禧的压制和打击。晚年的奕䜣在最高政权中心浮浮沉沉，意志消沉，无所建树，当然他的成败荣辱与慈禧有着莫大的关系。

据有关史料记载，慈禧在没有进宫之前就认识了英明神武的恭亲王，并且两人发展到十分相好的程度，就在慈禧刚入宫做秀女时，耐不住被咸丰冷落一两年的寂寞，便与奕䜣私通，二人经常趁宫中没人注意的时候偷情狂欢，以至于后来也有人怀疑同治皇帝并非咸丰的亲生儿子，而很有可能是慈禧与恭亲王的私生子。但随着奕䜣地位高升以及逐渐形成自己庞大的权力集团，慈禧担心他功高震主、图谋不轨，便利用一切机会对他进行残酷打击。后来终于因为中法战争失利，以及奕䜣劝谏同治皇帝不要修筑圆明园，而被慈禧趁机免除首席军机大臣的重任，并且彻底分道扬镳。再后来，慈禧重新起用奕䜣，不过老年的他对政事从不轻易发言，让人感觉他是在表达对慈禧的愤怒不满以及怨恨她薄情寡义、忘恩负义。

（2）宠臣荣禄

荣禄，字仲华，号略园，瓜尔佳氏。满洲正白旗人。还是在慈禧年轻的

第七章
慈禧的生活剪影

时候，英武俊朗的荣禄就让少女杏贞情窦初开，并且让她日日夜夜恋恋不舍。慈禧辛酉政变前后，荣禄为慈禧太后和恭亲王奕䜣所赏识，官至神机营翼长、总管内务府大臣。戊戌政变后，荣禄更是被擢升直隶总督、北洋大臣、兵部尚书，文华殿大学士，风光与威望一时无两，炙手可热得远远赛过曾国藩、李鸿章等人。

1874年，同治驾崩，荣禄又支持慈禧确定载湉继承帝位，为慈禧所倚重。慈禧巩固了大权之后，则专心宠爱荣禄，荣禄本是慈禧的初恋情人，又曾在慈禧年少时救她免于被恶少奸污，所以掌权后的慈禧与荣禄便一直保持暧昧关系，慈禧按捺不住压抑在心中多年的恋情，经常与荣禄在一起私通淫乱。在帝党与后党较劲的戊戌政变中，荣禄协助慈禧击败帝党，在八国联军侵华中又跟随慈禧太后逃至西安，成了与慈禧太后几乎形影不离的宠臣，荣禄近水楼台先得月，当然免不了经常重复昨天的"故事"。

（3）古董商白某

晚清大文豪文廷式在《闻尘偶记》中曾经提到过这么一个故事，说是在光绪八年（1882年）的春天，北京琉璃厂有一位姓白的古董商，长得风流倜傥、英俊潇洒，经李莲英介绍后，被慈禧看重并宠幸，直接召他入宫二人纵欲狂欢了一个多月。不久，慈禧就怀孕了，慈安太后知道后便大怒，想以之为由，废掉慈禧皇太后的名义，礼部大臣提醒她说这事最好不做，还是明哲保身的好，慈安太后不听，结果当天晚上就猝死了。不过这个故事传闻与以上章节中的相关描写有所出入，到底是白某还是杨月楼跟慈禧在一起让慈禧怀孕，还有待考证。

（4）饭馆伙计史某

民间还流传着这么一个故事，说是慈禧太后很喜欢吃金华饭馆的汤卧果，每天都要派人去买，李莲英与金华饭馆的一个姓史的伙计很熟，还经常大发兴致地带他到宫中游玩，有一次恰好被慈禧太后撞见了，慈禧不仅没有怪罪

李莲英私自带外人入宫,反而表现得有些兴奋,因为她发现这位姓史的伙计长得玉树临风、仪容俊美,于是索性将他留在宫中日夜宣淫,一年后生下了一个儿子,慈禧不敢公然养在宫中,便寄养在醇亲王奕譞家中,并杀了史某灭口,这个孩子就是后来的光绪皇帝,这也是为什么同治死后慈禧不立同治的儿子为皇帝,而是立同治的弟弟做皇帝的原因。这个故事讲到最后就有点不通了,同治只活了19岁,根本就没有留下一儿半女的,哪有什么立同治弟弟不立同治儿子的事。

(5) 北京琉璃厂琴师张春圃

在北京琉璃厂,有个叫张春圃的琴师,此人以弹琴糊口。他为人质朴刚正,但琴技却出神入化,就连在朝中的士大夫中都有极好的口碑。慈禧悠闲的时候也想学琴,听到张春圃的名声之后,就连忙把他召入宫里教她弹琴。据说弹琴的地方就在慈禧寝殿的西厢房,正屋有七大间,慈禧坐在最西边一间,距离西厢房很近。张春圃在宣召时就与太监约好,不能跪着弹,必须坐着才可以弹好,太监一口许诺,所以不让他对着慈禧的面。

西厢房内摆着七八件琴具,而且都是金弦玉轴,看起来富丽华贵,可张春圃一一试弹都不合节拍,便对慈禧直言相告。慈禧爽快地说:"可将我平日所用的琴取来让他弹。"太监奉命取来给张春圃。张春圃一落指,觉得声音十分清越,不禁连声称赞道:"好琴!好琴!真是千百年难得一遇的好琴!"紧接着便十指在琴弦上轻快地弹动,像是在飞舞一般地弹奏着。慈禧不仅对悦耳的琴声着迷,对张春圃翩翩风度和超脱的气质更是垂涎三尺,竟然当即屏退周围所有的侍女和太监,直接主动地跟张春圃卿卿我我。张春圃抵挡不住慈禧的诱惑,也就没能当成柳下惠。

再到后来,张春圃仍然为慈禧弹琴,仍然抵挡不住干柴烈火的欲望,几番巫山云雨、颠鸾倒凤,不亦乐乎。但有一次,张春圃在休息时,忽然看到有几个穿着乳母衣服的妇人带着一个十岁左右的幼童过来,那幼童见了慈禧给张春圃的琴后就用手指胡乱地玩闹一通。张春圃喝止道:"这可是老佛爷的东西,动不得。"可那幼童不仅不怕,反而还怒目瞪着他。旁边一个妇女却也责备张春圃,说:"你知他是谁吗,老佛爷事事都依着他,你竟敢拦他,是活得不耐烦了吧!"张春圃不再说话,但第二天再没有进宫。

刚开始,慈禧还以为张春圃有事,但一连等了好多天都不见张春圃的人影,便直接让李莲英去找他。李莲英奉命行事,很快就找到张春圃,一见面就对他说:"你给老佛爷弹琴,荣华富贵享受不完,为什么就不去了呢?"张春圃直言道:"那般龌龊的富贵我才不要。"后来,任凭李莲英怎么奉命前来请他,张春圃总是忘不了那天那妇人和孩童对他的不恭,再怎么也不肯回宫为老佛爷效劳。

(6)英国年轻作家巴克斯

巴克斯,原名爱德蒙·伯克豪斯,是一位很有才气的英国作家,写了大量新闻和历史报道,在当时颇为出名。由于巴克斯和慈禧之间的特殊关系,使得他能够在潜心研究大清宫廷的隐秘生活上有着极大的方便,正因如此,他被视为当时研究清宫秘史最具权威的历史学家。

改变巴克斯命运的关键性人物,是一位叫作莫理逊的英国《泰晤士报》驻北京的负责人,他选择了巴克斯作为自己的助手。当巴克斯在二十岁之时,他就第一次来到了北京。那个时候,慈禧几番申明"量中华之国力,结与国之欢心",并且喜欢邀请各国公使和公使夫人进入紫禁城和皇家御苑。于是,本来呈衰势的晚清,在宫廷里却出现了盛世联欢的景象,大量的西方人士,不管是男是女,都兴高采烈地鱼贯而入,进入神秘又令人向往的大清皇宫。巴克斯就是在这个大潮之中进入中国宫廷,进入慈禧太后的生活。

65岁的慈禧太后在心理上依然很年轻,她美容养颜的功夫做得很好,总是风采照人。年轻英俊而又富于活力,精通12种语言文字的巴克斯一进皇宫,凭借其外貌和才气,很快就吸引慈禧并成为她的座上宾。日久生情,巴克斯成为老佛爷慈禧的情人。有人说慈禧与巴克斯的眼睛都是非同常人,他们的眼神都是有着非常迷人魅力的,很难让人逃脱那具有杀伤力眼神的诱惑,于

是,他们早在四目相对时,二人就产生了相互爱慕的情愫。

1908年10月,慈禧太后去世,结束了大清这位最高掌权人长达近五十年的铁腕统治。可是关于慈禧的故事没有就此终结。巴克斯突然宣布自己就是大清王朝慈禧太后的秘密情人,此言一出,无疑是一枚重磅新闻炸弹,举天之下都为之哗然,人们不敢相信,六七十岁的慈禧,在她生命的最后岁月里居然还有一位厮守到最后的英国情人!

可是,巴克斯手中掌握了大量的宫廷秘档和大量只有亲历者才会知道的深宫秘密。他的这些秘密材料,不仅证实了康有为当年的生动描述,渲染慈禧太后确实是一个淫乱纵欲的女人,而且,也真实地证明了巴克斯确实是慈禧太后晚年忠实的情人。最令人惊奇的是,许多宫中内幕以及后宫生活里的各种细节和离奇的经历,巴克斯都描述得十分精准到位、真切翔实,简直如同亲身所见一般,因为书中许多细节是无法杜撰和虚构的,其中,包括慈禧如何下毒结束了东太后的性命,如何将假太监留在宫中供她寻欢作乐。

在巴克斯与濮兰德于1910年合作完成的著作:《慈禧外记》(此书另一个译名是《太后治下的中国》),书中详细记述了慈禧太后统治时期的宫中历史和宫廷故事。1914年,巴克斯完成了第二著作:《清室外记》,又名《北京宫廷的编年史和研究报告》,十分翔实地披露了更多宫廷生活内幕和耸人听闻的奢侈细节。巴克斯很自负,他以中国第一女人慈禧太后的情人自居。可是,令人惊奇的是,这位英国情种,并没有很好地赞美他的情人太后,而是极尽色情之能事,将太后描绘成一个骄奢淫逸的女人。在巴克斯的笔下,保养得很好的慈禧太后,是一个充满性欲的女人,一个堕落的女人,完全可以称得上是中国的梅莎莉娜——罗马皇帝的堕落妻子。

(7) 安德海

安德海,这是本传中除传主外着墨较多的人物之一,他在童年时就入宫充当内廷太监,由于办事灵巧,能够察言观色,深得慈禧欢心,还被慈禧亲切地称为"小安子"。咸丰在热河驾崩,就是小安子充当慈禧和恭亲王之间的

第七章
慈禧的生活剪影

联络密使，奔走于热河和北京间，使辛酉政变一举成功。小安子劳苦功高，慈禧太后破格提拔年仅十七八岁的他为总管大太监。

当年执掌大清政权的慈禧26岁就守寡，长夜漫漫当然寂寞得无心睡眠，那时候可是安德海一直陪在她左右，还常常唱淫戏给慈禧听，嘴巴特乖特甜的小安子还经常把国色天香的年轻太后比作嫦娥，当时二人可都是欲望强盛的年代，久而久之就碰撞出爱欲的火花。慈禧与安德海在宫禁内寻欢作乐，还被同治撞见，同治还愤愤然地说："一定要宰了小安子。"

有时候同治向母亲状告安德海的时候，慈禧不但不理会，反而训斥同治，这让年轻气盛的同治心里非常不平衡。直到同治八年秋天，同治联合慈安太后和恭亲王，商议趁安德海出宫采办同治婚庆用品之际将其除掉。由于安德海恃宠骄纵，在乘楼船沿京杭运河南下时，飞扬跋扈得竟然在船头挂龙凤旗，还四处纳贿。在同治等人的遥控下，安德海被骗进济南府，被山东巡抚丁宝桢以"宦竖私出，非制，且大臣未闻有命，必诈无疑"而上奏，随即就将安德海一行人诛杀于济南。安德海与慈禧的亲密绯闻还是在宫中传得沸沸扬扬，加上总管大太监竟然娶妻，更是加深了人们对传闻的深信不疑。

（8）李莲英

李莲英在入宫前，因为生活贫困落魄，还曾私贩硝磺，外号皮硝李，后因贩硝磺被抓入狱，出狱后又以补鞋为生。好友沈兰玉见他可怜，便将他引进宫里当了太监。李莲英素有"篦小李"之美誉，以一手漂亮的梳头功夫得到慈禧的赏识与喜爱，并最终成为安德海之后慈禧最宠爱的太监。

康熙末年规定太监品秩最高为五品，最低者八品；乾隆七年改为"不得超过四品，永为定例"。慈禧执政时，打破祖制，赏李莲英为二品。多年来，慈禧对李莲英宠爱不减，二人常常在一起并坐听戏，而且凡是李莲英喜欢吃的东西，慈禧多在膳食中为他留下来。李莲英为人极为聪敏，善解人意，对待其他人也比较和善，不如安德海那样气焰嚣张，所以能够得到善终。关于上面巴克斯说慈禧养假太监，以供其在宫中寻欢作乐，还是蛮有可能性的，

因为慈禧与李莲英这样太监之间有着如此亲密的关系很容易引起人们往那方面的猜测。

上述传闻虽然绝大多数在正史中能够查到足够的证据，绝不是所谓的无风起浪，其实很多时候，民间的口耳相传反而往往具有真实可靠性，因为他们并没有严格的"为尊者讳，为长者讳"这样的顾忌，只是在茶余饭后作为津津乐道的谈资而已。

慈禧作为大清执掌最高政权的太后，26岁就开始守寡，作为处于最宝贵青春年华的女人真是怪可怜的，年轻貌美的她必然会耐不住寂寞，有权有势的她当然会去寻求发泄和满足欲望的机会，所以，即使真的发生这些事情也是情理之中的。但作为一个长期守寡的女人，发生几件风流韵事，不是不可以理解，也不能就以此作为批判慈禧私生活完全糜烂的理由。

第八章
慈禧身后的是是非非

（一） 神秘的慈禧陵墓

在慈禧38岁的时候，也就是同治十二年（1873年），同治皇帝亲自去直隶省遵化的清东陵附近勘察风水，为慈禧选择陵墓所在地。按照清廷的规制，咸丰帝两位皇后的陵墓只能选在定陵（咸丰帝陵墓）附近，并且只能建造一座陵墓。当时宫中也按照这规制去建造陵墓，将两位皇后的棺椁并排安置在一起。可是谁知慈禧看了负责建陵大臣的奏折后，便生气地说："哪个陵里葬两个太后？连妃子都是单独的陵寝，这不是明摆着欺负我们姐妹吗？"迫于慈禧的威严，那些大臣只好提出，仿照双妃园寝的样式，在定陵的后院东西并排各建宝城、宝顶和地宫。

不料，慈禧仍然不依不饶地逼问道："我们是两个太妃吗？谁说我们就不配一人建一陵？"大臣们被逼无奈，只好再次打破规制，按照慈禧的要求去建造陵墓。当年8月，慈安与慈禧的陵墓同时动工修建。在光绪五年（1879年）6月同时完工，共历时6年，耗银500多万两。

按照常理，花了这么多时间和金钱，陵墓的规模和气派绝不会差到哪里去，但是争强好胜的慈禧仍是不大满意，慈安一死，慈禧要求重新修建自己的陵寝，以便在死后仍然能盖过慈安的风头。光绪二十一年（1895年）8月，东陵守护大臣为讨好慈禧，上奏说慈禧陵因连年雨水，多有腐朽，急需修整。慈禧听后，想也不想这骗人的鬼话，立即命庆亲王和兵部尚书荣禄为承办大臣去重新监修陵寝。后来，按照慈禧的旨意，陵内建筑无一不重新修造，陵内大殿和东西配殿都将原来的建筑拆后重建。这一次翻修慈禧陵寝，工程浩大，直到光绪二十五年（1899年）已拨款150万两，以后其他的各类款项更

第八章
慈禧身后的是是非非

是个无底洞。

后来八国联军入侵北京，迫使工程中途停顿，但慈禧回京后依然惦记着自己陵寝的修筑情况，便再次来到工地上亲自检查。在 1908 年 10 月 18 日，慈禧陵寝的修建工程在历时 13 年后终于完工，也就是在慈禧去世前 4 天完工。慈禧陵寝非常奢华气派，仅三殿所用的叶子金达 4592 两，陵寝内的丹陛石为高浮雕加透技法雕成，图案为"龙在下，凤在上"。隆恩殿周围的 69 块汉白玉板处处雕成"凤引龙追"，74 根望柱头（象征着她活了 74 岁）打破历史上一龙一凤的格式，均为"一凤压两龙"，这是她两度垂帘听政的暗示。

慈禧随葬的珍宝究竟有多少？她的心腹太监李莲英亲自参加了慈禧棺中葬宝的仪式，据他和侄子所著的《爱月轩笔记》记载：慈禧遗体入棺前，先在棺底铺了三层金丝串珠锦褥和一层珍珠，共有一尺厚。在慈禧遗体中，头部上首为翠荷叶，脚下放有粉红碧玺莲花。她头上戴着的珍珠凤冠，冠上最大一颗珍珠大如鸡蛋，单就这颗鸡蛋大小的珍珠就价值白银 1000 万两。遗体旁放有金、宝石、玉、翠雕佛爷共 27 尊。脚下两边各放置翡翠制成的西瓜、甜瓜、白菜，加上宝石制成的桃、李、杏、枣共 200 多枚。此外，遗体左边放置玉石莲花，右边放置玉雕珊瑚树。而且陵墓内有玉石骏马 8 尊，玉石 18 罗汉，各类大小玉器共计 700 多件。葬殓完毕后，又倒入四升珍珠、2200 块宝石填棺。如此奢华气派的陵墓，慈禧可谓在死后都希望能尽享荣华富贵，可她万万没有想到就在她去世后 20 年，自己的陵墓居然会被盗，好强的慈禧估计在九泉之下也会气恼。

按照清朝的规定，帝王的陵墓要派总管议员、翼长二员、骁骑校二员以及八旗兵力一千一百多名去守卫，除了紫禁城外，清东陵可谓戒备最森严。按照《大清律》："车马过陵者及守陵官民入陵者，百步外下马，违者以大不敬论，杖一百"；"如延烧殿宇墙垣，为首拟绞监候，为从杖一百，流三千里"等等严格的规定，就算到附近山林取石、取材、开窑、放火要是涉及皇陵片区山林木石的都要处斩或是充军、流放。

在如此严密的护卫下,一直到溥仪退位清廷灭亡,整个清东陵也很少有失火、砍伐的现象,更别说盗墓了。清帝退位后,根据优待条件中的有关款项,属于"皇家私产"的清东陵仍然设有护陵大臣,驻守着八旗陵户。但是随着清廷垮台,民国政府的财政紧张,守陵人员的俸银俸米开始减半,到1914年的时候,守陵人员因为薪饷无着,急需解决生计问题,便推举护陵大臣报请溥仪准予开垦陵区,清东陵土地开始遭到破坏。到1921年时,直隶省当局直接插手盗伐陵区树木,建立了所谓的"东荒垦殖局",东陵界内的土地及树木开始受到大规模的毁坏。

东陵区附近群松苍翠的万顷青山都成了荒山,再加上当时国民政府北伐军北上,把持北洋政府的张作霖奉军溃败,所以东陵处于无人过问的真空状态。各地军阀土匪路过当地时,将窗棂上的铜钉等铜制装潢都抢劫一空。身为护陵大臣的毓彭见时局如此混乱,自己也不再尽心守护,开始串通其他守护人员将当地的大型鼎炉、铜鹤、铜鹿等拆运后偷偷出售,以此来中饱私囊。当地居民见护陵大臣都监守自盗,便纷纷拥进陵区,拆毁殿庭,挖掘当地的陵寝,盗走大量奇珍异宝。

经过一系列的抢劫,一些军阀土匪也开始打清东陵的主意,其中地痞流氓出身的国民军军长孙殿英以搜索敌人、检查武器为由,名正言顺地率兵开进陵区,接着就四处张贴告示,宣布为了保护清东陵安全,要在陵区进行军事演习,陵区将进行全面封闭。

1928年7月4日,在孙殿英的指示下,士兵们首先挖掘慈禧普陀峪的定东陵,因为孙殿英看到了慈禧陵墓的豪华,关于她的下葬情况,民间还有线索,进入地宫也比较容易。一开始找不到地宫的入口,最后还是孙殿英想方设法,对几个老旗人威逼利诱、严刑拷打,最后才得知姜石匠知道地宫的入口。后来在姜石匠的引导下,孙殿英一伙用炸药将地宫入口炸开。进入陵寝的士兵每人手上都拿着一只大电筒,但在满室珠宝光芒的映射下,电筒的光全部失去作用。

几乎所有的殉葬宝物很快就被抢劫一空,士兵们又发疯似的刀劈斧砍,

第八章
慈禧身后的是是非非

将慈禧的棺椁打开，只见满棺都是珍宝，她嘴里含着的一颗夜明珠也被人们抢来夺去，据说就是这颗夜明珠能让尸身不腐。但士兵伸手去争抢时，不料宝珠向喉咙滑进去。这伙贪婪强暴的士兵并不罢休，还按着她的头颅，一拳打到她脸上，慈禧满嘴牙齿脱落，夜明珠也没有滚出来。丧心病狂的士兵就将慈禧的脸撕得稀烂，掰开她的喉咙才将夜明珠取出。最后，慈禧被毁棺抛尸，面目全非，可怜慈禧当了近半个世纪的女强人，到最后却要遭到这样的奇耻大辱，真是世事难料。

由于这次盗墓取得的珍宝非常之多，众官兵发疯地抢掠着，孙殿英规定先将宝物集中后再分配，谁也不得私藏。但在巨大财富的刺激下，贪欲十足的士兵哪能控制住自己。孙殿英咬牙切齿，让一班亲信士兵开枪扫射一通才得以控制住局面。经过七天七夜的疯狂盗掘（还包括清东陵其他皇帝、皇后的陵墓），直到7月11日，孙殿英才带着官兵满载而归。

东陵被盗后，溥仪便让载泽、耆龄、宝熙等清朝遗老到东陵对慈禧的遗体进行重新安葬。载泽等人到地宫后，见慈禧遗体趴在棺盖上，左手还反搭在后背上，在地宫已暴尸40多天，遗体上出现了许多斑点，还长满白毛。载泽等人见内棺尚好，可以继续使用，便让旗妇用一块黄绸子将慈禧遗体盖上，再将一件黄缎褥铺在遗体的另一侧，然后慢慢翻转尸身，正好将遗体仰卧在黄缎褥上。只见慈禧面色灰白，两眼深陷，已经没有眼珠，嘴唇上还有伤痕，在众人的帮扶下，用如意板将慈禧遗体抬入内棺，遗体上盖上一件黄缎被，把从地宫里捡到的慈禧生前剪下的指甲和掉下的牙齿用黄绸子包好，放在被上，最后盖上棺盖，用漆封上棺口，重新入殓。到1984年时，文物局又重新将慈禧的遗体入殓，据说在入殓时，给慈禧套了一件绣满"寿"字的衣服，仍然保留着载泽等人为她入殓时的模样，这次入殓是第三次也是最后一次。

（二） 关于慈禧的评价

　　慈禧的一生都处在风雨飘摇、内忧外患的晚清的风口浪尖中。作为执掌大清最高政权长达47年之久的女强人，她自身就有意无意沾惹了许多是是非非，所以对于她的评价也就难免有褒有贬，不能一概而论。

　　在慈禧最初掌握清廷最高政权时，清朝刚刚经历了第二次鸦片战争，英法联军还入侵北京，使得清朝皇室成员人心惶惶；再加上南方的太平天国运动依然声势浩大，整个大清政权在内外敌人的夹击下摇摇欲坠。在这样的紧急关头，慈禧能够不拘一格，重用曾国藩、左宗棠、李鸿章等汉人大臣，在1864年彻底荡平太平天国。在这些汉族大臣手握重兵而成为封疆大吏时，慈禧能够运用她独特的手腕去笼络，使得他们依旧服服帖帖地为大清效劳，并且还出现"同治中兴"的局面。这足以说明慈禧政治胸襟的宽广和政治眼光的长远。

　　作为一个选秀进宫的妃子，能够在钩心斗角的宫廷中脱颖而出，而且还三度垂帘听政，两次抉择皇储，独断朝纲几十年，而且能够平衡满族王公大臣同汉人大臣之间的关系，使得他们共同为大清效力，这样的政治手腕不是一般的男人可以相匹，就连后来虎视鹰扬的袁世凯都说初见慈禧太后，迫于慈禧犀利的眼光以及刚柔相济的手段，而不敢直视。可以说，慈禧在政坛上是能协调各方关系，使得整个国家的统治机器正常地运转开来。

　　平定太平天国运动后，国内仍然有不少动乱，国外的侵略者随时都虎视眈眈地觊觎着大清国土和资源，至于怎样将这样的国家继续维持下去，显然是摆在最高统治者慈禧面前的一道难题。慈禧能够听从奕䜣、曾国藩、李鸿

第八章
慈禧身后的是是非非

章、张之洞等人的意见,在中国掀起一场官方的洋务运动,为中国工业的近代化拉开序幕,也使得国家财富能够得以增长,在某种程度上也抵制了列强对中国的经济侵略。慈禧虽然支持洋务派,但是为了防止洋务派一派独大,她又利用顽固派来牵制洋务派,以达到朝中政治势力的平衡,这也是她非常高超的政治手腕之一。

作为一个统治者,慈禧也有很多让人难以评说的行为。比如在咸丰去世时,本来遗诏是让八大辅臣辅弼幼小的同治帝,但慈禧为了掌权,联合奕䜣等党羽,不惜将为首的三大辅臣全部处死,其他的辅臣及热河集团的成员都得到了严惩。执掌大权的慈禧在这次宫廷政变中得以胜出,在某种程度上也算是稳定了清廷的统治局面,也打破了清廷两百年来没有女主当权的历史,这在中国历史上也算得上是标志性的人物,但她也落得了残忍与狡诈的名声。再后来,为了安心地独掌政权,居然将慈安害死,更是印证了慈禧的心狠手辣。

在对外政治上,慈禧有很多明显的败笔。早在英法联军发动第二次鸦片战争进犯北京时,慈禧表现得非常有血性,几次三番请求咸丰主战,为此惹怒咸丰,差点引来杀身之祸。但是在1885年的中法战争中,慈禧一直都是战和不定,在后来甚至不惜以《天津条约》和越南宗主国的权力来换取与法国的议和。本来在与法国侵略者的较量中,中国军队在镇南关一带取得过大捷,台湾当地的军民也狠狠打击了进犯的法军,当时反击法国侵略者的斗争进展得轰轰烈烈,作为清廷最高统治者,应该趁机挽回大清声望,狠狠打击侵略者,但慈禧最后还是妥协了,以留下个"中国不败而败,法国不胜而胜"的历史笑柄,这也让后来的列强得以继续窥伺、侵略甚至是蚕食、鲸吞软弱无能的大清国。

在1894到1895年的甲午中日战争中,慈禧居然不顾战争胜负,硬是挪用大量海军军费,用在自己六十大寿的庆典上,让北洋水师的武器装备没来得及更新,军费也比较紧张。作为一个国家的最高执政者竟然毫无远见,对外没有太大的警戒心理,而是一味地挥霍享受。在战争进行时又使用龟缩战法，还立下主动出战虽胜犹斩的军令，使得中国海军屡屡丧失战机，最后导致北洋水师全军覆没。在战争失败后，慈禧一味地委曲求全，为了议和甚至不惜签订举国都难以接受的《马关条约》。大清国居然输给小日本，这让举世震惊，使得中国国际地位大大下降，这也使得列强掀起瓜分中国的狂潮，中国面临亡国灭种的巨大民族危机，这是慈禧推卸不了的责任。

在 1898 年的戊戌变法运动中，一帮知识分子和中下级官僚本来是想通过维新变法来救亡图存，但因为依靠的对象不是慈禧而是光绪，这就让她怀恨在心。她不但再次心狠手辣地发动政变，屠杀变法人士，而且将光绪囚禁十年之久，这些都能看得出慈禧心胸非常狭隘的一面，以及权力欲非常强的一面，她生怕自己的权威受到一丁点的损害。

19 世纪末，山东、直隶一带爆发扶清灭洋的义和团运动，慈禧对此摇摆不定，既镇压又安抚，没有一贯到底的政策，这又一次暴露出她的政治缺点：优柔寡断，缺少主心骨。等到八国联军侵华时，慈禧又是举棋不定，对洋人是既怕又恨，先是命令炮轰各国公使馆，后来又派人去慰劳外国侵略者，到最后甚至甩出一句被后人非常气愤也经常诟病的几句卖国言论："量中华之物力，结与国之欢心"，"宁赠友邦，不予家奴"。作为最高统治者，面临外敌

祭奠慈禧时的情景

第八章
慈禧身后的是是非非

的入侵，竟然如此奴颜婢膝，这也难怪后人指责她为卖国贼，这是慈禧的政治污点，也是她政治生涯中最大的败笔。

在慈禧的最后几年里，立宪派人士要求立宪改革的呼声越来越高，慈禧也能顺应这样的潮流，派遣五大臣留洋考察，这也算是慈禧的开明之处，但为时过晚，不光立宪派已经对清廷渐渐失去信心，成长中的革命派也组成统一的团体，加快了推翻清廷的步伐。可以这么说，出生在普通官宦之家的慈禧，政治远见还是不够，她的犹豫徘徊让大清迅速走向灭亡。

作为一个女人，慈禧在少年的时候险被凌辱而且还担负着家庭压力，到了青年又失去丈夫，中年的时候唯一一个儿子也染病身亡，在家庭生活方面可谓非常不幸，夫妻间恩爱的时光非常少，母子间的天伦之乐更是少之又少，所以说，不管慈禧是怎样尽享荣华富贵，她的生命还是有欠缺的。或许正是因为这些欠缺，才使得慈禧凡事都非常喜欢争强好胜、嫉妒成性，很少表现出一个女子的母性关怀来，常常以威严冰冷的面孔示人。对于自己的权力，决不允许有半点的动摇和损害，这也使她不惜任何手段来狠狠打击政敌或是政治上的威胁者，包括她昔日的同盟者奕䜣、慈安太后，甚至还有同治帝、光绪帝。她一直以强有力的威权压制着两位年轻的皇帝，使得他们身心备受摧残，过早去世。知道光绪与珍妃很恩爱后，慈禧便醋意大发，甚至不惜害死珍妃……这些方面，慈禧几乎到了丧心病狂、不可理喻的地步。

跟所有强有力的独裁者一样，慈禧非常热衷于排斥异己，但是对于她信赖的人，她却爱护有加。比如安德海和李莲英，慈禧对他们的爱护和关怀似乎远远超过她的儿子和侄子，甚至对这两个太监还有一些说不清道不明的暧昧关系；再者，据宫女回忆，慈禧对她们非常和善，从未表现出威严冷峻的一面，而且还照顾有加，会赏赐她们好吃的好用的，她们的发型、衣服没穿好的还去帮忙理一理……这些都能说明慈禧性格丰富的另一面。据传，杨乃武与小白菜的民间冤案也是慈禧插手才得以平冤昭雪的，这可以看出慈禧也有同情弱小和爱打抱不平的一面。

在自己家庭方面，慈禧还是非常眷顾的，她从小就以长女的身份照顾弟

弟妹妹，父亲坐牢、母亲生病，年幼的慈禧扛起了家中的一切。慈禧做得非常到位的一面是没有过多提拔家人，没有让他们做非常大的官，或许在她看来朝中的斗争太多太多，万一自己哪天一旦失势，家中人肯定会受到很大的连累；或许聪明的她从历史上看到吕后大封吕姓反而使得他们最后大多都很难善终。慈禧善于从历史书中学习到经验教训，她也的确令大臣编纂各代太后临朝听政的事迹，最后编成《治平宝鉴》一书，而书名还是她所赐。

总的来说，慈禧是一个个性非常多面性的人，在是非功过上也不应该一概而论。她权力欲极重，心胸狭隘，非常自私，心狠手辣地排斥异己，但又能对身边的人给予温柔友善的态度，有时候也有同情弱小的举动。她能够扶持洋务派将中国带入近代化行列中，对一些外来事物也表现出非常感兴趣的一面，而且她能放手重用许多汉人大臣，打破先前的祖制。但她也有顽固保守的一面，硬是拿祖宗之法不能变来阻止维新变法。在对外政治方面，她年轻的时候力主与洋人开战，但在中法战争和中日战争中却不敢制定一贯主战的方针。在义和团运动兴起之时，她甚至不惜与列强宣战，但到后来慢慢软下来，还派人去慰劳讨好洋人。她能在内外交困、风雨飘摇之际，将清朝政权延续几十年，期间还出现了"同治中兴"的局面，但她又不能放手开展洋务运动，更不能容忍维新派变法图强，在几次对外战争中，不够积极强硬，导致中国惨败，又将中华民族带到一个亡国灭种的巨大危机中。

附录一：中国清代皇帝简表

庙号	姓名	在世时间	在位时间	年号	皇陵
清太祖	爱新觉罗·努尔哈赤	1559—1626	1616年~1626年	天命	福陵
清太宗	爱新觉罗·皇太极	1592—1643	1627年~1643年	天聪 崇德	昭陵
清世祖	爱新觉罗·福临	1638—1661	1644年~1661年	顺治	孝陵
清圣祖	爱新觉罗·玄烨	1654—1722	1662年~1722年	康熙	景陵
清世宗	爱新觉罗·胤禛	1678—1735	1723年~1735年	雍正	泰陵
清高宗	爱新觉罗·弘历	1711—1799	1736年~1795年	乾隆	裕陵
清仁宗	爱新觉罗·颙琰	1760—1820	1796年~1820年	嘉庆	昌陵
清宣宗	爱新觉罗·旻宁	1782—1850	1821年~1850年	道光	慕陵
清文宗	爱新觉罗·奕詝	1831—1861	1851年~1861年	咸丰	定陵
清穆宗	爱新觉罗·载淳	1856—1875	1862年~1874年	同治	惠陵
清德宗	爱新觉罗·载湉	1871—1908	1875年~1908年	光绪	崇陵
	爱新觉罗·溥仪	1906—1967	1909年~1912年	宣统	华龙陵园

注：宣统帝溥仪因是末代皇帝，没有庙号，初葬八宝山革命公墓，后在家属要求下移葬华龙陵园。

附录二：慈禧太后大事记

慈禧太后于清道光十五年十月初十（1835年11月29日）出生，一般认为慈禧出生于北京西四牌楼劈柴胡同（今辟才胡同）。

咸丰二年（1852年），选秀入宫，赐号兰贵人。

咸丰四年（1854年），晋懿嫔。

咸丰六年（1856年），生皇长子载淳（后来的同治皇帝），当日晋懿妃。

咸丰七年（1857年），晋懿贵妃。

咸丰十年（1860年），英法联军攻陷北京，咸丰皇帝率后妃宗室重臣等避祸承德避暑山庄，命恭亲王奕䜣留京与联军议和。

咸丰十一年（1861年），咸丰皇帝驾崩，皇子载淳继位，以皇帝生母被尊为圣母皇太后；九月，在恭亲王奕䜣支持下发动辛酉政变，两宫太后联合恭亲王，清除肃顺等八大臣，成功夺权，垂帘听政。

同治元年（1862年），同治皇帝对圣母皇太后晋徽号"慈禧"（此时同治帝年幼，实际是西太后以同治皇帝的名义给自己晋徽号）。

同治四年（1865年），罢议政王奕䜣职务，遭洋人、宗室、大臣疑问，旋又复职。

同治十三年（1874年），同治皇帝驾崩，因其无嗣；遵皇太后之意，由醇亲王奕譞之子载湉继位（即光绪帝）。

光绪七年三月（1881年），慈安皇太后钮钴禄氏逝世（多认为慈禧所杀），年45岁，从此慈禧独尊天下。

光绪十三年（1887年），光绪帝大婚，翌年亲政；慈禧继续"训政"。

附录二：
慈禧太后大事记

光绪十九年（1893年），皇太后六十大寿庆典；甲午中日战争战败。

光绪二十四年（1898年），因光绪皇帝发起戊戌变法，皇太后发动戊戌政变，杀六君子、囚光绪，后重行训政。

光绪二十六年（1900年），因义和团发起庚子拳乱，导致列强八国联军攻入北京，帝后被迫离京，前往西安避祸。

光绪二十七年（1901年），《辛丑条约》签订后，慈禧与光绪两宫回銮北京；皇太后及皇帝下诏罪己，行庚子新政。

光绪三十四年（1908年），光绪皇帝驾崩后一天，皇太后于11月15日下午五时病逝，后葬于定东陵；大行皇帝无嗣，由醇亲王载沣为摄政王，其子溥仪为帝（即后来的宣统皇帝）。

1928年，军阀孙殿英借演习之名，率其部下盗掘了金碧辉煌、极尽奢华的慈禧定东陵，将其抛尸棺外。